Escritos

Coleção Debates
Dirigida por J. Guinsburg

Equipe de realização – Tradução: Inês Oseki-Depré; Revisão especializada: Regina Schnaiderman e Miriam Schnaiderman de Almeida; Revisão de provas: Angélica Dogo Pretel e Vera Lúcia B. Bolognani; Produção: Ricardo W. Neves, Sergio Kon e Juliana Sergio.

jacques lacan
ESCRITOS

 PERSPECTIVA

Título do original francês
Écrits

© Éditions du Seuil, 1966

CIP-Brasil. Catalogação-na-Fonte
Sindicato Nacional dos Editores de Livros, RJ

Lacan, Jacques, 1901-1981.
    Escritos / Jacques Lacan ; [tradução Inês Oseki-Depré]. – São
Paulo : Perspectiva, 2014. – (Debates ; 132 / dirigida por J. Guinsburg)

    Título original: Écrits
    3. reimpr. da 4. ed. de 1996
    ISBN 978-85-273-0466-5

    1. Lacan, Jacques, 1901-1981 2. Psicanálise I. Guinsburg, J. II.
Título III. Série.

08-00421   CDD: 150.195

Índices para catálogo sistemático:
1. Lacan, Jacques : Teoria psicanalítica 150.195

4ª edição – 3ª reimpressão
[PPD]

Direitos reservados em língua portuguesa à

EDITORA PERSPECTIVA LTDA.

Av. Brigadeiro Luís Antônio, 3025
01401-000 São Paulo SP Brasil
Telefax: (11) 3885-8388
www.editoraperspectiva.com.br

2019

SUMÁRIO

Notas da Tradutora.. 7

Abertura da Coletânea... 13

1. Seminário Sobre *A Carta Roubada*...................... 17

2. Tempo Lógico e a Asserção de Certeza Antecipada
   – Um Novo Sofisma...................................... 69

3. Intervenção sobre a Transferência......................... 87

4. Função de Campo da Fala e da Linguagem em Psicanálise.. 101

5. Situação da Psicanálise e Formação do Psicanalista 189

6. A Instância da Letra no Inconsciente ou a Razão desde Freud.. 223

7. A Significação do Falo...................................... 261

8. Subversão do Sujeito e Dialética do Desejo no Inconsciente Freudiano.. 275

9. Posição do Inconsciente no Congresso de Bonneval
   Retomada de 1960 e 1964 313

10. Apêndice II: A Metáfora do Sujeito...................... 337

NOTAS DA TRADUTORA

As notas que aqui seguem despretensiosamente visam apenas sublinhar alguns problemas particulares com os quais nos defrontamos no curso da presente tradução. Os pontos essenciais concernentes a uma *teoria geral* da tradução são, portanto, apenas abordados e somente na medida em que a necessidade de evocá-los se faz sentir.

1. O problema maior que se coloca para o tradutor do texto lacaniano, qualquer que seja a língua-meta, é justamente o da metalinguagem. Os *Escritos falam de* e *são* ao mesmo tempo. Em outras palavras, é tentada por Lacan em sua obra a conjugação-síntese do referencial e do poético.

2. Explicitando: os textos dos *Escritos* que resultam na maioria dos seminários da rue d'Ulm se inserem numa empresa pedagógica; nesse sentido têm como objetivo "formar" (no sentido forte) psicanalistas, não separando teoria e prática.

3. O ensino da prática psicanalítica sendo problemático – dados os tabus da (e contra a) instituição que o sustentam – a solução que busca Lacan é a seguinte: a prática se vê in-

cluída no discurso teórico sobre a linguagem pelas ilustrações que esse mesmo discurso em sua forma oferece.

4. Não se trata simplesmente de uma questão de estilo – embora estilo haja "e seja o homem" [segundo as palavras do autor, "a gôngora da psicanálise" (*sic*)] – antes de uma encenação do inconsciente numa linguagem que deve falar e ilustrar a linguagem desse inconsciente. Uma linguagem pois onde o trabalho poético (de criação, subversão, reformulação) é do mais alto grau.

5. De onde, dois níveis inseparáveis e a todo momento presentes no discurso lacaniano de "formação" da escuta do psicanalista-receptor. Esses discursos que se tornam *écrits* para a fixação da empresa pedagógica, e que agora se apresentam como *escritos*.

6. De *Écrits* a *Escritos*, uma nova transformação linguística[1], que não se limita à passagem de uma língua à outra (de Sistema a Sistema), mas que a todo momento corre o risco de privilegiar um dos níveis do discurso lacaniano.

A tarefa do tradutor se torna portanto duplamente delicada; o que privilegiar: o discurso sobre a linguagem do inconsciente? ou a linguagem do discurso de Lacan, cujo fito é o de conduzir o leitor através dos meandros de uma forma (forma/fôrma) frequentemente barroca à *verdade* freudiana?

7. A evitar: que a mesma escolha fixe um nível, privilegie essa ou aquela linguagem. Pois o discurso de Jacques Lacan, recamado de jogos de metáforas, de neologismos, de *mots-valise*, não é a ilustração de um discurso teórico como o são as imagens, de certo modo prescindíveis, de um livro de ciências naturais para a legenda. A "redundância" nele é abolida.

8. A tradução-transformação deve se fazer sem perda de informação (seja no nível semântico-conceitual, seja no nível significante). A metalinguagem na língua-meta não deve representar o empobrecimento do texto original – e muito menos uma escolha interpretativa – mas possuir o mesmo *alcance* daquele[2].

1. Num dos últimos números da revista *Change* (n. 14, Seghers/Laffont, Paris), dedicado ao problema da recriação poética via tradução, Traduzir aparece como correlato de Transformar.
2. E a mesma dificuldade, malgrado certas objeções de que fomos vítima.

9. Consequentemente (e paradoxalmente), os *Escritos* constituem um trabalho bem mais árduo para o tradutor do que a tradução do mais audacioso texto poético de vanguarda[3]. Os dois aspectos do discurso lacaniano – para citarmos os mais importantes (e que poderíamos esquematizar chamando-os o aspecto do *ça parle* e o aspecto do *ça parle de ça*) devem manter-se tais quais e ser conduzidos à língua-meta sem alteração[4].

10. Razão pela qual o tradutor foi obrigado a apelar para as numerosas N. da T.: recurso incômodo para o leitor, mas funcionando no caso como verdadeiras barragens de rodapé a fim de que nada se perca[5]. Pois como pensa Leon Robel: "um texto é o conjunto de todas suas traduções significativamente diferentes (...) um texto que não pode ser traduzido não tem *sentido* algum (...)"[6].

---

3. Com efeito, os fenômenos de compensação fônica e prosódica, de invenção de neologismo, a conservação do isomorfismo forma-sentido deixam de certo modo livre o tradutor que pode jogar com os vários significantes que se lhe apresentam à escolha no texto poético.

4. De onde, a citação de Umberto Eco (*La struttura assente*, Milão, Bompiani, 1968, Cap. 5, Parágrafo D-II: "La lógica dell'Altro") que vem corroborar nossa afirmação: "Le citazioni da Lacan sono lasciati in francese a causa della funzione che l'ambiguità linguística assume nel método lacaniano".

5. Cf. Hélène Cixous, em seu prefácio à edição bilíngue (Aubier-Montaigne) de *Through the looking-glass*, de Lewis Carroll: "É um dos problemas insolúveis que agravam a questão da tradução em geral, essa perda inevitável dos efeitos de toda sorte: por mais escrupuloso e hábil que seja o tradutor, a versão não passa jamais de *uma outra*, principalmente quando do o original possui uma superfície em jogos de palavras tão importante quanto a que apresenta Lewis Carroll" (aqui ler Jacques Lacan) p. 14.

6. Em *Change*, n. 14., p. 8.

CASOS EM QUE A N. DA T. SE IMPÕE:

a) a tradução do significado acarreta perda de informação significante. Ex.: *la lettre, l'être et l'autre* ("o ponto, o onto e o outro") – a aliteração é mantida mas sendo necessária uma nota para que a tradução se mantenha fiel ao original – em "A Instância da Letra no Inconsciente" (p. 223);

Godot (en attendant...) e *gaudet* (do latim *gaudere*) – binômio homófono dada a pronúncia francesa (gode) que se perde no português – em "Situação de psicanálise e formação do psicanalista em 1956" (p. 189);

J'ouis /jouis, em "Subversão do sujeito e dialética do desejo no inconsciente freudiano" (p. 275) etc.

b) a tradução do significante polissêmico impõe escolha de um dos significados. Ex.: *trouver* (trovar – mas também achar, encontrar) em "A instância da letra" (p. 223);

ça (*ça parle*) (*Id*, ou "isso" ou "zero" nas expressões corrente como *ça va de soi, ça chauffe aujourd' hui, ça bouge* etc.) – em "A significação do falo" (p. 261);

poulets (demasiado polissêmico no contexto e por conseguinte deixado em francês: "cartas de amor", "agentes de polícia", "frangos"...) – em "O seminário sobre a carta roubada" (p. 17);

retourner (virar do avesso mas também "devolver") – *ibidem*;

le vol de la lettre ("o roubo/voo da carta/letra") – *ibidem*; etc.

c) o neologismo (acompanhado ou não de uma nota do autor) implica recriação, tradução e nota de tradutor.

Ex.: *autruiche – avestroutrem* (acréscimo de três letras, desaparecimento de uma, enquanto em francês ocorre apenas o acréscimo do "i") – *ibidem*;

autruicherie – avestroutrapaça (a palavra-valise é mantida mas quão transformada!) – *ibidem*.

Na mesma ordem de ideias, a tradução de frases inteiras trabalhadas na melopeia e no sentido, exige que se reproduza em N. da T. o original: "Mais si je dis 'tue', pour ce qu'ils m'assomment, où me situé-je sinon dans le tu dont je les toise?" ("Mas se digo 'mata', pelo que eles me atacam, onde me situo senão no t(e) com o qual os meço?") em "Subversão do sujeito" (p. 283); etc.

d) a nota se impõe igualmente nas questões meramente "culturais" (ou linguísticas). Ex.: o partitivo (*de la, du*) e o expletivo (*ne*) cuja particularidade é pertinente para a demonstração lacaniana são intraduzíveis em português e exigem explicação – em "Seminário..." (p. 17) e "Subversão do sujeito" (p. 275) respectivamente;

provérbios, ditados, ditos etc. como *les mois sans "r"* (meses de verão onde segundo a opinião comum não se deve comer ostras...) em "Situação" (p. 189); *comme um cheveu dans la soupe* ("sem razão alguma", ou "com uma mosca na sopa") – em "A metáfora do sujeito" (p. 337); as referências ao *franglais* ("franglês") ou à *vache qui rit* (marca de queijo) – em "Subversão do sujeito" (p. 283) etc.

e) o caso mais complexo, onde o francês apresenta um "polimorfismo polissêmico" sem equivalência em português. É o caso da forma dupla (*le*) *moi*

je para a qual nossa língua possui
"o eu"
em "Função e campo da fala" (p. 101).

NOTA DA EDITORA

Esta tradução foi efetuada pela Professora e Linguista Inês Oseki-Depré, em contato direto com o Autor, e a revisão *científica* do texto em português foi especialmente realizada para esta edição pelas Professoras e Psicólogas Regina Schnaiderman e Miriam Schnaiderman de Almeida.

ABERTURA DA COLETÂNEA

"O estilo é o homem", repete-se, sem se ver nisso malícia, nem se inquietar com o fato de que o homem não seja mais uma referência tão segura. Contudo, a imagem da tela mostrando Buffon ao escrever permanece para reforçar a inatenção.

Uma reedição do *Voyage à Montbar* (publicado no ano IX por Solvet, postumamente) da pena de Hérault de Séchalles, título que retoma uma *Visita ao Senhor de Buffon* de 1785, seria propícia para maiores reflexões. Não somente porque aí se saboreia um outro estilo que prefigura o melhor de nossas reportagens buffonantes, mas por restituir o próprio propósito a um contexto de impertinência onde o anfitrião nada fica a dever a seu visitante.

Pois o homem agitado no adágio já clássico nessa época, ao ser extraído de um discurso na Academia, mostra ser, nesse esboço, uma phantasia* do grande homem, que o or-

---

* Propomos daqui para frente traduzir *fantasme* por phantasia procurando manter o arcaísmo do termo francês. *Fantôme* será traduzido por fantasma e *fantasie* por fantasia (N. das R.).

dena em roteiro para se apoderar de sua casa inteira. Nada aqui que manifeste o natural. Voltaire, sobre a questão, recordamo-nos, generaliza maldosamente.

O estilo é o homem, acrescentaríamos à fórmula, somente para alongá-la: o homem a quem nos dirigimos?

Seria simplesmente satisfazer ao princípio promovido por nós: que na linguagem, nossa mensagem nos vem do Outro, e para enunciá-lo até o fim: sob uma forma invertida. (E lembremos que esse princípio se aplicou à sua própria enunciação, visto que ao ser emitido por nós, é de um outro, interlocutor eminente, que ele recebeu sua melhor marca.)

Mas se o homem se reduz a ser apenas o lugar de retorno de nosso discurso, não nos retornaria a questão de: para que lhe endereçar?

É bem a questão que nos coloca esse leitor novo fornecendo-nos argumento para reunir esses escritos.

Nós lhe acomodamos uma etapa em nosso estilo, dando a *A carta roubada* o privilégio de inaugurar a sequência a despeito de sua diacronia.

Ao leitor de restituir à carta em questão, para além daqueles que foram um dia os destinatários, aquilo mesmo que ele encontrará como palavra final: sua destinação. A saber, a mensagem de Poe, decifrada e voltando dele, leitor, que, ao lê-la, se diga não ser ela mais fictícia do que a verdade quando do ela habita a ficção.

Esse "roubo da carta", dir-se-ia a paródia de nosso discurso: seja atendo-nos à etimologia que indica um acompanhamento* e implica o direito ao lugar reservado do trajeto parodiado; seja restituindo o termo a seu emprego comum, vejamos conjurada a sombra do mestre a pensar, para obtermos o efeito que lhe preferimos.

The rape of the lock, *le vol de la boucle***, o título aqui evoca o poema onde Poe, pela graça da paródia, subtrai à epopeia, o traço secreto de seu jogo de derrisão.

Nossa tarefa traz essa simpática fechadura ao sentido topológico que teria a palavra: nó, cujo trajeto se fecha por

---

* Em francês: *le "vol" de la lettre*, *vol* significando ao mesmo tempo "roubo" e "voo". (N. da T.)
** "o roubo da fechadura", preferível em sua forma francesa polissêmica. *Boucle*: círculo, fechadura etc. (N. da T.).

seu redobramento invertido, – de tal maneira que recentemente o promovemos à sustentação da estrutura do sujeito.

É exatamente nesse ponto que nossos alunos se fundariam para reconhecer o "já" pelo qual eles se contentam às vezes com homologias menos motivadas.

Pois deciframos aqui na ficção de Poe, tão potente, no sentido matemático do termo, essa divisão em que o sujeito verifica que um objeto o atravessa sem que eles se penetrem em nada, divisão que está no princípio do que se levanta no fim dessa coletânea sob o nome de objeto "o" (que deve ser lido: *o minúsculo*.).

É o objeto que responde à questão sobre o estilo que colocamos de início em jogo. Para esse lugar que marcava o homem para Buffon, nós chamamos a queda desse objeto, reveladora do fato que ela o isola, como a causa do desejo onde o sujeito se eclipsa, e como sustentando o sujeito entre verdade a saber. Queremos, do percurso do qual esses escritos são as balizas e do estilo que sua destinação exige, levar o leitor a uma consequência onde ele tenha de colaborar.

1. O SEMINÁRIO SOBRE *A CARTA ROUBADA**

> *Und wenn es uns glückt,*
> *Und wenn es sich schickt,*
> *So sind es Gedanken.*

Nossa investigação nos conduziu ao reconhecimento de que o automatismo de repetição (*Wiederholungszwang*) tem seu princípio no que chamamos de a *insistência* da cadeia significante. Essa mesma noção, isolamo-la como correlativa da *ex-sistência* (ou seja: do lugar excêntrico) onde nos é preciso situar o sujeito do inconsciente, se devemos levar a sério a descoberta de Freud. É, como se sabe, na experiência inaugurada pela psicanálise que se pode apreender por quais meandros do imaginário vem a se exercer, até o mais íntimo do organismo humano, essa tomada do *simbólico*.

---

* Em francês *lettre* significa não somente "carta", mas também "letra", noção que será retomada em outros capítulos da obra (cf. "A instância da letra no inconsciente"). (N. da T.)

O ensinamento desse seminário é de molde a sustentar que essas incidências imaginárias, longe de representarem o essencial de nossa experiência, não mostram mais do que o inconsistente, salvo ao serem relacionadas à cadeia simbólica que as liga e as orienta.

Certamente conhecemos a importância das impregnações imaginárias (*Prägung*) nessas parcializações da alternativa simbólica que dão à cadeia significante seu aspecto. Mas afirmamos que é a lei própria a essa cadeia que rege os efeitos psicanalíticos determinantes para o sujeito: tais como a forclusão (*Verwerfung*), o recalcamento (*Verdrängung*), a própria negação (*Verneinung*), – dando ênfase a como aí convém que esse efeito sigam tão fielmente o deslocamento (*Entstellung*) do significante que os fatores imaginários, malgrado sua inércia, não figuram aí senão como sombras e reflexos.

Mesmo assim, essa ênfase seria prodigalizada em vão, se só servisse aos vossos olhos, para abstrair uma forma geral de fenômenos cuja particularidade em nossa experiência permanecer-vos-ia o essencial, e da qual não seria sem artifício que se romperia o compósito original.

Eis por que pensamos em ilustrar para os senhores hoje a verdade que se extrai do momento do pensamento freudiano que estudamos, a saber, que é a ordem simbólica que é, para o sujeito, constituinte, demonstrando-lhes em uma estória a determinação maior que o sujeito recebe do percurso de um significante.

É esta verdade, notemo-lo, que torna possível a própria existência da ficção. Por conseguinte, uma fábula é tão apropriada quanto uma outra estória para esclarecê-la, com o risco de dar aí mostras de sua coerência. Com exceção dessa reserva, ela tem mesmo a vantagem de manifestar tanto mais puramente a necessidade simbólica, que se poderia crê-la regida pelo arbitrário.

Eis por que, sem buscar mais longe, tomamos nosso exemplo na estória mesma em que está inserida a dialética concernente ao jogo do par ou ímpar, do qual recentemente tiramos proveito. Sem dúvida não é por acaso que essa estória se mostrou favorável a dar prosseguimento a um curso de investigação que aí tinha já encontrado apoio.

Trata-se, vós o sabeis, do conto que Baudelaire traduziu sob o título de: *A carta roubada*. Desde o primeiro contato, distinguir-se-á aí um drama, uma narração que dele é feita e as condições dessa narração.

De resto vê-se logo o que torna necessários esses componentes, e que não puderam escapar às intenções de quem os compôs.

A narração redobra com efeito o drama de um comentário, sem o qual não haveria *mise en scène* possível. Digamos que a ação permaneceria, para sermos claros, invisível ao público, – sem contar que o diálogo seria expressamente, e pelas próprias necessidades do drama, vazio de todo sentido que pudesse aí se relacionar para um ouvinte: – em outras palavras que nada do drama poderia aparecer nem à filmagem, nem à gravação, sem a iluminação indireta, por assim dizer, que a narração dá a cada cena do ponto de vista que tinha encenando-o um de seus atores.

Estas cenas são duas, das quais iremos desde já designar a primeira sob o nome de cena primitiva, e não por desatenção, visto que a segunda pode ser considerada como sua repetição, no sentido que está aqui mesmo na ordem do dia.

A cena primitiva então se desenrola, dizem-nos, no camarim real, de maneira que suspeitamos que a pessoa da mais alta classe, também chamada a ilustre pessoa, que aí está sozinha quando recebe uma carta, é a Rainha. Esse sentimento se confirma pelo embaraço em que a coloca a entrada do outro ilustre personagem, do qual nos disseram já antes desse relato que a noção que ele poderia ter da dita carta, não poria em jogo nada menos para a dama do que sua honra e sua segurança. Saímos na verdade imediatamente da dúvida de que se trate justamente do Rei, devido à cena que se segue com a entrada do ministro D... Nesse momento com efeito o melhor que a Rainha pôde fazer foi jogar com a desatenção do Rei deixando a carta sobre a mesa "virada para baixo, o sobrescrito em cima". Esta entretanto não escapa ao olho de lince do ministro, do mesmo modo que ele não deixa de notar o embaraço da Rainha, nem de adivinhar assim seu segredo. Desde então tudo se desenrola como num relógio. Após ter tratado com a pressa e com o espírito habituais os negócios costumeiros, o ministro tira do bolso uma carta que se assemelha pelo aspecto àquela que ele tem diante dos olhos, e tendo fingido lê-la, deposita-a ao lado desta. Algumas palavras ainda com as quais ele diverte a atenção real, e ele se apodera inflexivelmente da carta embaraçosa, desaparecendo sem que a Rainha, que nada perdeu de sua manobra, tenha podido intervir no temor de despertar a atenção do real cônjuge que nesse momento está a seu lado.

Tudo poderia portanto ter passado despercebido para um espectador ideal de uma operação em que ninguém se manifestou, e cujo quociente é que o ministro subtraiu à Rainha sua carta e que, resultado mais importante ainda que o primeiro, a Rainha sabe que é ele que a detém agora, e não inocentemente.

Um *resto* que analista algum negligenciará, preparado como ele é para reter tudo o que é do significante sem por isso saber sempre o que dele fazer: a carta, deixada como recibo pelo ministro, e que a mão da Rainha pode agora transformar em bola de papel.

Segunda cena: no gabinete do ministro. É em sua residência, e sabemos, segundo o relato que o prefeito de polícia fez ao Dupin do qual Poe introduz aqui pela segunda vez o gênio próprio para resolver os enigmas, que a polícia há dezoito meses, aí retornando tão frequentemente quanto lhe permitiram as ausências noturnas, habituais ao ministro, revistou a residência e adjacências de ponta a ponta. Em vão, ainda que cada um possa deduzir da situação que o ministro guarda essa carta ao seu alcance.

Dupin se fez anunciar ao ministro. Este o recebe com uma negligência ostensiva, propositadamente afetando um romântico tédio. Entretanto Dupin, a que esse fingimento não engana, os olhos protegidos por óculos escuros, inspeciona o local. Quando seu olhar se dirige sobre um bilhete bem esgarçado que parece abandonado no compartimento de um incômodo porta-cartas em cartolina que pende, atraindo o olho por um certo ouropel, bem no meio da coberta da lareira, ele sabe já que está diante do que procura. Sua convicção se reforça pelos próprios detalhes que parecem feitos para contrariarem a descrição que tem da carta roubada, fora o formato que é conforme.

Desde então ele não tem senão que se retirar após ter "esquecido"* sua tabaqueira sobre a mesa, para voltar no dia seguinte a buscá-la, munido de uma contrafacção que simula o presente aspecto da carta. Um incidente da rua, preparado para o bom momento, tendo atraído o ministro à janela, Dupin aproveita para apoderar-se por sua vez da carta substituindo-a pela cópia, e só lhe resta salvar junto ao ministro as aparências de uma despedida normal.

Aí também tudo se passou, se não sem ruído, pelo menos sem estardalhaço. O quociente da operação é que o ministro não tem mais a carta, mas não sabe de nada, longe de suspeitar que foi Dupin quem a furtou. Além do mais o que lhe resta nas mãos está bem longe de ser insignificante para a sequência. Voltaremos ao que conduziu Dupin a dar uma redação à sua carta factícia. Seja como for, o ministro, quando quiser utilizá-la, poderá aí ler essas palavras traçadas de modo a que ele aí reconheça a mão de Dupin:

... Un dessein si funeste
S'il n'est digne d'Atrée, est digne de Thyeste**.

que Dupin nos indica provir do *Atrée* de Crébillon.

É necessário que sublinhemos que essas duas ações são semelhantes? Sim, pois a semelhança que visamos não é feita da simples reunião de traços escolhidos com o único fim de aparelhar sua diferença. E não bastaria reter esses traços de semelhança em detrimento dos outros para que resulte disso uma verdade qualquer. É a intersubjetividade em que as duas ações se motivam que queremos ressaltar, e os três termos com os quais ela os estrutura.

O privilégio desses últimos se julga porque eles respondem ao mesmo tempo aos três tempos lógicos por onde a decisão se precipita, e aos três lugares que ela designa aos sujeitos que ela desempata.

Esta decisão se conclui no momento de um olhar[1]. Pois as manobras que se seguem, se ele aí se prolonga sub-repti-

---

* Entre aspas no original. (N. da T.)
** ... Um desígnio tão funesto/Se não é digno de Atreu, é digno de Tiestes. (N. da T.)
1. Procurar-se-á aqui a referência necessária em nosso ensaio sobre "O tempo lógico e a asserção de certeza antecipada", ver p. 69.

ciamente, não acrescentam nada, não mais do que o adiamento de oportunidade na segunda cena não rompe a unidade desse momento.

Esse olhar supõe dois outros que ele reúne em uma vista da abertura deixada na sua falaciosa complementaridade, para aí antecipar sobre a rapina oferecida nesse descoberto. Portanto três tempos, ordenando três olhares, sustentados por três sujeitos, de cada vez encarnados por pessoas diferentes.

O primeiro é de um olhar que não vê nada: é o Rei, e é a polícia.

O segundo de um olhar que vê que o primeiro não vê nada e se engana ao ver coberto o que ele esconde: é a Rainha, em seguida é o ministro.

O terceiro que desses dois olhares vê que eles deixam a descoberto o que é para esconder, para aquele que quiser, dele se apoderar: é o ministro, e é Dupin enfim.

Para fazer apreender em sua unidade o complexo intersubjetivo assim descrito, procurar-lhe-íamos de bom grado patronato na técnica legendariamente atribuída ao avestruz para se proteger dos perigos; pois ela mereceria em fim ser qualificada de política, ao se repartir aqui entre três parceiros, dos quais o segundo se acreditaria revestido de invisibilidade, pelo fato de que o primeiro teria sua cabeça enfiada na areia, enquanto que ele deixaria um terceiro lhe depenar tranquilamente o traseiro; bastaria que enriquecendo com "uma letra"* sua denominação proverbial, nós fizéssemos a *política do avestroutrem*, para que nela mesma e enfim, ela encontre um novo sentido para sempre.

O módulo intersubjetivo da ação que se repete, sendo assim dado, resta aí reconhecer um *automatismo de repetição*, no sentido que nos interessa no texto de Freud.

A pluralidade dos sujeitos, não pode evidentemente, ser uma objeção para todos aqueles que irromperam desde há muito nas perspectivas que nossa fórmula resume: *o inconsciente é o discurso do Outro*. E não recordaremos agora o que aí acrescenta a noção de *a imisção dos sujeitos*, outrora introduzida por nós quando retomamos a análise do sonho da injeção de Irma.

---

* Uma letra em francês onde *autruche* produz "autruiche". Em nossa língua, somos obrigados a acrescentar *três* letras. (N. da T.)

O que nos interessa hoje, é a maneira pela qual os sujeitos se revezam no seu deslocamento no curso da repetição intersubjetiva.

Veremos que seu deslocamento é determinado pelo lugar que vem a ocupar o puro significante que é a carta roubada, em seu trio. E é isso que para nós o confirmará como automatismo de repetição.

Não parece demais entretanto, antes de nos engajarmos nesta direção, indagarmos se a mira do conto e o interesse que sentimos, mesmo se eles coincidem, não jazem alhures.

Podemos considerar como uma simples racionalização, segundo nossa rude linguagem, o fato de que a estória nos seja contada como um enigma policial?

Na verdade teríamos o direito de considerar esse fato como pouco garantido notando-se que tudo pelo que um tal enigma se motiva a partir de um crime ou de um delito – a saber, sua natureza e seus móveis, seus instrumentos e sua execução, o procedimento para descobrir o autor e a maneira de convencê-lo disso – é aqui cuidadosamente eliminado desde a partida de cada peripécia.

O dolo* é com efeito desde o início tão claramente conhecido quanto as tramas do culpado e seus efeitos sobre a sua vítima. O problema, quando no-lo expõem, se limita à procura dos fins de restituição, do objeto ao qual se prende esse dolo, e parece bem intencional que sua solução seja obtida já, quando no-la explicam. É por aí que nos deixam em suspense? Qualquer que seja o crédito com efeito que se possa dar à convenção de um gênero para suscitar um interesse específico no leitor, não esqueçamos que "o Dupin" aqui segundo a aparecer, é um protótipo, e que para receber seu gênero somente do primeiro, é um pouco cedo para que o autor jogue com uma convenção.

Seria no entanto um outro excesso o de reduzir o todo a uma fábula cuja moralidade seria que para manter ao abrigo dos olhares uma dessas correspondências cujo segredo é às vezes necessário à paz conjugal, baste atirar as redações sobre nossa mesa, mesmo virando-as sobre sua face significante. Eis aí um logro que, quanto a nós, não recomendaríamos a

---

* Fraude jurídica (N. da T.)

ninguém tentar, por receio de que se decepcione ao se fiar nisso.

Só haveria pois aqui como enigma uma incapacidade ao princípio de um insucesso da parte do chefe de polícia, – não fosse, talvez, por parte de Dupin, uma certa discordância, que não reconhecemos de bom grado, entre as observações, seguramente muito penetrantes, embora nem sempre absolutamente pertinentes em sua generalidade, pelas quais ele nos introduz em seu método, e a maneira pela qual, de fato ele intervém.

Ao exagerar mais um pouco esse sentimento de areia nos olhos, brevemente viríamos a nos perguntar se, da cena inaugural que somente a qualidade de seus protagonistas salva do *vaudeville*, à queda no ridículo que parece na conclusão estar prometida ao ministro, não será o fato de todo mundo ser "driblado" que faz aqui nosso prazer.

E estaríamos mais ainda inclinados a admiti-lo na medida em que aí encontraríamos juntamente com aqueles que aqui nos leem, a definição que demos, de passagem em algum lugar, do herói moderno "que ilustram as façanhas irrisórias numa situação de extravio"[2].

Mas não somos nós próprios presa da imponência do detetive amador, protótipo de um novo mata-mouros, ainda preservado da insipidez do *superman* contemporâneo?

Pilhéria, – que basta para fazer-nos ressaltar, bem ao contrário, nesse relato uma verossimilhança tão perfeita, que se pode dizer que a verdade aí revela sua ordem de ficção.

Pois é esta de fato a via por onde nos conduzem as razões dessa verossimilhança. Ao entrarmos primeiramente em seu procedimento, percebemos com efeito um novo drama que diremos complementar do primeiro, na medida em que este último era o que se chama um drama sem palavras, mas que é sobre as propriedades do discurso que funciona o interesse do segundo[3].

---

2. Cf. "Função e campo da fala e da linguagem", pp. 108-109.

3. A completa inteligência do que segue exige, evidentemente, que se releia esse texto extremamente difundido (em francês e em inglês), e aliás curto, que é *A carta roubada*. (Há tradução brasileira: *Antologia de Contos de Edgar Allan Poe*, Editora Civilização Brasileira S.A., 1959.)

Se é patente, efetivamente, que cada uma das duas cenas do drama real nos é narrada no curso de um diálogo diferente, basta estar munido das noções que fazemos valer em nosso ensino, para reconhecer que isto não se dá somente para o prazer da exposição, mas que esses próprios diálogos tomam, no uso oposto que aí é feito das virtudes da fala, a tensão que os transforma em um outro drama, aquele que nosso vocabulário distinguira do primeiro como se sustentando na ordem simbólica.

O primeiro diálogo – entre o chefe de polícia e Dupin – se desenrola como o diálogo entre um surdo e um que ouve. Isto é, representa a complexidade verdadeira do que se simplifica comumente, para os resultados mais confusos, na noção de comunicação.

Capta-se, com efeito, nesse exemplo, como a comunicação pode dar a impressão, onde a teoria muito frequentemente para, de comportar na sua transmissão só um sentido, como se o comentário cheio de significação que é associado por aquele que ouve, pudesse, por passar despercebido àquele que não ouve, ser tido por neutralizado.

Resta que, ao reter somente o sentido de prestação de contas do diálogo, aparece que sua verossimilhança joga com a garantia da exatidão. Mas ei-lo então mais fértil que parece, pelo que demonstraríamos o procedimento conforme se verá, ao nos limitarmos ao relato de nossa primeira cena.

Pois o duplo e mesmo o triplo filtro subjetivo sob o qual ela nos atinge: narração pelo amigo e íntimo de Dupin (que chamaremos doravante o narrador geral da estória) – do relato pelo qual o Delegado transmite a Dupin – o relatório que dele lhe faz a Rainha, não é aí somente a consequência de um arranjo fortuito.

Se, com efeito, a extremidade a que é levada a narradora original exclui que ela tenha alterado os acontecimentos, cometeríamos um erro ao crermos que o Delegado esteja aqui habilitado a lhe emprestar sua voz apenas pela falta de imaginação da qual ele já tem, por assim dizer, a patente.

O fato de que a mensagem seja assim retransmitida assegura-nos daquilo que não é óbvio: a saber que ela pertence realmente à dimensão da linguagem.

Aqueles que aqui se encontram conhecem nossas observações a esse respeito, e particularmente aquelas que ilustramos pela cavilha da pretensa linguagem das abelhas, onde um linguista[4] não pode ver mais do que uma simples sinalização da posição do objeto, em outras palavras, uma função imaginária mais diferenciada do que as outras.

Sublinhamos aqui que uma tal forma de comunicação não é ausente no homem, por mais evanescente que seja para ele o objeto quanto a seu dado natural em razão da desintegração que ele sofre pelo uso do símbolo.

Pode-se com efeito apreender seu equivalente na comunhão que se estabelece entre duas pessoas no ódio votado a um mesmo objeto: com a diferença de que o reencontro somente é possível sobre um só objeto, definido pelos traços do ser que uma e outra recusam.

Mas uma tal comunicação não é transmissível sob a forma simbólica. Ela só se sustenta na relação com esse objeto. É assim que ela pode reunir um número indefinido de sujeitos em um mesmo "ideal": a comunicação de um sujeito com o outro no interior da multidão assim constituída, não ficará por essa razão menos irredutivelmente mediatizada por uma relação inefável.

Essa excursão não é somente aqui um apelo de princípios na direção longínqua daqueles que nos imputam ignorar a comunicação não-verbal: ao determinar o alcance do que repete o discurso, ela prepara a questão do que repete o sintoma.

Assim, a relação indireta decanta a dimensão da linguagem, e o narrador geral, ao redobrá-la, não acrescenta nada "por hipótese". Mas tudo é bem diferente quanto ao seu ofício no segundo diálogo.

Pois este vai se opor ao primeiro como os polos que distinguimos na linguagem e que se opõem como a palavra à fala.

Isso significa que aí se passa do campo da exatidão ao registro da verdade. Ora, esse registro, ousamos pensar que não precisamos insistir nisso, se situa completamente em outro lugar, ou seja propriamente na fundação da intersub-

---

4. Cf. Emile Benveniste, "Comunication animale et langage humain", *Diogène*, n. 1, e nosso relatório de Roma. ("Função e campo da fala e da linguagem em psicanálise").

jetividade. Ele se situa lá onde o sujeito não pode apreender nada mais do que a própria subjetividade que constitui um Outro em absoluto. Contentar-nos-emos, para indicar aqui seu lugar, em evocar o diálogo que nos parece merecer sua atribuição de estória judia do despojamento onde aparece a relação do significante com a fala, na adjuração em que ele vem culminar. "Por que me mentes, se aí se exclama sem fôlego, sim, por que me mentes dizendo-me que vais à Cracóvia para que eu creia que vais a Lemberg, quando na realidade é à Cracóvia que vais?"

É uma questão semelhante que imporia a nosso espírito o desenroscar de aporias, de enigmas erísticos, de paradoxos, e mesmo de pilhérias, que nos é apresentada à guisa de introdução ao método de Dupin, – se por nos ser confiada como uma confidencia por alguém que se coloca em discípulo, aí não se acrescentasse um certa virtude dessa delegação. Tal é o prestígio impreterível do testamento: a fidelidade da testemunha é a capa com a qual se adormece, cegando-a, a crítica do testemunho.

O quê de mais convincente por outro lado do que o gesto de mostrar as cartas sobre a mesa? A tal ponto que nos persuade um momento que o prestidigitador demonstrou efetivamente, como o anunciou, o procedimento de seu número, quando ele somente o renovou sob uma forma mais pura: e esse momento nos faz medir a supremacia do significante no sujeito.

Assim opera Dupin, quando parte da estória do pequeno prodígio que enganava todos seus camaradas no jogo de par ou ímpar, com seu truque da identificação com o adversário, do qual entretanto mostramos que ele não pode atingir o primeiro piado de sua elaboração mental, a saber a noção da alternância intersubjetiva, sem aí se deparar imediatamente com o obstáculo de seu retorno[5].

Nem por isso não deixaram de nos lançar, para impressionar-nos, os nomes de La Rochefoucauld, de La Bruyère, de Maquiavel e de Campanella, cuja reputação não pareceria mais do que fútil perto da proeza infantil.

E o encadear sobre Chamfort cuja fórmula que "pode-se apostar que toda ideia pública, toda convenção recebida é

5. Cf. nossa introdução, p. 64.

uma idiotice, pois ela foi conveniente à maioria", contentará certamente todos aqueles que pensam escapar à sua lei, isto é, precisamente a maioria. O fato de Dupin tachar de trapaça a aplicação pelos franceses da palavra análise à álgebra não tem a menor chance de atingir nosso amor próprio, quando ainda por cima a liberação do termo para outros fins nada tem para que um psicanalista se sinta em posição de aí fazer valer seus direitos. E ei-lo em observações filológicas que enchem de prazer os amantes do latim: que ele lhes relembre sem se dignar dizer mais que *"ambitus* não significa ambição, *religio*, religião, *homines honesti*, as pessoas honestas"*, qual dentre vós não se comprazeria em lembrar-se de que é "desvio, laço sagrado, pessoas de bem" que querem dizer essas palavras para todo aquele que pratica Cícero e Lucrécio. Sem dúvida Poe se diverte...

Mas uma suspeita nos vem: esse desfile de erudição não está destinado a nos fazer ouvir as palavras-chave de nosso drama? O prestidigitador não repete diante de nós seu passe, sem fingir desta vez que nos ensina o segredo, mas levando aqui sua ilusão ao ponto de nos esclarecer realmente sem que vejamos nada. Seria isso o máximo que poderia atingir o ilusionista: fazer-nos, um ser de sua ficção, *verdadeiramente enganar*.

E não são tais efeitos que justificam que falemos, sem aí procurar malícia, de vários heróis imaginários como de personagens reais?

Do mesmo modo quando nos dispomos a entender a maneira pela qual Martin Heidegger nos descobre na palavra αληθής o jogo da verdade, não fazemos senão reencontrar um segredo em que esta última sempre iniciou seus amantes, e em que eles sustentam que é por esconder-se, que ela se oferece a eles do modo *mais verdadeiro*.

Assim mesmo se os propósitos de Dupin não nos desafiassem tão manifestamente a neles nos fiarmos, ainda nos seria preciso fazer a tentativa contra a tentação contrária.

Despistemos portanto sua pista lá onde ela nos despista[6]. E em primeiro lugar na crítica pela qual ele motiva o insuces-

---

6. Gostaríamos de recolocar ao Sr. Benveniste a questão do sentido antinômico de certas palavras, primitivas ou não, após a retificação magistral que ele trouxe à falsa via em que Freud a engajou no terreno filológico

so do Delegado. Já a víamos surgir nessas zombarias clandestinas com que o Delegado nem se preocupava na primeira entrevista, aí vendo apenas motivos para gargalhar. Seja porque com efeito, como Dupin o insinua, um problema pode parecer obscuro por ser simples, ou mesmo evidente demais, jamais terá para ele um alcance maior do que uma fricção um pouco vigorosa da caixa toráxica.

Tudo é feito para nos induzir à noção da imbecilidade do personagem. E articulamo-la vigorosamente pelo fato de que ele e seus acólitos jamais virão a conceber, para esconder um objeto, nada que ultrapasse o que pode imaginar um malandro ordinário, isto é, precisamente a série bem conhecida dos esconderijos extraordinários: dos quais nos dão o repertório, das gavetas dissimuladas da escrivaninha à superfície desmontada da mesa, dos forros descosidos dos assentos a seus pés esvaziados, do avesso do estanho dos espelhos à espessura da capa dos livros.

Nisto, a gozação sobre o erro que o Delegado comete ao deduzir que o ministro é poeta, que ele é quase louco, erro, arguimos, que resultaria, mas já é demais, somente de uma falsa distribuição do meio-termo, pois ele está longe de resultar de que todos os loucos sejam poetas.

Certo, mas nós mesmos somos deixados na errância sobre o que constitui, em matéria de esconderijo, a superioridade do poeta, mesmo se ele se mostrasse duplicado por um matemático, visto que aqui se quebra subitamente nosso lançamento arrastando-nos num nó de más querelas feitas ao raciocínio dos matemáticos, que nunca mostraram, que eu saiba, tanto apego a suas fórmulas quando ao identificá-las à razão raciocinante. Pelo menos testemunharemos que, ao contrário daquilo de que Poe parece ter experiência, acontece-nos às vezes diante do nosso amigo Riguet que é aqui, para os senhores, a garantia por sua presença, de que nossas incursões na combinatória não nos perdem, abandonarmo-nos a despropósitos tão graves (o que, segundo Poe, não deve ter agradado a Deus) como duvidar que "$x^2 + px$

(cf. *La Psychanalyse*, v. I, pp. 5-16. Pois parece-nos que esta questão permanece, ao isolar em seu rigor a instância do significante. Bloch e Von Wartburg datam de 1875 a aparição da significação do verbo *despistar* no segundo emprego que fazemos dele em nossa frase.

não seja talvez de modo algum igual *a q*", sem nunca, darmos a Poe o desmentido, termos tido que nos preservar de quaisquer maus-tratos inopinados.

Não despendemos, pois, tanto espírito apenas para desviar o nosso daquilo que nos foi anteriormente indicado para considerarmos como certo a saber, que a polícia procurou *em toda parte*: o que nos era preciso entender, concernente ao campo no qual a polícia presumia, não sem razão, que devesse se encontrar a carta, no sentido de uma exaustão do espaço, sem dúvida teórica, mas de que é o sal da estória o tomá-lo ao pé da letra, sendo o "esquadrilhamento"*, que regula a operação, apresentado a nós como tão exato que não permitiria, dizia-se "que um cinquentíssimo de linha escapasse" à exploração dos investigadores. Não estamos desde então no direito de perguntar como é que a carta não foi encontrada *em nenhum lugar*, ou melhor de observar que tudo o que nos dizem de uma concepção de uma mais alta extensão da receptação não nos explica rigorosamente que a carta tenha escapado às buscas, visto que o campo que elas esgotaram a continha de fato como enfim o provou a descoberta de Dupin.

É preciso que a carta, entre todo os objetos, tenha sido dotada da propriedade de *nulibiedade***: para nos servirmos desse termo que o vocabulário bem conhecido sob o título do *Roget* retoma da utopia semiológica do bispo Wilkins[7]?

É evidente (a *little* too[8] *self evident*) que a carta tem na verdade, com o lugar, relações para as quais nenhuma palavra francesa possui todo o alcance do qualificativo inglês: *odd*. *Bizarre*, como Baudelaire o traduz regularmente, é apenas aproximativo. Digamos que essas relações são singulares, pois são essas mesmas que o significante entretém com o lugar.

Os senhores sabem que nosso desígnio não é o de estabelecer relações "sutis", que nosso propósito não é confundir a

---

* Entre aspas no original. (N. da T.)
** *Nullibiété* no original. (N. da T.)
7. A mesma à qual Jorge Luis Borges, em sua obra tão harmônica ao *phylum* de nosso propósito, dá um destino que outros reduzem a suas justas proporções. Cf. *Les Temps Modernes*, jun.-jul. 1955, pp. 2135-36, e out. 1955, pp. 574-75.
8. Sublinhado pelo autor. (Nota de Lacan.)

carta* e o espírito, mesmo quando a recebemos por *pneuma-tique***, e que admitimos muito bem que um mata se outro vivifica, com a condição de que o significante, os senhores começam talvez a entendê-lo, materialize a instância da morte. Mas se insistimos primeiro sobre a materialidade do significante, esta materialidade é *singular* em muitos pontos dos quais o primeiro é de não suportar a partição. Rasguem uma carta em pedacinhos, ela permanece a carta que é, e isso em um sentido bem diferente que a *Gestalttheorie* não pode explicar com o vitalismo larvado de sua noção do todo[9].

A linguagem produz sua sentença a quem sabe ouvi-la: pelo uso do artigo empregado como partícula partitiva. É aliás exatamente aí que o espírito, se o espírito é a significação viva, aparece não menos singularmente oferecido à quantificação do que a carta*. A começar pela própria significação que suporta que se diga: esse discurso cheio *de* significação, da mesma forma que se reconhece (*d*) *a* intenção*** em um ato, que se lamenta que não haja mais (*d*) amor, que se acumule (*d*) ódio e que se gaste (*d*) devotamento, e que tanta (*d*) enfatuação se ajuste ao fato de que haverá sempre (d) o pernil para revender e (*d*) o rififi entre os homens.

Mas quanto à carta*, quer a consideremos no sentido do elemento tipográfico (letra), da epístola ou daquilo que faz o letrado, dir-se-á que o que se diz deve ser entendido *ao pé da letra*, que os espera com o carteiro *uma carta*, ou que *cartas* chegaram para os senhores, – nunca há em parte alguma (*d*) *a carta*, qualquer que seja o título que lhe concerne, mesmo para designar a correspondência em atraso****.

* *Lettre* no original. (N. da T.)
** Sistema de entrega rápida de correspondência utilizado em Paris. (N. da T.)
9. E é tão verdadeiro que a filosofia nos exemplos, descoloridos pelo uso repetido, onde ela argumenta a partir do um e dos muitos, não empregará para os mesmos fins a simples folha branca rasgada pelas condições e o círculo interrompido, ou mesmo o vaso quebrado, sem falar do vidro cortado.
*** O emprego do partitivo é considerado um arcaísmo desueto em nossa língua, ao passo que em francês ele precede tudo que ê indivisível. (N. da T.)
**** Cf. nossa nota sobre o partitivo francês. (N. da T.)

É que o significante é unidade de ser único, não sendo por natureza símbolo senão de uma ausência. E é assim que não se pode dizer da carta roubada que seja preciso, contrariamente aos outros objetos, que ela esteja ou não esteja em algum lugar, mas sim que, por sua diferença, ela estará e não estará lá onde ela está, onde quer que ela vá.

Examinemos com efeito mais de perto o que ocorre aos policiais. Não nos poupam nada quanto aos procedimentos com que eles revistam o espaço destinado à sua investigação, à repartição desse espaço em volumes que não deixam escapar uma espessura, à agulha sondando o mole, e, na falta da repercussão sondando o duro, no microscópio denunciando os excrementos do trado na borda de sua broca, ou mesmo o bocejo ínfimo de abismos mesquinhos. À medida mesmo que sua rede se fecha para que eles cheguem, não contentes em sacudir as páginas dos livros a contá-las, não vemos o espaço se desfolhar à semelhança da carta?

Mas os investigadores têm uma noção do real de tal forma imutável que eles não notam que sua investigação vai transformá-lo em seu objeto. Traço onde talvez eles pudessem distinguir este objeto de todos os outros.

Seria pedir demais sem dúvida, não por causa de sua falta de visão, mas, antes, da nossa. Pois sua imbecilidade não é de espécie individual, nem corporativa, ela é de fonte subjetiva. É a imbecilidade realista que não se limita em se dizer que nada, por mais longe que uma mão venha a enterrá-lo nas entranhas do mundo, aí não estará jamais escondido, visto que uma outra mão pode aí encontrá-lo, e que o que está escondido não é senão mais do que *aquilo que não se encontra em seu lugar*, como se exprime a ficha de indicação de um volume quando ele circula na biblioteca. E mesmo se este último estivesse, com efeito, na estante ou no compartimento ao lado, ele aí estaria escondido, por mais visível que aí apareça. É que não se pode dizer *ao pé da letra* que isso está faltando em seu lugar, senão daquilo que pode mudar de lugar, isto é, do simbólico. Pois para o real, seja qual for a desordem que nele possamos produzir, ele está sempre aí e em todo caso, no seu lugar, leva--o colado à sola, sem conhecer nada que possa daí exilá-lo.

E como com efeito, voltando aos nossos policiais, teriam podido se apoderar da carta, aqueles que a pegaram no lugar em que ela estava escondida? Naquilo que reviravam entre os dedos, que mais tinham senão o que *não respondia* à descrição que conheciam? *A letter, a litter,* uma carta, um lixo. Equivocou-se no cenáculo de Joyce[10] sobre a homofonia dessas duas palavras em inglês. A espécie de detrito que os policiais manipulam nesse momento não lhes fornece tampouco sua outra natureza por estar só meio rasgado. Um sinete diferente sobre um carimbo de uma outra cor, um outro carimbo do grafismo do sobrescrito são aí os esconderijos mais infrangíveis. E se eles se detêm no reverso da carta onde, como se sabe, era lá que na época o endereço do destinatário se inscrevia, é que a carta para eles só tem esse reverso como outra face.

Que poderiam na verdade detectar de seu desverso? – Sua mensagem, como nos exprimimos para a alegria de nossos domingos cibernéticos? ... Mas não nos vem à ideia que essa mensagem já chegou à sua destinatária e foi mesmo deixada de lado por ela com o pedaço de papel insignificante, que não a representa agora mesmo bem do que o bilhete original.

Se pudéssemos dizer que uma carta cumpriu seu destino após ter preenchido sua função, a cerimônia de devolver as cartas seria menos admitida para servir de clausura na extinção dos fogos das festas do amor. O significante não é funcional. E igualmente a mobilização do belo mundo do qual acompanhamos aqui o passatempo, não teria sentido, se a carta, – ela, se contentasse em ter um. Pois não seria uma maneira muito adequada de guardá-lo secreto o participá-lo a uma esquadra *de poulets**.

Poder-se-ia mesmo admitir que a carta tenha um sentido completamente diferente, senão mais ardente, para a Rainha do que o que ela apresenta à inteligência do ministro. O andamento das coisas não seria sensivelmente afetado, nem mesmo se fosse estritamente incompreensível a todo leitor não avisado.

---

10. Cf. *Our examination round his factification for incamination of work in progress*, Paris, Shakespeare and Company, 12, rue de l'Odéon, 1929.

* O autor joga com palavra polissêmica *poulet* que significa nos diferentes registros da língua, respectivamente, "carta de amor" (arc.) e "agente de polícia" (pop.), além, naturalmente, do jovem galináceo. (N. da T.)

Pois ele não o é certamente para todo o mundo, posto que, como no-lo assegura enfaticamente o Delegado para a zombaria de todos, "esse documento, revelado a um terceiro personagem cujo nome ele calará" (esse nome que salta aos olhos como o rabo do porco entre os dentes do pai Ubu) "colocaria em questão, diz ele, a honra de uma pessoa da mais alta condição", e até mesmo "a segurança da augusta pessoa seria assim posta em perigo".

Por conseguinte não é somente o sentido, mas o texto da mensagem que seria perigoso pôr em circulação, e isso tanto mais que ele pareceria anódino, visto que os riscos seriam acrescidos da indiscrição que um de seus depositários poderia cometer malgrado seu.

Nada portanto pode salvar a posição da polícia, e não se mudaria nada melhorando "sua cultura". *Scripta manent*, é em vão que ela aprenderia de um humanismo de edição de luxo a lição proverbial que *verba volant* termina. Oxalá os escritos permanecessem, como é antes o caso das palavras: pois destas a dívida indelével ao menos fecunda nossos atos por suas transferências.

Os escritos levam ao vento as letras de câmbio em branco de uma cavalaria louca. E, se eles não fossem folhas volantes, não haveria cartas roubadas.

Mas em que pé estamos a este respeito? Para que haja carta roubada, perguntamo-nos, a quem uma carta pertence? Acentuávamos há pouco o que há de singular no retorno da carta a quem outrora deixava ardentemente desvanecer-se o penhor. E julga-se geralmente indigno o procedimento dessas publicações prematuras, do tipo dessas pelas quais o Cavaleiro de Eonte colocou alguns de seus correspondentes em postura antes lastimável.

A carta, sobre a qual aquele que a enviou conserva ainda os direitos, não pertenceria portanto completamente àquele a quem ela se destina? Ou será que este último não foi jamais o verdadeiro destinatário?

Vejamos aqui: o que vai nos esclarecer é o que pode primeiramente obscurecer ainda o caso, a saber, que a estória nos deixa ignorar quase tudo do remetente, não menos que do conteúdo da carta. É-nos somente dito que o ministro reconheceu imediatamente a escritura de seu endereço à Rainha, e é incidentemente, a propósito de sua camuflagem pelo ministro, que se acha mencionado que seu sinete original é aquele do Duque de S... Para seu alcance, sabemos somente os perigos que ela implica, ao vir às mãos de um determinado terceiro, e que sua posse permitiu ao ministro "usar, até um ponto bastante perigoso, numa finalidade política" o domínio que ela lhe assegura sobre a interessada. Mas isto não nos diz nada sobre a mensagem que ela veicula.

Carta de amor ou carta de conspiração, carta delatora ou carta de instrução, carta somatória ou carta de desespero, não podemos reter mais do que isso: é que a Rainha não poderia levá-la ao conhecimento de seu senhor e amo.

Ora, esses termos, longe de tolerarem o acento depreciado que têm na comédia burguesa, tomam um sentido eminente de designar seu soberano, a quem a liga a fé jurada, e de maneira redobrada, visto que sua posição de cônjuge não a libera de seu dever de súdita mas ao contrário a eleva à vigilância daquilo que a realeza, segundo a lei, encarna de poder: e que se chama legitimidade.

Desde então, quaisquer que sejam os prosseguimentos que a Rainha tenha escolhido dar à carta, subsiste que esta carta é o símbolo de um pacto, e que, mesmo que sua destinatária não assuma esse pacto, a existência da carta a situa em uma cadeia simbólica estranha àquela que constitui sua fé. A prova dessa incompatibilidade é dada pelo fato de que a posse da carta não a faz, de maneira alguma, valer publicamente como legítima, e que, para fazê-la respeitar, a Rainha não poderia invocar senão o direito de sua vida privada, cujo privilégio se funda sobre a honra à qual esta posse derroga.

Pois aquela que encarna a figura de graça da soberania, não poderia acolher uma inteligência ainda que privada sem implicar o poder, e não pode, no lugar do soberano, se prevalecer do segredo sem entrar na clandestinidade.

Desde então a responsabilidade do autor da carta passa ao segundo plano ao lado daquela de quem a detém: pois a ofensa à majestade termina por se reforçar pela mais *alta traição*.

Dizemos: quem a detém, e não: quem a possui. Pois torna-se claro desde então que a propriedade da carta não é menos contestável para sua destinatária do que para quem quer que seja a cujas mãos ela possa chegar, visto que nada, quanto à existência da carta, pode entrar na ordem, sem que aquele a cujas prerrogativas ela atenta, tenha tido que julgar.

Tudo isso não implica no entanto que pelo fato de que o segredo da carta é indefensável, a denúncia desse segredo seja de alguma forma honrosa. Os *honesti homines*, as pessoas de bem, não poderiam livrar-se tão facilmente. Há mais de uma *religio*, e não é amanhã que os laços sagrados cessarão de nos puxar para cá e para lá. Quanto ao *ambitus*, o desvio, vê-se, não é sempre a ambição que o inspira. Pois se há um pelo qual passamos aqui, não o roubamos, é o caso de dize-lo, visto que, para confessar-lhes tudo, só adotamos o título de Baudelaire na intenção de bem marcar não o caráter convencional do significante – como se o enuncia impropriamente –, mas principalmente sua precedência em relação ao significado. Resta-nos pois que Baudelaire, malgrado sua devoção, traiu Poe ao traduzir por "a carta roubada" seu título que é: *the purloined letter*, isto é, que usa uma palavra suficientemente rara para que nos seja mais fácil definir sua etimologia que o emprego.

To purloin, nos diz o dicionário de Oxford, é uma palavra anglo-francesa, isto é, composta do prefixo *pur-* que encontramos em *purpose*, propósito, *purchase*, provisão, *purport*, alcance, e da palavra do antigo francês: *loing, loigner, longé*. Reconheceremos no primeiro elemento o latim *pro* na medida em que se distingue de *ante* por supor um de trás para frente do qual ele se dirige, eventualmente para garanti-lo, e mesmo para se dar como garantia (enquanto que *ante* parte ao encontro daquilo do que vem a seu encontro). Para o segundo, antiga palavra francesa: *loigner*, verbo do atributo de lugar *au loing* (ou ainda *longe*), não quer dizer ao longe, mas aos longo de; trata-se portanto de *pôr de lado*, ou, para recorrer a uma locução familiar que joga com os dois sentidos, de: *mettre à gauche**.

É assim que vemo-nos confirmados em nosso desvio pelo objeto mesmo que aí nos conduz: pois é exatamente a *carta desviada* que nos ocupa, aquela cujo trajeto foi *prolongado* (é literalmente a palavra inglesa), ou para recorrer ao vocabulário postal, a *carta em instância***.

---

* Expressão que significa "pôr de lado" e "dissimular". (N. da T.)
** *Lettre en sou/rance* em francês. (N. da T.)

Eis portanto *simple and odd*, como no-lo anunciam desde a primeira página, reduzida à sua mais simples expressão a singularidade da carta, que como o título o indica, é o *sujeito verdadeiro* do conto: visto que ela pode sofrer um desvio, é que ela tem um trajeto *que lhe é próprio*. Traço em que se afirma aqui sua incidência de significante. Pois aprendemos a conceber que o significante só se mantém em um deslocamento comparável ao das nossas faixas de anúncios luminosos ou das memórias rotativas de nossas máquinas-de-pensar--com-mo-os-homens[11], isto em razão de seu funcionamento alternante em seu princípio, o qual exige que ele abandone seu lugar, com o risco de aí fazer um retorno circularmente.

É exatamente o que se passa no automatismo de repetição. O que Freud nos ensina, no texto que comentamos, é que o sujeito segue a rota do simbólico, mas o que aqui vem ilustrado é mais surpreendente ainda: não é somente o sujeito, mas os sujeitos, tomados em sua intersubjetividade, que tomam a fila, em outros termos nossos avestruzes, aos quais eis-nos de volta, e que, mais dóceis que carneiros, modelam seu próprio ser sobre o momento que os percorre da cadeia significante.

Se o que Freud descobriu e redescobre num escarpado da vez maior, tem um sentido, é que o deslocamento do significante determina os sujeitos nos atos, no destino, nas recusas, nas cegueiras, nos sucessos e na sorte, não obstante seus dons inatos e seu crédito social, sem consideração para o caráter ou o sexo, e que, quer queira quer não, seguirá o curso do significante com armas e bagagens, tudo o que é do dado psicológico.

Eis-nos de fato novamente no cruzamento onde tínhamos deixado nosso drama e sua ronda com a questão da maneira pela qual os sujeitos aí se revezam. Nosso apólogo é feito para mostrar que é a carta (letra) e seu desvio que rege suas entradas e seus papéis. Que ela esteja em instância, eles é que vão padecer. Ao passarem sob sua sombra, eles se tornam seu reflexo. Ao caírem em posse da carta, – admirável ambiguidade da linguagem, – é seu sentido que os possui.

É o que nos mostra o herói do drama que aqui nos é contado, quando se repete a situação mesma que sua audácia

---

11. Cf. nossa introdução, p. 65.

encetou uma primeira vez para seu triunfo. Se agora ele aí sucumbe, é por ter passado ao lugar segundo da tríade da qual foi primeiramente o terceiro ao mesmo tempo que ladrão* – isto pela virtude do objeto de seu rapto.

Pois se se trata agora como antes, de proteger a carta dos olhares, não lhe resta senão empregar aí o mesmo procedimento que ele próprio desmascarou: deixá-la à descoberto? E temos o direito de duvidar que ele saiba assim o que faz, ao vê-lo cativado imediatamente por uma relação dual em que encontramos todos os caracteres do logro mimético ou do animal que finge estar morto, e, apanhado na armadilha da situação tipicamente imaginária: ver que não se o vê, desconhecer a situação real em que ele é visto não ver. E o que ele não vê? Justamente a situação simbólica que ele mesmo soube ver tão bem, e em que agora ei-lo visto se vendo não ser visto.

O ministro age como homem que sabe que a investigação da polícia é sua defesa, visto que nos dizem que é de propósito que ele lhe deixa o campo livre por suas ausências: ele não desconhece tampouco que fora dessa pesquisa, não mais está protegido.

É a avestroutrapaça** mesma da qual ele foi o artesão, se nos permitem fazer resguardar nosso monstro, mas não pode ser por qualquer imbecilidade que ele vem a ser o enganado.

É que ao jogar a partida daquele que esconde, é o papel da Rainha que lhe é preciso revestir, e até os atributos da mulher e da sombra, tão propícios ao ato de esconder.

Não que reduzamos à oposição primária do obscuro e do claro, o par veterano do *yin* e do *yang*. Pois seu manejamento exato comporta o que tem de cegante o brilho da luz, não menos que as reverberações de que se serve a sombra para não abandonar sua presa.

Aqui o signo e o ser maravilhosamente disjuntos nos mostram qual dos dois vence quando eles se opõem. O homem bastante homem para enfrentar até o desprezo a ira temida da mulher, suporta até à metamorfose, à maldição do signo do qual ele a despojou.

---

* *Un troisième larron* (La Fantaine): uma pessoa que se aproveita do conflito entre duas outras. (N. da T.)

** (*Autruicherie*) palavra-valise composta de autre – *autrui* – *autruche* (já visto) e *tricherie*. (N. da T.)

Pois esse signo é de fato o da mulher, pois que ela aí faz valer seu ser, fundando-o fora da lei, que a contém sempre, pelo efeito das origens, em posição de significante, e mesmo de fetiche. Para estar à altura do poder desse signo, ela deve somente permanecer imóvel na sua sombra, aí encontrando além do mais, tal a Rainha, essa simulação do controle do não-agir que só "o olho de lince" do ministro pôde penetrar.

Esse signo arrebatado, eis portanto o homem em sua posse: nefasta por poder somente se sustentar pela honra que desafia, maldita por chamar aquele que a sustenta à punição ou ao crime, uma e outra quebrando sua vassalidade à Lei.

É preciso que haja nesse signo um *noli me tangere* bem singular para que, semelhante ao torpedo socrático, sua posse entorpeça seu homem a ponto de fazê-lo cair no que nele se trai sem equívoco como inação.

Pois ao notar, como o faz o narrador desde a primeira entrevista, que com o uso da carta se dissipa seu poder, apercebemo-nos de que esta observação visa apenas seu uso para fins de poder – ao mesmo tempo, que este uso se torna forçado para o ministro.

Para não poder se libertar, é preciso que o ministro não saiba o que fazer da carta. Pois este uso o coloca em uma dependência tão total da carta como tal, que a longo prazo ele não mais a concerne.

Queremos dizer que para que este uso fosse relativo verdadeiramente à carta, o ministro que, no fim das contas, seria autorizado aí pelo serviço do Rei, seu amo, poderia apresentar à Rainha respeitosas admoestações, mesmo que devesse se assegurar do seu efeito de retorno por garantias apropriadas, – ou então introduzir uma ação qualquer contra o autor da carta do qual o fato que ele permaneça aqui fora da jogada, mostra o quão pouco se trata aqui da culpabilidade e da falta, mas do signo de contradição e de escândalo que constitui a carta, no sentido em que o Evangelho diz que é preciso que ele venha sem atenção à desgraça de quem se faz seu portador, – e mesmo submeter a carta tornada peça de um processo ao "terceiro personagem", qualificado para saber se fará sair dela uma Câmara Ardente para a Rainha ou a desgraça para o ministro.

Não saberemos por que o ministro não faz dela um desses usos, e convém que não saibamos nada visto que somente nos interessa o efeito desse não-uso; bastamos saber que o modo de aquisição da carta não seria um obstáculo a nenhum dentre eles.

Pois é claro que se o uso não significativo da carta é um uso forçado para o ministro, seu uso para fins de poder só pode ser potencial, visto que ele não pode passar ao ato sem desvanecer-se em seguida, – logo, a carta não existe como meio de poder senão pelas declarações últimas do puro significante, ou seja: prolongar seu desvio para fazê-la chegar a quem de direito por um trânsito de acréscimo, isto é, por uma outra traição cujos retornos a gravidade da carta torna difícil prevenir, – ou então destruir a carta, o que seria a única maneira, segura e como tal proferida imediatamente por Dupin, de terminar com o que é destinado por natureza a significar a anulação do que ele significa.

A ascendência que o ministro tira da situação não provém portanto da carta, mas, saiba-o ou não, do personagem em que ela o constitui. E da mesma forma os propósitos do Delegado no-lo apresentam como alguém que ousa tudo, *who dares all things*, e comenta-se significativamente: *those unbecoming as well as those becoming a man*, o que significa: o que é indigno assim como o que é digno de um homem, e do qual Baudelaire deixa escapar a agudeza traduzindo-o: o que é indigno de um homem assim como o que é digno dele. Pois na sua forma original, a apreciação é muito mais apropriada ao que interessa a uma mulher.

Isso deixa aparecer o alcance imaginário deste personagem, isto é, a relação narcísica em que se encontra engajado o ministro, desta vez certamente sem que o saiba. Ela é indicada igualmente no texto inglês, desde a segunda página, por uma observação do narrador cuja forma é saborosa: "A ascendência, nos diz ele, que ganhou o ministro, dependeria do conhecimento que tem o raptor do conhecimento que tem a vítima de seu raptor", textualmente: *the robber's knowledge of the loser's knowledge of the robber*. Termos cuja importância o autor sublinha, fazendo-os serem retomados literalmente por Dupin imediatamente após relato que se desencadeou a partir da cena do rapto da carta. Aqui ainda pode-se dizer que Baudelaire flutua em sua linguagem fazendo um interrogar, o outro confirmar, por estas palavras: "O ladrão sabe?..." em seguida "o ladrão sabe...", O quê? "que a pessoa roubada conhece seu ladrão".

Pois o que importa ao ladrão não é somente que a dita pessoa saiba quem a roubou, mas com que ladrão ela tem que se haver; é que ela o creia capaz de tudo que é preciso entender: que ela lhe confira a posição que não está ao alcance de ninguém assumir realmente porque é imaginária, a de senhor absoluto.

Em verdade é uma posição de fraqueza absoluta, mas não para quem crê. A prova disso não é somente que a Rainha tenha a audácia de chamar a polícia. Pois ela não faz mais do que se conformar a seu deslocamento de um grau na posição da tríade do início, entregando-se à cegueira mesma que é exigida para ocupar esse lugar: *No more sagacious agent could, I suppose*, ironiza Dupin, *be desired or even imagined*. Não, se ela deu esse passo, foi menos por ser levada ao desespero, *driven despair*, como nos dizem, do que assumindo uma impaciência que se deve de preferência imputar a uma miragem especular.

Pois o ministro tem de se esforçar para se conter na inação que é seu quinhão nesse momento. O ministro na verdade não é *absolutamente* louco. E uma observação do Delegado que sempre diz coisas de ouro: é verdade que o ouro de suas palavras flui somente para Dupin, e só para de fluir com a concorrência dos cinquenta mil francos que lhe custará no padrão desse metal na época, ainda que isto não deva ocorrer sem deixar-lhe um saldo beneficiário. O ministro portanto não é *absolutamente* louco nessa estagnação de loucura, e é por isso que deve se comportar segundo o modo da neurose. Tal como o homem que se retirou numa ilha para esquecer, o quê? ele esqueceu, – assim o ministro ao não utilizar a carta, vem a esquecê-la. É o que exprime a persistência de sua conduta. Mas a carta, não mais que o inconsciente do neurótico, não o esquece. Ela o esquece tão pouco que o transforma cada vez mais na imagem daquela que a ofereceu à sua surpresa, e que ele vai agora cedê-la, a seu exemplo, a uma surpresa semelhante.

Os traços desta transformação são anotados, e sob uma forma bastante característica em sua gratuidade aparente para aproximá-los validamente do retorno do recalcado.

Assim ficamos sabendo primeiro que por sua vez o ministro *virou do avesso** a carta, não, logicamente, no gesto apressado da Rainha, mas de maneira mais aplicada, da maneira pela qual se vira do avesso uma roupa. É em verdade assim que lhe é preciso operar, segundo o modo pelo qual na época se dobra uma carta e se lacra, para liberar o lugar virgem onde inscrever um novo endereço[12].

Esse endereço se torna o seu próprio. Que seja de sua mão ou de uma outra, ele aparecerá como de uma escrita feminina muito fina e o sinete passando do vermelho da paixão ao negro de seus espelhos, aí imprime sua própria marca. Essa singularidade de uma carta marcada pelo sinete de seu destinatário é tanto mais espantosa na sua invenção, quanto, articulada com força no texto, ela não é, em seguida, nem mesmo assinalada por Dupin na discussão a que ele submete a identificação da carta.

Intencional ou involuntária essa omissão, ela surpreenderá no arranjo de uma criação cujo minucioso rigor observamos. Mas nos dois casos, é significativo que a carta que, em suma, o ministro endereça a si mesmo, seja a carta de uma mulher: como se fosse isso uma fase por onde tivesse de passar por uma conveniência natural do significante.

Igualmente o halo de negligência que chega mesmo a parecer moleza, a ostentação de um tédio próximo da aversão em seus propósitos, o ambiente que o autor da filosofia da

* Em francês *retourner*, que significa virar do avesso, mas também "devolver". (N. da T.)

12. Pensamos ser obrigados a fazer aqui a demonstração ao auditório sobre uma carta da época que interessava ao Sr. de Chateaubriand e sua procura de um secretário. Pareceu-nos divertido que o Sr. de Chateaubriand tenha colocado o ponto final ao primeiro estado, recentemente restituído, de suas memórias nesse mesmo mês de novembro de 1841 em que aparecia no *Chamber's Journal* a carta roubada. A devoção do Sr. de Chateaubriand ao poder que ele deprecia e a honra que essa devoção faz à sua pessoa (não se tinha ainda inventado o *dom*), fá-lo-iam classificar ao olhar do julgamento ao qual veremos mais adiante submetido o ministro, entre os homens de gênio com ou sem princípios?

decoração[13] sabe fazer surgir de notações quase impalpáveis como a do instrumento de música sobre a mesa, tudo parece arranjado para que o personagem, que todos propósitos cingiram com os traços da virilidade, exale quando ele aparece o mais singular *odor di femina*.

Que isso seja um artifício, Dupin não deixa de sublinhá--lo em verdade, dizendo-nos atrás dessa falsa aparência a vigilância do animal caçador pronto a saltar. Mas, que o homem seja habitado pelo significante seja o efeito mesmo do inconsciente no sentido preciso em que ensinamos que o inconsciente o é, como encontrar uma imagem mais bela do que a que Poe forja ele próprio para nos fazer compreender a proeza de Dupin. Pois ele recorre, para fazê-lo, a esses nomes toponímicos que uma carta geográfica por não ser muda, sobre impõe a seu desenho, e do qual pode-se fazer objeto de um jogo de adivinhação a quem souber encontrar aquele que escolher para parceiro – notando desde então que o mais propício para enganar um principiante será aquela que, em maiúsculas largamente espaçadas no campo do mapa, aí der, sem mesmo que o olhar aí se detenha frequentemente, a denominação de um país inteiro...

Assim a carta roubada, como um imenso corpo de mulher, se estende no espaço do gabinete do ministro, quando aí entra Dupin. Assim ele já espera lá encontrá-la, e não tem senão com seus olhos velados por óculos escuros, que despir esse grande corpo.

E é por isso que sem tampouco ter tido necessidade, e não sem motivo, de escutar atrás da porta do Pai Freud, ele irá direto lá onde pousa e repousa aquilo que cabe a esse corpo esconder, em algum belo meio onde o olhar desliza, seja, nesse lugar denominado pelos sedutores o castelo Sant'Ângelo na inocente ilusão em que eles se assegurem de ocupar de lá a Cidade. Olhem! entre as pilastras da lareira, ali está o objeto ao alcance da mão que ao raptor resta somente estender... A questão de saber se ele o apanha sobre a coberta como Baudelaire o traduz, ou sob a coberta da lareira como o traz o texto original, pode ser abandonada sem dano às inferências da cozinha[14].

---

13. Poe é realmente o autor de um ensaio que leva esse título.
14. E mesmo da cozinheira.

Se a eficácia simbólica terminasse aí, a dívida simbólica aí se teria apagado também? Se pudéssemos acreditar nisso seríamos advertidos do contrário por dois episódios que se deve tanto menos considerar como acessórios quanto eles parecem à primeira vista destoar na obra.

Primeiro é a estória da retribuição de Dupin, que longe de ser um jogo do fim, se anunciou desde o princípio pela pergunta bem desenvolta que ele faz ao Delegado sobre o montante da recompensa que lhe foi prometida, e cuja enormidade, por ser reticente sobre a quantia, este último não pensa em dissimular, voltando mesmo a falar de seu aumento em seguida.

O fato de que Dupin nos tenha sido primeiramente apresentado como um necessitado refugiado no éter, é antes de natureza e nos fazer meditar sobre o negócio que faz da entrega da carta, e do qual o *check-book* que ele produz assegura prontamente a execução. Não achamos desprezível que o *hint* sem rodeios pelo qual ele o introduz seja uma "estória atribuída ao personagem tão célebre quanto excêntrico", nos diz Baudelaire, de um médico inglês chamado Abernethy, em que se trata de um rico avaro que, pensando subtrair-lhe uma consulta gratuita, ouve em resposta, não remédio para tomar, mas conselho.

Não é com razão, efetivamente, que nos sentiremos atingidos quando se trata, talvez, para Dupin de se retirar, ele mesmo, do circuito simbólico da carta? – nós que nos fazemos os emissários de toda as cartas roubadas que por um certo tempo ao menos ficarão conosco em instância* na transferência. E não é a responsabilidade que sua transferência comporta que neutralizamos fazendo-a equivaler ao significante mais aniquilante de toda significação, a saber, o dinheiro.

Mas isso não é tudo. O benefício tão alegremente tirado por Dupin de sua façanha, se tem como objetivo salvar sua pele, só torna mais paradoxal, e até mesmo chocante, o ataque e digamos o golpe baixo, que ele se permite subitamente em relação ao ministro de quem parece, entretanto, enfraquecido suficientemente o insolente prestígio pela peça que acaba de lhe pregar.

Falamos dos versos atrozes que ele assegura não ter podido impedir-se de dedicar, na carta falsificada por ele, no

---

* *en souffrance* (N. da T.)

momento em que o ministro, fora de si pelos infalíveis desafios da Rainha, pensará abatê-la e se precipitará no abismo: *facilis descensus Averni*[15], ele sentencia, acrescentando que o ministro não poderá deixar de reconhecer sua letra, o que, por deixar sem perigo um opróbrio sem perdão, parece, visando uma figura que tem um certo mérito, um triunfo sem glória, e o rancor que ele invoca ainda de um mau procedimento sentido em Viena (no Congresso?) apenas acrescenta aí uma nódoa a mais.

Consideremos entretanto de mais perto essa explosão passional, e especialmente quanto ao momento em que ela sucede a uma ação cujo sucesso provém de uma cabeça tão fria.

Ela vem exatamente após o momento em que tendo sido realizado o ato decisivo da identificação da carta, pode-se dizer que Dupin já tem a carta tal como se dela já tivesse se apoderado, sem estar ainda, no entanto, em condições de desfazer-se dela.

Ele é portanto parte integrante na tríade intersubjetiva, e como tal na posição mediana que ocuparam anteriormente a Rainha e o Ministro. Sucederá que, em se mostrando superior revelar-nos-á concomitantemente as intenções do autor?

Se ele conseguiu recolocar a carta em seu caminho certo, falta fazê-la chegar ao seu endereço. E esse endereço está no lugar anteriormente ocupado pelo Rei, posto que é lá que ela devia voltar na ordem da Lei.

Como vimos, nem o Rei, nem a polícia que o substituiu nesse lugar, eram capazes de lê-la porque esse *lugar comportava a cegueira*.

Rex et augur, o arcaísmo legendário dessas palavras, não parece ressoar senão para fazer-nos sentir o irrisório de aí chamar um homem. E as figuras da história não o encorajam muito, há já algum tempo. Não é natural ao homem suportar sozinho o peso do mais alto dos significantes. E o lugar que ele vem ocupar ao revesti-lo, pode ser também próprio para tornar-se o símbolo da mais enorme imbecilidade[16].

15. O verso de Virgílio traz: *facilis descensus Averno*.
16. Lembramo-nos do espirituoso dístico atribuído, antes da queda, ao mais recente em data a ter comparecido ao encontro de Candide em Veneza:
> *Não há hoje em dia mais que cinco reis na terra*
> *Os quatro reis das cartas e o rei da Inglaterra.*

Digamos que o Rei aqui é investido pela anfibologia natural ao sagrado, da imbecilidade que provém justamente do Sujeito.

É o que vai dar seu sentido aos personagens que vão se suceder no seu lugar. Não que a polícia possa ser tida por constitucionalmente analfabeta, e sabemos o papel dos piques plantados sobre o *campus* no nascimento do Estado. Mas a que exerce aqui suas funções é toda marcada pelas formas liberais, isto é, aquelas que lhe impõem os mestres pouco ciosos de limparem suas tendências indiscretas. Eis por que não nos poupam em certas ocasiões as palavras sobre as atribuições que se lhe reservam: "*Sutor ne ultra crepidam*, cuidem de seus gatunos. Vamos mesmo para tanto fornecer-lhes meios científicos. Isso vos ajudará a não pensar nas verdades que é melhor deixar na sombra"[17].

Sabe-se que o alívio que resulta de princípios tão prudentes não terá durado na história mais do que o espaço de uma manhã, e que já a marcha do destino traz de todas partes, consequência de uma justa aspiração ao reino da liberdade, um interesse por aqueles que a perturbam com seus crimes, que chega até a forjar, na ocasião, as provas. Pode-se ver que essa prática, sempre bem recebida, de só se exercer em favor da maioria, vem a ser autenticada pela confissão pública de forjações por aqueles mesmos que poderiam aí achar o que dizer: última manifestação em data da preeminência do significante sobre o sujeito.

Nem por isso deixa de ser verdade que um processo de polícia tenha sido sempre o objeto de uma reserva que, não se sabe bem por que, invade abundantemente o círculo dos historiadores.

É esse crédito evanescente, que a entrega que Dupin tem a intenção de efetuar da carta ao Delegado, vai ter seu alcance reduzido. Que resta agora do significante quando, deslastrado já de sua mensagem para a Rainha, ei-lo invalidado em seu texto a partir de sua saída das mãos do Ministro?

Só lhe resta, justamente, responder à questão mesma sobre o que resta de um significante quando ele não tem mais significação. Ora é a mesma questão com a qual o interrogou

---

17. Esse propósito foi confessado em termos claros por um nobre Lorde falando na Câmara Alta onde sua dignidade lhe dava seu lugar.

aquele que Dupin agora encontra no lugar marcado pela cegueira.

Com efeito, foi justamente esta questão que conduziu o Ministro, se é o jogador que nos dizem ser e que seu ato denuncia suficientemente. Pois a paixão do jogador não é outra senão essa questão colocada ao significante, que figura o αὐτόματον do acaso.

"Que és tu, figura do dado que jogo em teu encontro (τύχη)[18] com minha fortuna? Nada, senão essa presença da morte que faz da vida humana esse diferir obtido de manhã em manhã em nome das significações das quais teu signo é o bordão. Assim como fez Scherazade durante mil e uma noites, assim faço há dezoito meses a provar o ascendente desse signo ao preço de uma série vertiginosa de golpes logrados no jogo de par ou ímpar."

É assim que Dupin, *do lugar em que está*, não pode evitar de sentir uma raiva de natureza manifestamente feminina contra aquele que assim interroga. A imagem de grande envergadura em que a invenção do poeta e o rigor do matemático se conjugavam com a impassibilidade do dândi e a elegância do trapaceiro se transforma subitamente para aquele mesmo que nos fez saborear o verdadeiro *monstrum horrendum*, estas são suas palavras, "um homem de gênio sem princípios".

Aqui se assinala a origem desse horror, e aquele que o experimenta não tem nenhuma necessidade de se declarar da maneira mais inesperada "partidário da dama" por no-la revelar: sabe-se que as damas detestam que se coloque em causa os princípios, pois seus atrativos devem muito ao mistério do significante.

Eis por que Dupin vai enfim virar para nós a face medusante desse significante do qual ninguém fora a Rainha pôde ler mais do que o avesso. O lugar-comum da citação convém ao oráculo que essa face traz em seu esgar, e igualmente que ele seja emprestado da tragédia:

> ... Un destin si funeste,
> S'il n'est digne d'Atrée, est digne de Thyeste.

18. Conhece-se a oposição fundamental que faz Aristóteles dos dois termos aqui recordados na análise conceitual que ele dá do acaso em sua *Física*. Numerosas discussões se esclareceriam se não a ignorássemos.

Tal é a resposta do significante para além de todas as significações:

"Acreditas agir quando te agito ao grado dos laços com os quais amarro teus desejos. Assim estes crescem em forças e se multiplicam em objetos que te reconduzem ao desmembramento de tua infância dilacerada. Pois bem, é isso que será teu festim até o regresso do convidado de pedra, que serei para ti, posto que me evocas".

Para encontrar um tom mais temperado, digamos segundo a anedota com a qual, com alguns dentre os senhores que nos acompanharam ao Congresso de Zurique o ano passado, tínhamos prestado homenagem à senha do lugar, que a resposta do significante àquele que o interroga é: "Come o teu Dasein".

É pois isso que espera o Ministro num encontro fatídico, Dupin no-lo assegura, mas também aprendemos a nos impedir de ser crédulos demais para as suas diversões.

Sem dúvida, eis o audacioso reduzido ao estado de cegueira imbecil, em que o homem está face a face às letras da muralha que ditam seu destino. Mas qual efeito pode-se esperar das provocações únicas da Rainha, para um homem como ele, para chamá-lo a seu encontro? O amor ou o ódio. Um é cego e lhe fará entregar as armas. O outro é lúcido, mas despertará suas suspeitas. Mas se é realmente o jogador que nos dizem, ele interrogará, antes de pô-las na mesa, uma última vez suas cartas, e lendo aí seu jogo, levantar-se-á a tempo de evitar a vergonha.

Será que é tudo e devemos crer termos decifrado a verdadeira estratégia de Dupin para além dos truques imaginários com os quais lhe era preciso enganar-nos? Sim, sem dúvida, pois se "todo ponto que exige reflexão", como o profere primeiramente Dupin, "se oferece mais favoravelmente ao exame na obscuridade", podemos facilmente ler sua solução agora em plena luz do dia. Ela estava já contida e fácil de deduzir do título de nosso conto, e segundo a fórmula mesma, que desde há muito submetemos à vossa discrição, da comunicação intersubjetiva: em que o emissor, dizemo-lhes, recebe do receptor sua própria mensagem sob uma forma invertida. É assim que o que quer dizer "a carta roubada", e até mesmo em instância, é que uma carta chega sempre à sua destinação.

(Guitrancourt, San Casciano, meados de maio, meados de agosto, 1956.)

Apresentação da continuação

Este texto, a quem queira nele informar-se ligeiramente sobre nossas lições, raramente o indicamos sem o conselho de que fosse por ele que se abordasse a introdução que o precedia e que aqui segue.

A qual era efeita para outros que dessa informação saiam plenos.

Esse conselho, comumente, não era seguido, pois o gosto do obstáculo é o ornamento do perseverar no ser.

Não nos encarregamos aqui da economia do leitor senão para insistir sobre a direção de nosso discurso e marcar o que não mais se desmentirá: nossos escritos tomam lugar no interior de uma aventura que é aquela do psicanalista, até onde a psicanálise é seu questionamento.

Os desvios dessa aventura, e mesmo seus acidentes, aí nos conduziram a uma posição de ensino.

De onde uma referência íntima que ao primeiramente percorrer essa introdução, apreender-se-á na recordação de exercícios praticados em coro.

Afinal é somente em relação à graça de um dentre eles que o escrito precedente depura.

Utiliza-se portanto mal a introdução que segue, ao considerá-la difícil: é transpor sobre o objeto que ela apresenta o que se atem unicamente à sua mira na medida em que é de formação.

Igualmente as quatro páginas que para alguns parecem um quebra--cabeça, não procuravam o embaraço. Aí colocamos alguns retoques para tirar todo pretexto para se desviar do que elas dizem.

É a saber que a memoração de que se trata no inconsciente – freudiano entenda-se, – não é do registro que se supõe na memória, na medida em que ela seria a propriedade do vivente.

Para explicitar o que comporta essa referência negativa, dizemos que o que se imaginou para dar conta desse efeito da matéria viva, não se tornou para nós mais aceitável pela resignação que sugere.

Ao passo que salta aos olhos que ao se passar sem essa sujeição, podemos, nas cadeias ordenadas de uma linguagem formal, encontrar toda a aparência de uma memoração: muito especialmente daquela que exige a descoberta de Freud.

Chegaríamos portanto até dizer que se há em algum lugar algo a provar, é daquilo que não é suficiente para se defrontar aí com tudo, dessa ordem constituinte do simbólico.

No momento, as ligações dessa ordem são do ponto de vista do que Freud produz de indestrutibilidade do que seu inconsciente conserva, as únicas a poder ser *suspeitas de aí bastarem.*

(Que se faça referência ao texto de Freud sobre o *Wunderblock* que sobre a questão, como muitas outras, ultrapassa o sentido trivial que lhe dão os distraídos.)

O programa que se traça para nós é, desde então, saber como uma linguagem formal determina o sujeito.

Mas o interesse de um tal programa não é simples: posto que ele supõe que um sujeito não o preenche senão a pôr-se dentro.

Um psicanalista não pode fazer mais do que aí marcar seu interesse na medida mesma do obstáculo que aí encontra.

Aqueles que disso participam estão de acordo, e mesmo os outros o confessariam, interpelados convenientemente: há lá uma face de conversão subjetiva que não foi para nossa companhia sem drama, e a imputação que se exprime nos outros do termo de intelectualização com o qual pretendem nos gozar, sob esta luz, mostra bem o que ela protege.

Ninguém sem dúvida a se dar pena mais meritória nessas páginas, do que alguém próximo de nós, que enfim aí não viu senão o denunciar da hipóstase que inquietava seu kantismo.

Mas a escova kantiana ela mesma precisa de seu álcali.

É visando aqui introduzir nosso objetor, e mesmo outros menos pertinentes, no que eles fazem cada vez que ao se explicarem seu sujeito de todos os dias, seu paciente como se diz, e mesmo a se explicarem como ele, empregam o pensamento mágico.

Que eles próprios aí entrem através disso, é com efeito com o mesmo passo com o qual o primeiro se engaja para afastar de nós o cálice da hipóstase, quando sua mão acaba de encher o copo.

Pois não pretendemos, por nossos $\alpha,\beta,\gamma,\delta$ extrair do real mais do que supomos em seu dado, isto é, aqui nada, mas somente demonstrar que eles aí trazem uma sintaxe para já somente, a esse real, fazê-lo acaso.

Com o que afirmamos que não é de outro lugar que provém os efeitos de repetição que Freud chama automatismo.

Mas nossos $\alpha,\beta,\gamma,\delta$ *não são* sem que um sujeito deles se recorde, nos objetam. – É bem do que se trata sob nossa pluma: mais do que de nada do real, que se acredita no dever de aí supor, é justamente *do que não estava* que o que se repete procede.

Notemos, que torna-se menos surpreendente que, o que se repete, insista tanto para se fazer valer.

É bem isso o que o menor de nossos "pacientes" em análise testemunha, e nos propósitos que confirmam tanto mais nossa doutrina quanto são eles que aí nos conduziram: como aqueles que formamos o sabem, pelos inúmeras vezes em que ouviram nossos termos mesmo antecipados, no texto ainda fresco para eles de uma sessão analítica.

Ora, que o doente seja ouvido como se deve no momento em que fala, é o que queremos obter. Pois seria estranho que se preste ouvidos somente à ideia do que o desvia, no momento em que ele é simplesmente presa da verdade.

Vale a pena desmontar um pouco a segurança do psicólogo, isto é, o pedantismo que inventou o nível de aspiração, por exemplo, de propósito, sem dúvida, para aí marcar o seu, como um teto intransponível. Não se deve crer que o filósofo de boa marca universitária seja a tábua a suportar essa brincadeira.

É aí que por fazer eco a velhas disputas de Escola, nosso propósito encontra o passivo do intelectual, mas é também porque se trata da enfatuação que se trata de fazer desaparecer.

Pego em flagrante delito de nos imputar uma transgressão da crítica kantiana indevidamente, o sujeito disposto a dar um destino a nosso texto, não é o pai Ubu e não se obstina.

Mas resta-lhe pouco gosto para a aventura. Ele quer sentar-se. É uma antinomia corporal na profissão de analista. Como permanecer sentado, quando se foi colocado no caso de não ter mais que responder à questão de um sujeito, senão ao deitá-lo primeiro? É evidente que ficar de pé não é menos incômodo.

Eis por que é aqui que se esboça a questão da transmissão da experiência psicanalítica, quando a mira didática aí se implica, negociando um saber.

As incidências de uma estrutura de mercado não são vãs ao campo da verdade, mas elas aí são escabrosas.

Introdução

A lição de nosso Seminário que damos aqui redigida foi pronunciada no dia 26 de abril de 1955. Ela é um momento do comentário que consagramos, durante todo este ano escolar, a *Para além do princípio do prazer*.

Sabe-se que é a obra de Freud que muitos daqueles que se autorizam o título de psicanalista, não hesitam em rejeitar como uma especulação supérflua, e mesmo arriscada, e pode-se medir na antinomia por excelência que é a noção do *instinto de morte* em que se resolve, a que ponto ela pode ser impensável, com o perdão do termo, para a maioria.

É no entanto difícil considerar como uma excursão, menos ainda como um passo em falso, da doutrina freudiana, a obra que aí preludia precisamente a nova tópica, aquela que representam os termos de *ego*, de *id* e de *superego*, tornados tão prevalecentes no uso teórico quanto em sua difusão popular.

Essa simples apreensão se confirma ao penetrar nas motivações que articulam a dita especulação, na revisão teórica da qual ela se revela como constituinte.

Um tal processo não deixa dúvidas sobre o abastardamento, ou até o contrassenso, que atinge o uso presente dos ditos termos, já manifesto por ser perfeitamente equivalente do teórico ao vulgar. É isso sem dúvida o que justifica o propósito reconhecido por tais epígonos de encontrar nesses termos o intermediário por onde fazer entrar a experiência da psicanálise no que eles chamam de psicologia geral.

Coloquemos somente aqui algumas bases.

O automatismo de repetição (*Wiederholungszwang*) – embora a noção se apresente na obra aqui em questão, como destinada a responder a certos paradoxos da clínica, tais como os sonhos da neurose traumática ou a reação terapêutica negativa – não poderia ser concebido como um acréscimo, mesmo se fosse coroamento, ao edifício doutrinal.

É sua descoberta inaugural que Freud aí reafirma: a saber a concepção da memória que implica seu "inconsciente". Os fatos novos são aqui a ocasião para ele de reestruturá-la de maneira mais rigorosa dando-lhe uma forma generalizada, mas também de reabrir sua problemática contra a degradação, que se fazia sentir desde então, ao tomarem-se os efeitos por um simples dado.

O que aqui se renova, já se articulava no "projeto"[19] em que sua adivinhação traçava as avenidas por onde devia fazê-lo passar sua investigação: o sistema ψ, predecessor do inconsciente, aí manifesta sua originalidade, por não poder satisfazer-se senão por *reencontrar o objeto profundamente perdido*.

É assim que Freud se situa desde o princípio na oposição, com a qual Kierkegaard nos instruiu, concernindo a noção da existência segundo ela se funde sobre a reminiscência ou sobre a repetição. Se Kierkegaard aí discerne admiravelmente a diferença da concepção antiga e moderna do homem, fica claro que Freud fez dar a essa o seu passo decisivo ao arrebatar ao agente humano identificado à consciência, a

---

19. Trata-se do *Entwurf einer Psycologie* de 1895 que contrariamente às famosas cartas à Fliess as quais é acrescentado, como lhe era dirigido, não foi censurado por seus editores. Certos erros na leitura do manuscrito que traz a edição alemã, testemunham mesmo a pouca atenção dada ao seu sentido. É claro que não fazemos nessa passagem mais do que pontuar uma posição, tomada em nosso seminário.

Necessidade* incluída nessa repetição. Essa repetição sendo repetição simbólica, nela se manifesta que a ordem do símbolo não pode mais ser concebida como constituída pelo homem, mas como o constituindo.

É assim que nos sentimos intimados a exercer verdadeiramente nossos auditores na noção de rememoração que implica a obra de Freud: isso na consideração, suficientemente experimentada, que ao deixá-la implícita, os dados mesmos da análise flutuam no ar.

É porque Freud não cede sobre o original de sua experiência que o vemos obrigado a aí evocar um elemento que a governa do além da vida – e que ele chama de instinto de morte.

A indicação que Freud dá aqui a seus seguidores que se afirmam como tais, não pode escandalizar senão aqueles nos quais o sono da razão se entretém, segundo a fórmula lapidar de Goya, graças aos monstros que ele engendra.

Pois por não declinar o seu hábito, Freud somente nos entrega sua noção acompanhada de um exemplo que aqui vai pôr a nu de maneira luminosa a formalização fundamental que ela designa.

Esse jogo que a criança exerce fazendo desaparecer de sua vista, para aí trazê-lo novamente, em seguida obliterá-lo de novo, um objeto, de resto indiferente em sua natureza, apesar de modular essa alternância com sílabas distintivas – esse jogo, diremos, manifesta em seus traços radicais a determinação que o animal humano recebe da ordem simbólica.

O homem, literalmente, dedica seu tempo a desdobrar a alternativa estrutural em que a presença e a ausência toma uma da outra seu apelo. É no momento de sua conjunção essencial, e por assim dizer, no ponto zero do desejo, que o objeto humano cai sob o golpe da dificuldade, que, anulando sua propriedade natural, o subjuga doravante às condições do símbolo.

Para dizer a verdade, não há lá mais do que uma amostra luminosa da entrada do indivíduo numa ordem cuja massa

---

* *nécessité* no original. Traduzimos necessidade por Necessidade (n maiúsculo), por sempre referir-se a uma "necessidade" lógica, e para diferenciar de *besoin*, traduzido como necessidade e *manque,*' traduzido como carência e *désir* como desejo. (N. da T.)

o suporta e o acolhe sob a forma da linguagem, e sobreimpõe, na diacronia assim como na sincronia, a determinação do significante à do significado.

Pode-se apreender em sua emergência mesma essa sobredeterminação que é a única da qual se trata na apercepção freudiana da função simbólica.

A simples conotação por (+) e (−) de uma série jogando sobre a única alternativa fundamental da presença e da ausência, permite demonstrar como as mais estritas determinações simbólicas se adaptam a uma sucessão de golpes cuja realidade se reparte estritamente "ao acaso".

Basta, com efeito, simbolizar na diacronia de uma tal série os grupos de três que se concluem a cada golpe[20] definindo-os sincronicamente por exemplo pela simetria da constância (+ + +, − − −) notada com um (1) ou da alternância (+ − + , − + −) notada com um (3), reservando a notação (2) à dissimetria revelada pelo ímpar[21] sob a forma do grupo de dois signos semelhantes indiferentemente precedidos ou seguidos do signo contrário (+ − −, − + +, + + −, − − +), para que apareçam, na nova série constituída por essas notações, possibilidades e impossibilidades de sucessão que a seguinte rede resume ao mesmo tempo que manifesta a simetria concêntrica da qual é plena a tríade – isto é, observemo-lo, a estrutura mesma à qual deve se referir a questão continuamente reaberta[22] pelos antropólogos, do caráter profundo ou aparente do dualismo das organizações simbólicas.

Eis a rede:

---

20. Ilustremos para maior clareza essa notação de uma série de acaso:
+ + + − + + − − + − etc.
1 2 3 2 2 2 2 3

21. A qual é propriamente aquela que reúne os empregos da palavra inglesa sem equivalente que conheçamos em outra língua: *odd*. A utilização francesa da palavra *ímpar* para designar uma aberração da conduta, dá uma mostra; mas a palavra: disparate, ela própria se manifesta insuficiente.

22. Cf. sua retomada renovadora por Claude Lévi-Strauss em seu artigo "As organizações dualistas existem?". *Bijdragen tot de toal-, land-envolken-kunde, Dell* 112, 2e *aflevering*, Gravenhage, 1956, pp. 99-128. Esse artigo se encontra em francês na coletânea de trabalhos de Claude Lévi-Strauss publicada sob o título: *Antropologia estrutural* (Plon, 1958).

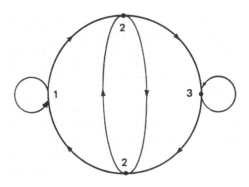

REDE 1 – 3:

Na série dos símbolos (1), (2), (3) por exemplo, pode-se constatar que tanto quanto durar uma sucessão uniforme de (2) que começou após um (1), a série *se lembrará* da classe par ou ímpar de cada um desses (2), pois dessa classe depende que essa sequência só possa romper-se por um (1) após um número par de (2), ou por um (3) após um número ímpar.

Assim desde a primeira composição consigo mesma do símbolo primordial – e indicaremos que não é arbitrariamente que a propusemos como tal –, uma estrutura, por mais transparente que seja ainda para seus dados, faz aparecer a ligação essencial da memória com a lei.

Mas vamos ver simultaneamente como se opacifica a determinação simbólica ao mesmo tempo que se revela a natureza do significante, ao somente recombinarmos os elementos de nossa sintaxe, saltando um termo para aplicarmos a esse binário uma relação quadrática.

Coloquemos então que esse binário: (1) e (3) no grupo [(1) (2) (3)] por exemplo, se ele conjuga de seus símbolos uma simetria a uma simetria [(1) – (1)], (3) – (3), [(1) – (3)] ou ainda [(3) – (1)], será notada α, uma dissimetria a uma dissimetria (somente [(2) – (2)], será notada γ, mas que ao contrário de nossa primeira simbolização, é de dois signos, β e δ, que disporão as conjunções cruzadas, β notando a da simetria à dissimetria [(1) – (2)] , [(3) – (2)] , e δ a da dissimetria à simetria [(2) – (1)], [(2) – (3)].

Vai-se constatar que, embora essa convenção restaure uma estrita igualdade de oportunidades combinatórias entre

55

quatro símbolos, α, β, γ, δ, (contrariamente à ambiguidade classificatória que fazia equivaler as oportunidades das duas outras às do símbolo (2) da convenção precedente), a sintaxe nova ao reger a sucessão dos a, α, β, γ, δ, determina possibilidades de repartição absolutamente dissimétricas entre α e γ de um lado, β e δ do outro.

Sendo reconhecido com efeito que um qualquer desses termos pode suceder imediatamente a qualquer um dos outros, e pode igualmente ser atingido – no 4º tempo contado a partir de um deles verifica-se ao contrário que o tempo terceiro, em outros termos o tempo constituinte do binário é submetido a uma lei de exclusão que é tal que a partir de um α ou de um δ não se possa obter senão um α ou um β, e que a partir *de* β ou de um γ, só se possa obter um γ ou um δ. O que pode se escrever da seguinte maneira:

$$\text{REPARTITÓRIA A}\Delta: \quad \frac{\alpha, \delta}{\gamma, \beta} \quad \rightarrow \quad \alpha.\ \beta, \gamma, \delta \quad \rightarrow \quad \frac{\alpha, \delta}{\gamma, \beta}$$

$$\text{1º Tempo} \qquad \text{2º Tempo} \qquad \text{3º Tempo}$$

em que os símbolos compatíveis do 1º ao 3º tempo se respondem segundo o escalonamento horizontal que os divide na repartitória, enquanto que sua escolha é indiferente no 2º tempo.

Que a ligação aqui manifestada não seja nada menos do que a formalização mais simples da troca, é o que nos confirma seu interesse antropológico. Não faremos mais do que indicar nesse nível seu valor constituinte para uma subjetividade primordial, cuja noção situaremos mais adiante.

A ligação, dada sua orientação, é com efeito recíproca; em outras palavras, ela não é reversível, mas retroativa. É assim que ao fixar o termo do 4º tempo, o do 2º não será indiferente.

Pode-se demonstrar que ao fixar o 1º e o 4º termos de uma série, haverá sempre uma letra cuja possibilidade será excluída dos dois termos intermediários e que há duas outras letras das quais uma será sempre excluída do primeiro, outra do segundo, desses termos intermediários. Essas letras são distribuídas nos dois quadros Ω e O[23].

---

23. Essas duas letras respondem respectivamente à dextrogiria e à levogiria de uma figuração em quadrante dos termos excluídos.

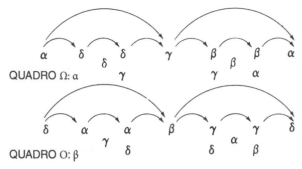

cuja primeira linha permite identificar entre os dois quadros a combinação que se procura do 1º ao 4º tempo, a letra da segunda linha sendo aquela que essa combinação exclui dos dois tempos do seu intervalo, as duas letras da terceira sendo, da esquerda à direita, aquelas que respectivamente são excluídas do 2º e 3º tempos.

Isso poderia figurar um rudimento do percurso subjetivo, mostrando que ele se funda na atualidade que tem no seu presente o futuro anterior. Que no intervalo desse passado que ele já é no que ele se projeta, um buraco se abre por constituir um certo *caput mortuum* do significante (que aqui se estabelece como três quartos das combinações possíveis onde ele pode se colocar[24]) constitui, eis o que basta, para suspendê-lo da ausência, para obrigá-lo a repetir seu contorno.

A subjetividade na origem não tem nenhuma relação com o real, mas com uma sintaxe que aí engendra a marca significante.

A propriedade (ou a insuficiência) da construção da rede dos α, β, γ, δ, é a de sugerir como se compõem em três andares o real, o imaginário e o simbólico, embora só possa aí jogar intrinsecamente o simbólico como representando as duas sedes primeiras.

É para meditar de certo modo inocentemente sobre a proximidade pela qual se atinge o triunfo da sintaxe, que vale a pena deter-se na exploração da cadeia aqui ordenada na mesma linha que reteve Poincaré e Markov.

É assim que se observa que se, em nossa cadeia, se pode encontrar dois β que se sucedem sem interposição de um δ,

---

24. Se não se toma em consideração a ordem das letras, essa *caput mortuum* é só dos 7/16.

é sempre ou diretamente (ββ) ou após interposição de um número aliás indefinido de pares αγ: (βαβα ... γβ), mas que após o segundo β, nenhum novo β pode aparecer na cadeia antes que δ seja produzido. Entretanto, a sucessão acima definida de dois β não pode se reproduzir sem que um segundo δ se acrescente ao primeiro numa relação equivalente (exceto a transposição do par α γ em γα) àquela que se impõe aos dois β ou seja sem interposição de um β.

De onde resulta imediatamente a dissimetria que anunciávamos acima na probabilidade de aparição dos diferentes símbolos da cadeia.

Enquanto que os α e os γ em realidade podem por uma série feliz do acaso se repetirem cada um separadamente até cobrirem a cadeia inteiramente, é excluído, mesmo pelas oportunidades mais favoráveis, que β e δ possam aumentar sua proporção senão de maneira estritamente equivalente com exceção de um termo, o que limita a 50% o máximo de sua frequência possível.

A probabilidade da combinação que representam os β e os δ sendo equivalente àquela que supõem os α e os γ – e a tiragem real dos lances sendo por outro lado deixado estritamente ao acaso –, vê-se portanto destacar-se do real uma determinação simbólica que, por mais firme que seja ao registrar toda parcialidade do real, produz mesmo melhor as disparidades que traz consigo.

Disparidade ainda manifestável ao simplesmente considerarmos o contraste estrutural dos dois quadros Ω e O, isto é, a maneira direta ou cruzada pela qual os agrupamentos (e a ordem) das exclusões se subordina reproduzindo-o à ordem dos extremos, segundo o quadro ao qual pertence este último.

É assim que na sucessão das quatro letras, os dois pares intermediário e extremo podem ser idênticos se o último se inscreve na ordem do Quadro O (tais como αααα, ααββ, ββγγ, ββδδ, γγγγ, γγδδ, δδαα, δδββ que são possíveis), não podem sê-lo se o último se inscreve no sentido Ω (ββββ, ββαα, γγββ, γγαα, δδδδ, δδγγ, ααδδ, ααγγ impossíveis).

Observações cujo caráter recreativo não deve nos distrair.

Pois não há outro laço senão o desta determinação simbólica onde possa se situar essa sobredeterminação significante cuja noção Freud nos traz, e que não pôde jamais ser concebida como uma sobredeterminação *real* num espírito como o seu – do qual tudo contradiz que ele se abandone a essa aberração conceptual que filósofos e médicos encontram demasiado facilmente para acalmar suas exaltações religiosas.

Essa posição da autonomia do simbólico é a única que permite depurar de seus equívocos a teoria e a prática da associação livre em psicanálise. Pois é coisa completamente diferente relacionar sua mola à determinação simbólica e as suas leis, e não aos pressupostos escolásticos de uma inércia imaginária que a suportam no associacionismo, filosófico ou pseudotal, antes de se pretender experimental. Por terem abandonado esse exame, os psicanalistas encontram aqui um ponto de chamada a mais para a confusão psicologizante em que recaem incessantemente, alguns com o propósito deliberado.

Em realidade somente os exemplos de conservação, indefinida em sua suspensão, das exigências da cadeia simbólica, tais como aqueles que acabamos de dar-lhes, permitem conceber onde se situa o desejo inconsciente em sua persistência indestrutível, a qual, por mais paradoxal que pareça na doutrina freudiana, não deixa de ser um dos traços que aí são mais afirmados.

Esse caráter é, em todo caso, incomensurável com qualquer dos efeitos conhecidos em psicologia autenticamente experimental, e que, quaisquer que sejam os prazos ou atrasos a que sejam submetidos, vêm como toda reação vital a se amortecer e a se extinguir.

É precisamente a questão à qual Freud retorna uma vez mais em *Para além do princípio de prazer*, e para marcar que a *insistência* em que encontramos o caráter essencial dos fenômenos do *automatismo de repetição*, não lhe parece poder encontrar motivação senão pré-vital e transbiológica. Essa conclusão pode surpreender, mas ela é de Freud, falando do que ele é o primeiro a ter falado. E é preciso ser surdo para não ouvi-lo. Não se pensará que sob sua pluma se trate de um recurso espiritualista: é da estrutura da determinação que se trata aqui. A matéria que ela desloca em seus efeitos ultrapassa muito em extensão a da organização cerebral às vicissitudes da qual alguns dentre eles são confiados, mas os outros não permanecem menos ativos e estruturados como simbólicos, por se materializarem diferentemente.

É assim que se o homem chega a pensar a ordem simbólica, é que ele é primeiro tomado em seu ser. A ilusão de que ele a tenha formado por sua consciência provém de que é pela via de uma hiância específica de sua relação imaginária com seu semelhante, que ele pôde entrar nessa ordem como sujeito. Mas ele não pôde dar essa entrada senão pela passagem radical da fala, ou seja a mesma da qual reconhecemos no jogo da criança um momento genético, mas que, em sua forma completa, se reproduz cada vez que o sujeito se dirige ao Outro como absoluto, isto é como o Outro que pode anulá-lo ele próprio, da mesma maneira pela qual pode agir com ele, isto é fazendo-se objeto para enganá-lo. Essa dialética da intersubjetividade, cuja utilização necessária demonstramos através dos três anos passados de nosso seminário em Sainte-Anne, desde a teoria da transferência até a estrutura da paranoia se apoia facilmente no esquema seguinte:

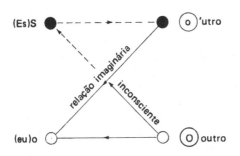

ESQUEMA L:

doravante familiar a nossos alunos e onde os dois termos medianos representam o par de recíproca objetivação imaginária que destacamos na *fase do espelho*.

A relação especular com o Outro por onde quisemos primeiramente, com efeito, dar de novo sua posição dominante na função do ego* na teoria, crucial em Freud, do narcisismo, não pode reduzir à sua subordinação efetiva toda a phantasização** revelada pela experiência analítica, senão ao se interpor, como o exprime o esquema, entre esse aquém do

---

* *moi* em francês, cuja convenção manda traduzir por *ego*, quando substantivo. Quando J. Lacan usa o termo *ego*, nós o traduzimos por *Ego*. *Je* foi traduzido por *Eu*. (N. da T.)
** Em francês *fantasmatisation*. (N. da T.)

Sujeito e esse além do Outro, onde se insere efetivamente a fala, na medida em que as existências que se fundam nela são inteiramente à mercê de sua fé.

É por ter confundido esses dois pares que os legatários de *uma práxis* e de um ensino, que deturpam tão decisivamente a ponto de poder lê-lo em Freud, sobre a natureza profundamente narcísica de toda enamoração (*Verliebtheit*), puderam divinizar a quimera do amor dito genital a ponto de lhe atribuírem a virtude da oblatividade de onde saíram tantos extravios terapêuticos.

Mas por suprimir simplesmente toda referência aos polos simbólicos da intersubjetividade para reduzir a cura a uma utópica retificação do par imaginário, vemo-nos atualmente numa prática em que, sob a insígnia da "relação de objeto", se consume o que em todo homem de boa-fé não pode suscitar mais do que o sentimento da abjeção.

É isso o que justifica a verdadeira ginástica do registro intersubjetivo que constituem tais os exercícios nos quais nosso seminário pôde parecer demorar-se.

O parentesco da relação entre os termos do Esquema L e aquela que une os 4 tempos distinguidos acima na série orientada em que vemos a primeira forma acabada de uma cadeia simbólica, não pode deixar de surpreender, desde que se estabeleça aproximação.

Parêntese dos parênteses (1966)

Colocaremos aqui nossa perplexidade diante do fato de que nenhuma das pessoas que se propuseram a decifrar a ordenação a que nossa cadeia se prestava, não tenha pensado em escrever sob forma de parêntese a estrutura que tínhamos entretanto claramente enunciado.

Um parêntese encerrando um ou vários outros parênteses, ou seja (( )) ou (( ) ( ) ... ( )), isso é o que equivale à repartição acima analisada dos β e dos δ, onde é fácil ver que o parêntese redobrado é fundamental.

Chamá-lo-emos aspas.

É ele que destinamos para recobrir a estrutura do sujeito (S de nosso Esquema L), na medida em que implica um redobramento ou melhor essa espécie de divisão que comporta uma função de dublagem.

Já colocamos nessa dublagem a alternância direta ou inversa dos αγαγ..., com a condição de que o número de signos seja par ou nulo.

Entre os parênteses interiores, uma alternância αγαγ...γ em número de signos nulo ou ímpar.

Por outro lado no interior dos parênteses, tantos γ quanto se quiser, a partir de nenhum.

Fora das aspas, encontramos ao contrário uma sucessão qualquer d'α, a qual inclui nenhum, um ou vários parênteses repletos de αγαγ ...α em número de signos nulo ou ímpar.

Ao substituirmos os α e os γ por 1 e 0, poderemos escrever a cadeia dita L sob uma forma que nos parece mais "falante".

Cadeia L: (10...(00...0)0101...0(00...0)...01)11111...(1010...1) 111... etc.

"Falante" no sentido em que uma leitura será facilitada pelo preço de uma convenção suplementar, que o ajusta ao Esquema L.

Essa convenção é de dar aos 0 entre parênteses o valor do tempo silencioso, um valor de escansão sendo deixado aos o das alternâncias, convenção justificada pelo que se verá mais adiante que eles não são homogêneos.

O entra aspas pode então representar a estrutura do S (Es)* de nosso Esquema L, simbolizando o sujeito suposto completado do Es freudiano, o sujeito da sessão psicanalítica por exemplo. O Es aí aparece então sob a forma que lhe dá Freud, na medida em que ele o distingue do inconsciente, a saber: logisticamente disjunto e subjetivamente silencioso (silêncio das pulsões).

É a alternância dos o 1 que representa então a grelha imaginária (oo') do Esquema L**.

Resta a definir o privilégio dessa alternância própria ao entre-dois das aspas (01 pares), ou seja evidentemente do estatuto de o e o' em si mesmos[25].

O fora-das-aspas representará o campo do Outro (O do Esquema L). A repetição aí domina, sob a espécie do 1, traço unário, representando (complemento da convenção precedente) os tempos marcados do simbólico como tal.

É de lá também que o sujeito S recebe sua mensagem sob uma forma invertida (interpretação).

Isolado dessa cadeia, o parêntese incluindo os (10...01) representa o *ego* do *cogito*, psicológico, ou seja do falso *cogito*, o qual pode igualmente suportar a perversão pura e simples[26].

O único resto que se impõe desta tentativa é o formalismo de uma certa memoração ligada à cadeia simbólica da qual se poderia facilmente formular a lei sobre a Cadeia L.

(Essencialmente definida pelo revezamento que constitui na alternância dos 0,1, a transposição de um ou vários signos de parênteses, e de quais signos).

O que resta aqui é a rapidez com a qual é obtida uma formalização sugestiva ao mesmo tempo de uma memoração primordial ao sujeito e

---

* *Es* em alemão; traduzido como *Id*; em francês: *Ça*. (N. das R.)

** a a' = o o'. (N. da T.)

25. É porque introduzimos desde então uma topologia mais apropriada.

26. Cf. o Abade de Choisy cujas memórias célebres podem se traduzir: *penso quando sou* aquele que se veste de mulher.

de uma estruturação da qual é notável que nela se distingam disparidades estáveis (a mesma estrutura dissimétrica, com efeito, persiste ao trocar por exemplo todas as aspas[27]).

Isso não passa de um exercício, mas que preenche nosso desígnio de aí inscrever a espécie de contorno onde o que chamamos de *caput mortuum* do significante toma seu aspecto causal.

Efeito tão manifesto a se apreender aqui quanto na ficção da carta roubada.

27. Acrescentemos aqui a Rede dos α, β, γ, δ, em sua constituição por transformação da Rede 1-3. Todos os matemáticos sabem que ele é obtido transformando os segmentos da primeira rede em cortes da segunda e marcando os caminhos orientados juntando esses cortes. É o seguinte (que colocamos para maior clareza ao lado do primeiro):

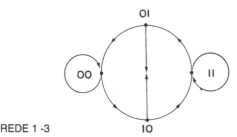

REDE 1 -3

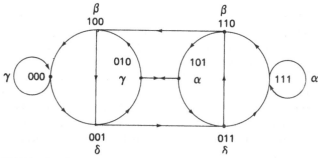

REDE α, β, γ, δ

em que se coloca a convenção cujas letras foram fundadas:
1.1 = α
0.0 = γ
1.0 = β
0.1 = δ
(vê-se aí a razão do que dissemos que há duas espécies de 0, em nossa Cadeia L, os 0 de γ = 000 e os 0 de = γ 010).

Cuja essência é que a carta tenha podido atuar tanto para dentro: sobre os atores do conto, incluindo o narrador, quanto para fora: sobre nós, leitores, e igualmente sobre seu autor, sem que jamais ninguém tenha se preocupado com o que ela queria dizer. O que de tudo o que se escreve é a sorte comum.

Mas estamos nesse momento apenas no lance de um arco cuja ponte somente os anos edificarão[28].

É assim que para demonstrar a nossos ouvintes o que distingue da relação dual implicada na noção de projeção, uma intersubjetividade verdadeira, tínhamos já nos servido do raciocínio relatado por Poe ele-próprio graciosamente na estória que será o sujeito do presente seminário, como aquele que guiava um pretenso filho pródigo para fazê-lo ganhar mais do que na sua vez no jogo de par ou ímpar.

É preciso ao seguir esse raciocínio – infantil, é o caso de se dizer, mas que em outros lugares seduz mais de um –, apreender o ponto em que se denuncia o logro.

Aqui o sujeito é o interrogado: ele responde à questão de adivinhar se os objetos que seu adversário esconde em sua mão são em número par ou ímpar.

Após um lance ganho ou perdido por mim, nos diz em substância o menino, eu sei que se meu adversário é um tolo, sua astúcia é apenas suficiente para que apresente a outra alternativa na próxima jogada, mas que se ele é de um grau mais fino, vir-lhe-á ao espírito que é disso que vou me prevenir e que desde então convém que ele jogue o mesmo.

É pois à objetivação do grau mais ou menos avançado da ondulação cerebral de seu adversário que a criança se confiava para obter seu sucesso. Ponto de vista do qual o laço com a identificação imaginária é imediatamente manifestado pelo fato de que é por uma imitação interna de suas atitudes e de sua mímica que ele pretende obter a justa apreciação de seu objeto.

Mas que pode ocorrer no grau seguinte quando o adversário, tendo reconhecido que sou bastante inteligente para

28. O texto de 1955 é aqui retomado. A introdução (por tais exercícios) do campo de abordagem estrutural na teoria psicanalítica, foi seguida, com efeito, de importantes desenvolvimentos em nosso ensino. O progresso dos conceitos sobre a subjetivação aí se deu de par com uma referência à *analysis situs* em que pretendemos materializar o processo subjetivo.

segui-lo nesse movimento, manifestará sua própria inteligência ao perceber que é ao fazer-se de idiota que ele tem uma ocasião de enganar-me? Desse momento não há outro tempo válido do raciocínio, precisamente porque ele não pode desde então senão repetir-se numa oscilação indefinida.

E fora o caso da imbecilidade pura, em que o raciocínio parecia fundar-se objetivamente, a criança não pode fazer mais do que pensar que seu adversário chega ao limiar desse terceiro tempo, posto que ele lhe permitiu o segundo, pelo que é ele próprio considerado por seu adversário como um sujeito que o objetiva, pois *é verdade que ele é esse sujeito*, e desde então ei-lo tomado com ele no impasse sem saída que comporta toda intersubjetividade puramente dual, aquela de ser sem recurso contra um Outro absoluto.

Notemos de passagem o papel evanescente que desempenha a inteligência na constituição do tempo segundo em que a dialética se destaca das contingências do dado, e que basta que eu o impute a meu adversário para que sua função seja inútil posto que a partir de lá ela entra nessas contingências.

Não diremos no entanto que a via da identificação imaginária com o adversário, no instante de cada um dos lances, seja uma via antecipadamente condenada; diremos que ela exclui o processo propriamente simbólico que aparece desde que essa identificação se faz não com o adversário, mas com o seu raciocínio que ela articula (diferença aliás que se enuncia no texto). O fato prova por outro lado que uma tal identificação, puramente imaginária, fracassa no conjunto.

Desde então, o recurso de cada jogador, se ele raciocina, não pode se encontrar senão no para-além da relação dual, isto é, em alguma lei que preside a sucessão dos lances que me são propostos.

E é tão verdadeiro que se sou eu que dou o lance para adivinhar, isto é, que sou o sujeito ativo, meu esforço a cada instante será de sugerir ao adversário a existência de uma lei que preside a uma certa regularidade de meus lances, para subtrair-lhe o alcançado, através de sua ruptura, o maior número de vezes possível.

Quanto mais essa empresa conseguirá tornar-se livre do que se esboça *malgrado eu* de regularidade real, mais sucesso terá efetivamente, e é por isso que um daqueles que participaram numa das provas desse jogo, que não hesitamos em fazer passar à categoria de trabalhos práticos, reconheceu que, num momento em que ele tinha o sentimento, fundado ou não, de ser frequentemente descoberto, ele se desembaraçara regulando-se sobre a sucessão convencionalmente transposta das letras de um verso de Mallarmé para a sucessão dos lances que ia propor desde então a seu adversário.

Mas se o jogo tivesse durado o tempo de todo um poema e se por um milagre o adversário tivesse podido reconhecer este último, ele teria então ganho seguramente tudo.

É o que nos permitiu dizer que se o inconsciente existe no sentido de Freud, queremos dizer: se entendemos as implicações da lição que ele tira das experiências da psicopatologia da vida cotidiana por exemplo, não é impensável que uma moderna máquina de calcular, isolando a frase que modula, malgrado seu e a longo prazo, as escolhas de um sujeito, chegue a ganhar, para-além de toda proporção acostumada, no jogo de par e ímpar.

Puro paradoxo sem dúvida, mas onde se exprime que não é pela falta de uma virtude que seria a da consciência humana, que recusamos qualificar de máquina-de-pensar aquela à qual atribuiríamos tão miríficos desempenhos, mas simplesmente porque ela não pensaria mais do que faz o homem em seu estatuto comum, sem ser por isso menos presa dos apelos do significante.

Igualmente, a possibilidade assim sugerida, teve o interesse de nos fazer entender o efeito de confusão, e mesmo de angústia, que alguns experimentaram e que tiveram a gentileza de nos participar.

Reação sobre a qual se pode ironizar, vindo de analistas cuja técnica toda se baseia sobre a determinação inconsciente que se atribui aí à associação dita livre – e que podem ler expressamente, na obra de Freud que acabamos de citar, que um número não é jamais escolhido ao acaso.

Mas, reação fundada se se pensa que nada lhes ensinou a se separar da opinião comum distinguindo o que ela ignora: a saber a natureza da sobredeterminação freudiana, isto é, da determinação simbólica tal como a promovemos aqui.

Se essa sobredeterminação devesse ser tomada por real, como lhos sugeria meu exemplo, na medida em que eles todos confundem os cálculos da máquina com seu mecanismo[29], então com efeito a angústia deles se justificaria, pois em um gesto mais sinistro do que tocar no machado, seríamos aquele que com ele dá um golpe "nas leis do acaso", e como bons deterministas que são com efeito aqueles que esse gesto tanto emocionou, eles sentem, e com razão, que se se toca nessas leis, não há mais nenhuma que seja concebível.

Mas essas leis são precisamente aquelas da determinação simbólica. Pois é claro que são anteriores a toda constatação real do acaso, como se vê que é conforme a obediência a essas leis, que se julga se um objeto é próprio ou não para ser utilizado para obter uma série, no caso sempre simbólica, de lances de acaso: a qualificar por exemplo para essa função uma moeda ou esse objeto admiravelmente chamado dado.

Passado esse estágio, era-nos preciso ilustrar de maneira concreta a dominância que afirmamos do significante sobre o sujeito. Se é isso uma verdade, ela jaz em toda parte, e devíamos poder, de qualquer que fosse o ponto ao alcance de nossa perfuradora, fazê-la jorrar como o vinho na taberna de Auerbach.

É assim que tomamos o conto mesmo do qual tínhamos extraído, sem aí ver primeiramente mais longe, o raciocínio litigioso sobre o jogo de par ou ímpar: aí encontramos um favor que nossa noção de determinação simbólica já nos interdiria considerar como um simples acaso, mesmo se ele não tivesse sido verificado no curso de nosso exame que Poe, como bom precursor que é de nossas investigações de estratégia combinatória que estão renovando a ordem das ciências, tivesse sido guiado em sua ficção por um desígnio semelhante ao nosso. Pelo menos podemos dizer que o que fizemos sentir em sua exposição, tocou bastante nossos ouvintes para que seja a pedido deles que publiquemos aqui uma versão.

Manipulando-a conformemente às exigências do escrito, diferentes das da fala, pudemos nos preservar de antecipar

---

29. É para tentar dissipar essa ilusão que fechamos o ciclo desse ano com uma conferência sobre *Psicanálise e cibernética*, que decepcionou muita gente, pelo fato de que tenhamos só e exclusivamente falado da numeração binaria, triângulo aritmético, e mesmo da simples porta, definida pelo que é preciso que ela seja aberta ou fechada, em suma, que não tenhamos parecido elevarmo-nos muito acima da etapa pascaliana da questão.

um pouco sobre a elaboração que demos desde então das noções que ele introduzia na época.

É assim que a ênfase que promovemos sempre mais a frente da noção de significante no símbolo, se exerceu aqui retroativamente. Esfumar seus traços por uma espécie de artifício histórico, teria parecido, cremo-lo, artificial para aqueles que nos seguem. Desejemos que o nos termos dispensado, não decepcione sua lembrança.

2. O TEMPO LÓGICO E A ASSERÇÃO DE CERTEZA ANTECIPADA
Um novo sofisma

Foi-nos pedido em março de 1945 por Christian Zervos a contribuição ao lado de um certo número de escritores, para o número de reedição de sua revista, *Les Cahiers d'Art*, concebido no desígnio de cumular, com o galardão de seu sumário, um parêntese de algarismo sobre a capa: 1940 – 1944, significante para muitas pessoas.

Aí nos dirigimos com este artigo, inteiramente a par que era o torná-lo imediatamente raro.

Possa ele ressoar com uma nota justa entre o antes e o após onde o colocamos aqui, mesmo se ele demonstra que o após fazia vezes de antecâmara, para que o antes pudesse tomar lugar.

Um problema de lógica

O diretor da prisão faz comparecer três detentos de sua escolha e lhes comunica o seguinte:

"Por razões que não vos direi pelo momento, senhores, devo libertar um dentre vós. Para decidir qual, remeto a sorte a uma prova pela qual passareis, se estais de acordo.

"Sois três aqui presentes. Eis aqui cinco discos que não diferem senão pela cor: três são brancos, e dois são pretos. Sem dizer-lhe qual deles terei escolhido, fixarei a cada um de vós um desses discos entre os dois ombros, isto é, fora do alcance direto do olhar; toda possibilidade indireta de lhe ter acesso pela vista sendo igualmente excluída pela ausência aqui de todo meio de se mirar.

"A partir de então, todo lazer vos será dado de considerar vossos companheiros e os discos dos quais cada um deles se mostrará portador, sem que vos seja permitido, bem entendido, comunicar-vos um ao outro o resultado de vossa inspeção. O que de resto vosso único interesse o interdiria. Pois é o primeiro a poder concluir sobre sua própria cor que deve beneficiar-se da medida liberatória da qual dispomos.

"Será necessário ainda que sua conclusão seja fundada sobre motivos de lógica, e não somente de probabilidade. Para este efeito, é entendido que, desde que um dentre vós estará pronto a formular uma tal conclusão, ele transporá esta porta a fim de, tomado à parte, ser julgado pela sua resposta".

A proposição aceita, ornamos nossos três sujeitos cada um de um disco branco, sem utilizar os pretos, dos quais dispúnhamos, recordemo-lo, somente dois exemplares.

Como os sujeitos poderão resolver o problema?

A solução perfeita

Após terem se considerado entre eles *um certo tempo*, os três sujeitos dão juntos *alguns passos* que os levam conjuntamente a transpor a porta. Separadamente, cada um fornece então uma resposta semelhante que se exprime assim:

"Eu sou um branco, e eis como o sei. Uma vez que meus companheiros eram brancos, eu pensei que, se eu fosse um preto, cada um deles teria podido inferir o seguinte: 'Se eu fosse um preto também, o outro, tendo reconhecido imediatamente que ele é um branco, teria saído imediatamente, portanto não sou um preto'. E os dois teriam saído juntos, convencidos de serem brancos. Se eles não faziam nada, é porque eu era um branco como eles. Pelo que, tomei a porta, para transmitir-lhe minha conclusão".

É assim que todos os três saíram simultaneamente convictos das mesmas razões de concluir.

Valor sofístico dessa solução

Essa solução, que se apresenta como a mais perfeita que possa comportar o problema, pode ser atingida na experiência? Deixamos à iniciativa de cada um o cuidado de decidir.

Certamente que não vamos aconselhar a fazer sua prova a natural, ainda que o progresso antinômico de nossa época pareça há já algum tempo colocar essas condições ao alcance de um número sempre crescente: tememos, com efeito, embora aqui não seja previsto senão vencedores, que o fato se afaste demais da teoria, e por outro lado não fazemos parte desses filósofos recentes para quem a sujeição a quatro muros não passa de um favor a mais para o fino do fino da liberdade humana.

Mas, praticada nas condições inocentes da ficção, a experiência não decepcionará, nós o garantimos, aqueles que conservam um certo prazer em se espantar. Talvez ela se revelará para o psicólogo como tendo um certo valor científico, pelo menos se damos crédito àquilo que pareceu se destacar, por termo-la experimentado em diversos grupos convenientemente escolhidos de intelectuais qualificados, como um desconhecimento todo especial, nesses sujeitos, da realidade de outrem.

Quanto a nós, não queremos nos interessar aqui senão pelo valor lógico da solução apresentada. Ele nos aparece com efeito como um extraordinário sofisma, no sentido clássico da palavra, isto é, como um exemplo significativo para resolver as formas de uma função lógica no momento histórico em que seu problema se apresenta ao exame filosófico. As imagens sinistras do relato aí se mostrarão certamente contingentes. Mas, por pouco que nosso sofisma não apareça sem responder a alguma atualidade de nosso tempo, não é supérfluo que ele traga o seu signo em tais imagens, e é por isso que lhe conservamos seu suporte, tal como o anfitrião engenhoso de uma noite o trouxe à nossa reflexão.

Colocamo-nos agora sob os auspícios daquele que se apresenta às vezes sob o hábito do filósofo, que o mais frequentemente se deve procurar, ambíguo, nas palavras do humorista, mas que encontramos sempre no segredo da ação do político: o bom lógico, odioso ao mundo.

Discussão do sofisma

Todo sofisma se apresenta primeiramente como um erro lógico, e a objeção a este encontra facilmente seu primeiro argumento. Chamamos *A* o sujeito real que vem concluir sozinho, *B* e *C* os sujeitos refletidos sobre cuja conduta ele estabelece sua dedução. Se a convicção de *B*, nos dirão, se baseia sobre a expectativa de *C*, a certeza daquela deve logicamente se dissipar com o desaparecimento desta; reciprocamente para *C* em relação a *B*; e os dois permanecem na indecisão. Nada necessita portanto sua partida no caso em que *A* seria um preto. De onde resulta que *A* não pode deduzir daí que ele seja um branco.

Ao que é preciso replicar primeiramente que toda essa cogitação de *B* e de *C* lhes é imputada *em falso*, visto que a única situação que poderia motivá-los a ver um preto não é a verdadeira, e que se trata de saber se, essa situação sendo suposta, seu desenvolvimento lógico lhes é imputado *erroneamente*. Ora, não é nada disso. Pois, nessa hipótese, é o fato de que nenhum dos dois *partiu em primeiro* que dá a cada um a se pensar como branco, e é claro que bastaria que eles hesitassem um instante para que cada um deles se assegure, sem dúvida possível, na convicção de ser um branco. Pois a hesitação é excluída logicamente para todo aquele que veria dois pretos. Mas ela é também excluída realmente, nessa primeira etapa da dedução, pois, como ninguém se encontrando em presença de um preto e de um branco, a questão não é que alguém saia pela razão que daí se deduz.

Mas a objeção se representa mais forte na segunda etapa da dedução de *A*. Pois, se é com razão que ele chegou a sua conclusão de que é branco, ao supor que, se ele fosse preto, os outros não tardariam a se saberem brancos e deveriam sair; eis que lhe é preciso voltar atrás, imediatamente após tê-la formado, visto que no momento de ser movido por ela, ele vê os outros se precipitarem com ele.

Antes de responder a ela, recoloquemos bem os termos lógicos do problema. *A* designa cada um dos sujeitos na medida em que está ele próprio na berlinda e se decide ou não a concluir sobre si. *B* e *C* são os dois outros enquanto objetos do raciocínio de *A*. Mas, se este pode lhes imputar corretamente, acabamos de mostrá-lo, uma cogitação de fato falsa, ele não saberia considerar senão o comportamento real deles.

Se *A*, ao ver *B* e *C* se precipitarem com ele, vem a duvidar de ter sido por eles visto preto, basta que ele recoloque a questão, se detendo, para resolvê-la. Ele os vê com efeito pararem também: pois cada um estando realmente na mesma situação que a dele, ou melhor, cada um dos sujeitos sendo *A* enquanto real, isto é, enquanto se decide ou não a concluir sobre si, encontra a mesma dúvida no mesmo momento que ele. Mas então, seja qual for o pensamento que *A* impute a *B* e a *C*, é com razão que ele concluirá novamente ser ele mesmo um branco. Pois ele supõe uma segunda vez – que, se ele fosse um preto, *B* e *C* deveriam ter *prosseguido* –, ou bem, se ele admite que eles hesitam, segundo o argumento precedente que encontra aqui o apoio do fato e os faria duvidar que se eles não são eles próprios pretos, eles deveriam pelo menos *voltar a andar antes dele* (visto que sendo preto ele dá à própria hesitação deles seu alcance seguro para que eles concluam que são brancos). E é porque, ao vê-lo de fato branco, eles não fazem nada, que ele toma ele mesmo a iniciativa de fazê--lo, isto é, que eles voltem a andar todos juntos, para declararem que são brancos.

Mas pode-se ainda objetar-nos que ao levantarmos assim o obstáculo nem por isso é que refutamos a objeção lógica, e que ela vai se representar a mesma com a reiteração do movimento e reproduzir em cada um dos sujeitos a mesma dúvida e a mesma interrupção da corrida.

Seguramente, mas é bem preciso que tenha havido um progresso lógico realizado. Pela razão que desta vez *A* não pode tirar desta interrupção comum senão uma conclusão sem equívoco. É que, se ele fosse um preto, *B* e *C* não deveriam *absolutamente ter parado de correr*. Pois no momento presente exclui-se que eles possam hesitar uma segunda vez em concluir que são brancos: uma única hesitação, com efeito, é suficiente para que, um ao outro, eles se demonstrem que certamente nem um nem outro são pretos. Se pois *B* e *C* se imobilizam, *A* só pode ser branco. Quer dizer que os três sujeitos são desta vez confirmados em uma certeza, que não permite nem à objeção nem à dúvida de renascerem.

O sofisma conserva portanto, na prova da discussão, todo o rigor constrangedor de um processo lógico, com a condição de que se lhe integre o valor de duas *escansões suspensivas*, que esta prova mostra verificá-lo no próprio ato em que cada um dos sujeitos manifesta que ele o levou a sua conclusão.

Valor das moções suspensas no processo

Está justificado integrar no valor do sofisma as duas *moções suspensas* assim surgidas? Para decidir, é preciso examinar qual é o papel delas na solução do processo lógico.

Elas só desempenham esse papel, com efeito, após a conclusão do processo lógico, visto que o ato que elas suspendem manifesta essa mesma conclusão. Não se pode portanto objetar daí que elas trazem na solução um elemento externo ao próprio processo lógico.

Seu papel, por ser crucial na prática do processo lógico, não é o da experiência na verificação de uma hipótese, mas bem de um fato intrínseco à ambiguidade lógica.

Do primeiro aspecto com efeito, os dados do problema se decomporiam assim:

1°) três combinações são logicamente possíveis dos atributos característicos dos sujeitos: dois pretos, um branco – um preto, dois brancos – três brancos. A primeira sendo excluída pela observação de todos, uma incógnita permanece aberta entre os dois outros, que vem a resolver:

2°) o dado de experiência das moções suspensas, que equivaleria a um sinal por onde os sujeitos se comunicariam um ao outro, sob uma forma determinada pelas condições da prova, o que lhes é proibido trocar sob uma forma intencional: saber o que eles veem um do atributo do outro.

Nada disso ocorre, pois seria aí dar do processo lógico uma concepção especializada, aquela mesma que transparece cada vez que ele toma o aspecto do erro e que sozinha objeta a solubilidade do problema.

É justamente porque nosso sofisma não a tolera, que ele se apresenta como uma aporia para as formas da lógica clássica, cujo prestígio "eterno" reflete essa enfermidade não menos reconhecida por ser a delas[1]: a saber que elas não trazem jamais nada que não possa já *ser visto de uma só vez*.

Bem ao contrário, a entrada em jogo como significantes dos fenômenos aqui em litígio faz prevalecer a estrutura temporal e não espacial do processo lógico. O que as *moções suspensas* denunciam, não é o que os sujeitos veem; é o que eles encontraram positivamente *do que eles não veem*: a saber o aspecto dos discos pretos. Aquilo pelo que elas são significantes, é constituído não pela sua direção, mas pelo seu *tempo de cessação*. O seu valor crucial não é o de uma escolha binaria entre duas combinações justapostas no inerte[2], e desemparelhadas pela exclusão visual da terceira, mas do movimento de verificação instituído por um processo lógico

---

1. E não menos aquela dos espíritos formados por esta tradição, como testemunha o bilhete seguinte que recebemos de um espírito no entanto aventuroso em outros domínios, após uma noitada em que a discussão de nosso fecundo sofisma tinha provocado nos espíritos escolhidos de um colégio íntimo um verdadeiro pânico confusional. Entretanto, apesar das primeiras palavras, esse bilhete traz os vestígios de uma laboriosa análise.

"Meu caro Lacan, esse bilhete às pressas para dirigir sua reflexão para uma nova dificuldade: para dizer a verdade, o raciocínio admitido ontem não é concludente, pois nenhum dos três estados possíveis: ooo – oo● – o●●, é redutível ao outro (apesar das aparências): não há senão o último que seja decisivo.

"Consequência: quando *A* se supõe preto, nem *B* nem *C* podem sair, pois eles não podem deduzir de seus comportamentos se são pretos ou brancos: pois, se um é preto, o outro sai, e, se ele é branco, o outro sai também, visto que o primeiro não sai (e reciprocamente). Se *A* se supõe branco, eles não podem sair tampouco. De maneira que, aí ainda, *A* não pode deduzir do comportamento dos outros a cor de seu disco."

Assim, nosso contraditor, por bem demais *ver* o caso, permanecia cego ao fato de que não é a partida dos outros, mas a espera deles, que determina o julgamento do sujeito. E por nos refutar com efeito com uma certa pressa, ele deixava escapar o que tentamos demonstrar aqui: a função da pressa em lógica.

2. "Irredutíveis", como se exprime o contraditor citado na nota acima.

onde o sujeito transformou as três combinações possíveis em três *tempos de possibilidade*.

É porque também, enquanto que *um só* sinal deveria bastar para a única escolha que impõe a primeira interpretação errônea, *duas* escansões são necessárias para a verificação dos dois lapsos que implica a segunda e única válida.

Longe de serem um dado de experiência externa no processo lógico, as moções suspensas aí são tão necessárias que somente a experiência pode fazer faltar o sincronismo que elas implicam de se produzirem de um sujeito de pura lógica e fazerem fracassar a sua função no processo da verificação.

Elas aí não representam com efeito nada a mais que os níveis de degradação cuja Necessidade faz aparecer a ordem crescente das instâncias do tempo que se registram no processo lógico para se integrarem em sua conclusão.

Como se vê na determinação lógica dos *tempos de cessação* que elas constituem, a qual, objeção do lógico ou dúvida do sujeito, se revela a cada vez com o desenrolar subjetivo de uma instância do tempo, ou melhor, como a fuga do sujeito numa exigência formal.

Essas instâncias do tempo, constituintes do processo do sofisma, permitem de aí reconhecer um verdadeiro movimento lógico. Esse processo exige o exame da qualidade de seus tempos.

A modulação do tempo no movimento do sofisma: o instante do olhar, o tempo para compreender e o momento de concluir

Isolam-se no sofisma três *momentos da evidência*, cujos valores lógicos revelar-se-ão diferentes e de ordem crescente. Expor a sucessão cronológica deles é ainda especializá-los segundo um formalismo que tende a reduzir o discurso a um alinhamento de signos. Mostrar que a instância do tempo se apresenta sob um *modo* diferente em cada um dos momentos, é preservar a sua hierarquia revelando aí uma descontinuidade tonal, essencial ao seu valor. Mas apreender na *modulação* do tempo a própria função por onde cada um desses momentos, na passagem ao seguinte, aí se realizasse, subsistindo somente o último que os absorve, é restituir a sua sucessão real e compreender verdadeiramente sua gênese no movimento lógico. É o que tentaremos a partir de uma formulação, tão rigorosa quanto possível, desses momentos da evidência.

1º) *Ao estar em face de dois pretos, sabe-se que se é um branco.*

É isto uma *exclusão lógica* que dá sua base ao movimento. Que ela lhe seja anterior, que se a possa considerar como obtida pelos sujeitos *com* os dados do problema, os quais interditam a combinação de três pretos, é independente da contingência dramática que isola o seu enunciado em prólogo. Ao exprimi-lo sob a forma *dois pretos: um branco,* vê-se o valor *instantâneo* de sua evidência, e seu tempo de fulguração, se assim se pode exprimir, seria igual a zero.

Mas sua formulação no início já se modula: – pela subjetivação que aí se desenha, ainda que impessoal sob a forma do "sabe-se que...", – e pela conjunção das proposições que, tanto mais que ela não é uma hipótese formal, representa delas uma matriz ainda indeterminada, digamos esta forma de consequência que os linguistas designam sob os termos de *prótase* e de *apódose*: "Por ser..., *então somente* sabe-se que se é ..."

Uma instância do tempo abre o intervalo para que o dado da *prótase,* "em face de dois pretos", se transforme no dado da *apódose,* "se é um branco": é-lhe preciso o *instante do olhar.* Na equivalência lógica dos dois termos: "Dois pretos: um branco", essa modulação do tempo introduz a forma que, no segundo momento, se cristaliza em hipótese autêntica, pois ela vai visar a real incógnita do problema, a saber o atributo ignorado pelo próprio sujeito. Nessa passagem, o sujeito encontra a seguinte combinação lógica e, única a poder aí assumir o atributo do preto, vem, na primeira fase do movimento lógico, a formular assim a equivalência seguinte:

2º) *Se eu fosse um preto, os dois brancos que eu vejo não tardariam a se reconhecerem como brancos.*

É isto uma *intuição* por meio da qual o sujeito *objetiva* alguma coisa a mais do que os dados de fato cujo aspecto lhe é oferecido nos dois brancos; é um certo tempo que se define (nos dois sentidos de tomar seu sentido e de encontrar seu limite) por seu fim, ao mesmo tempo objetivo e termo, a saber para cada um dos dois brancos o *tempo para compreender,* na situação de ver um branco e um preto, que ele tem na inércia de seu semelhante a chave de seu próprio problema. A evidência deste momento supõe a duração de um *tempo de meditação* que cada um dos dois brancos deve constatar no outro e que o sujeito manifesta nos termos que ele assimila aos lábios de um e do outro, como se eles estivessem inscritos sobre uma bandeirola: "Se eu fosse preto, ele teria saído sem esperar um instante. Se ele fica meditando, é porque sou um branco".

Mas, esse tempo assim objetivado em seu sentido, como medir seu limite? O tempo para compreender pode se reduzir ao instante do olhar, mas esse olhar no seu instante pode incluir todo o tempo que é preciso para compreender. Assim, a objetividade desse tempo vacila com seu limite. Somente subsiste seu sentido com a forma que ele engendra de sujeitos *indefinidos salvo pela sua reciprocidade*, e cuja ação é suspensa por uma causalidade mútua a um tempo que escapa sob o próprio retorno da intuição que ele objetivou. É por essa modulação do tempo que se abre, com a segunda fase do movimento lógico, a via que leva à seguinte evidência:

3º) *Apresso-me em afirmar que sou um branco, para que esses brancos, por mim assim considerados, não me precedam ao se reconhecerem como o que eles são.*

É isto a *asserção sobre si*, pela qual o sujeito conclui o movimento lógico na decisão de um *julgamento*. O próprio retorno do movimento de compreender, sob o qual vacilou a instância do tempo que o sustenta objetivamente, se continua no sujeito em uma reflexão, onde esta instância ressurge para ele sob o modo subjetivo de um *tempo de atraso* sobre os outros nesse mesmo movimento, e se apresenta logicamente como a urgência do *momento de concluir*. Mais exatamente, sua evidência se revela na penumbra subjetiva, como a iluminação crescente de uma franja no limite da eclipse que sofre sob a reflexão a objetividade do *tempo para compreender*.

Com efeito, esse tempo para que os dois brancos compreendam a situação que os coloca em presença de um branco e de um preto, parece ao sujeito que não difere logicamente do tempo que lhe foi preciso para ele próprio compreendê-la, visto que essa situação não é outra senão sua própria hipótese. Mas, se esta hipótese é verdadeira – os dois brancos veem realmente um preto – eles não tiveram por conseguinte que supor seu dado. Disso resulta pois que, se tal é o caso, os dois brancos o precedem pelo tempo de intervalo que implica, em seu detrimento, o ter tido que formar essa mesma hipótese. É portanto o *momento de concluir* que ele é branco; se ele se deixa com efeito preceder nessa conclusão por seus semelhantes, ele *não poderá mais reconhecer* se ele não é um preto. Passado *o tempo para compreender o momento de concluir*, é o *momento de concluir o tempo para compreender*. Pois de outro modo esse tempo perderia seu sentido. Não é portanto em razão de uma contingência dramática qualquer, gravidade do que está em jogo, ou emulação do jogo, que o tempo urge; é sob a urgência do movimento lógico que o sujeito *precipita* ao mesmo tempo seu julgamento e sua partida, o sentido etimológico do verbo, "de cabeça", dando a modulação em que a tensão do tempo se transforma na tendência ao ato que manifesta aos outros que o sujeito concluiu. Mas paremos nesse ponto em que o sujeito em sua asserção atinge uma verdade que vai ser submetida à prova da dúvida, mas que ele não poderia verificar se ele não a atingisse primeiro na certeza. A *tensão temporal* aí culmina, visto que, já o sabemos, é o desenrolar de sua destensão que vai escandir a prova de sua necessidade lógica. Qual é o valor lógico dessa asserção conclusiva? É o que tentaremos agora salientar no movimento lógico em que ela se verifica.

A tensão do tempo na asserção subjetiva e seu valor manifestado na demonstração do sofisma

O valor lógico do terceiro momento da evidência, que se formula na asserção pela qual o sujeito conclui seu movimento lógico, nos parece digno de ser aprofundado. Ele revela com efeito uma forma própria a uma *lógica assertiva*, da qual é preciso demonstrar a quais *relações* originais ela se aplica.

Progredindo sobre as relações proposicionais dos dois primeiros momentos, *apódose* e *hipótese*, a conjunção aqui manifesta se ata em uma *motivação* da conclusão, "*para que não haja*" (o atraso que engendra o erro), onde parece aflorar a forma ontológica da angústia, curiosamente refletida na expressão gramatical equivalente, "de medo que" (o atraso engendre o erro)...

Sem dúvida essa forma está em relação com a originalidade lógica do sujeito da asserção: em razão de que nós a caracterizamos como *asserção subjetiva*, a saber que o sujeito lógico aí não é outro senão a forma *pessoal* do sujeito do conhecimento, aquele que só pode ser exprimido por "*eu*". Em outras palavras, o julgamento que conclui o sofisma só pode ser efetuado pelo sujeito que formou sua asserção sobre si, e não pode sem reserva lhe ser imputado por qualquer outro, – ao contrário das relações do sujeito *impessoal* e do sujeito *indefinido recíproco* dos dois primeiros momentos que são essencialmente transitivos, visto que o sujeito pessoal do movimento lógico os assume a cada um desses momentos.

A referência a esses dois sujeitos manifesta bem o valor lógico do sujeito da asserção. O primeiro, que se exprime por "*se*" do "*sabe-se que...*", só dá a forma geral do sujeito noético: ele pode ser tão bem deus, como mesa ou bacia. O segundo, que se exprime em "*os dois brancos*" que devem "*um ao outro se*" reconhecer, introduz a forma do *outro enquanto tal*, isto é, como pura reciprocidade, visto que um não se reconhece senão no outro e só descobre o atributo que é o seu na equivalência de seu tempo próprio. O "*eu*", sujeito da asserção conclusiva, se isola por um *intervalo de tempo* lógico do outro, isto é, da relação de reciprocidade. Esse movimento de gênese lógica do "*eu*" por uma decantação de seu tempo lógico próprio é bastante paralelo a seu nascimento psicológico. Da mesma forma que, para recordá-lo com efeito, o "*eu*" psicológico se desprende de um transitivismo especular indeterminado, pelo saldo de uma tendência despertada como ciúme, o "*eu*" de que se trata aqui se define pela subjetivação de uma *concorrência* com o outro na função do tempo lógico. Ele nos parece como tal, dar a forma lógica essencial (bem mais do que a forma dita existencial) do *eu* psicológico[3].

O que manifesta bem o valor essencialmente subjetivo ("*assertivo*" na nossa terminologia) da conclusão do sofisma, é a indeterminação em que será mantido um observador (o

---

3. Assim o "eu", terceira forma do sujeito da enunciação na lógica, é aí ainda a "primeira pessoa", mas também a única e a última. Pois a segunda pessoa gramatical provém de uma outra função da linguagem. Quanto à terceira pessoa gramatical, ela é somente pretensa: é um demonstrativo, igualmente aplicável ao campo do enunciado e a tudo que aí se particularize.

diretor da prisão que supervisiona o jogo, por exemplo), diante da partida simultânea dos três sujeitos, para afirmar a cerca de nenhum deles se ele concluiu certo quanto ao atributo do qual é portador. O sujeito, com efeito, apreendeu o momento de concluir que ele é um branco sob a evidência *subjetiva* de um tempo de atraso que o apressa em direção à saída, mas, se ele não apreendeu esse momento, ele não age de outra maneira sob a evidência *objetiva* da partida dos outros, e no mesmo passo que os demais ele sai, somente seguro de ser um preto. Tudo o que o observador pode prever, é que, se há um sujeito que deve declarar na inquirição ser um preto por ter se apressado atrás, dos dois outros, ele será o único a se declarar tal nesses termos.

Enfim, o julgamento assertivo se manifesta aqui por um *ato*. O pensamento moderno mostrou que todo julgamento é essencialmente um ato, e as contingências dramáticas não fazem aqui senão isolar esse ato no gesto de partida dos sujeitos. Poder-se-ia imaginar outros modos de expressão no ato de concluir. O que faz a singularidade do ato de concluir na asserção subjetiva demonstrada pelo sofisma, é que ele antecipa sobre sua certeza, em razão da tensão temporal da qual ele é carregado subjetivamente, e que, com a condição dessa própria antecipação, sua certeza se verifica em uma precipitação lógica que determina a descarga dessa tensão, para que enfim a conclusão não se funde mais do que sobre instâncias temporais todas objetivadas, e que a asserção se dessubjetive no mais baixo grau. Como o demonstra o que segue.

Primeiramente reaparece o *tempo objetivo* da intuição inicial do movimento que, como que aspirado entre o instante de seu início e a pressa de seu fim, parecerá estourar como uma bolha. Sob o golpe da dúvida que esfolia a certeza subjetiva do *momento de concluir*, eis que ele se condensa como um núcleo no intervalo da primeira *moção suspensa* e que ele manifesta ao sujeito seu limite no *tempo para compreender* que passou para os outros dois o *instante do olhar* e que regressou o *momento de concluir*.

Seguramente, se a dúvida, desde Descartes, é integrada ao valor do julgamento, deve-se notar que, para a forma de asserção aqui estudada, esse valor provem menos da dúvida que a suspende do que da *certeza antecipada* que a introduziu.

Mas, para compreender a função dessa dúvida quanto ao sujeito da asserção, vejamos o que vale objetivamente a primeira suspensão para o observador que já interessamos na moção do conjunto dos sujeitos. Nada mais do que isso: é que cada um, se era impossível até então julgar em que sentido ele concluíra, manifesta uma incerteza de sua conclusão, que ele teria porém certamente se consolado se ela fosse correta, retificado talvez se ela fosse errônea.

Se, com efeito, subjetivamente, qualquer um soube tomar a dianteira e se se detém, é que ele começou a duvidar se apreendeu bem o *momento de concluir* que era um branco, mas vai reapreendê-lo imediatamente, visto que já teve dele a experiência subjetiva. Se, ao contrário, ele deixou os outros tomarem a dianteira e assim fundarem em si a conclusão de que é um preto, ele não pode duvidar de ter bem apreendido o momento de concluir, precisamente porque ele não o *apreendeu subjetivamente* (e com efeito ele poderia mesmo encontrar na nova iniciativa dos outros a confirmação lógica de que ele se crê deles dessemelhante). Mas, se ele se detém, é que ele subordina sua própria conclusão tão estreitamente ao que manifesta a conclusão dos outros, que a suspende imediatamente quando eles parecem suspender a deles, portanto ele coloca em dúvida que seja um preto até que eles lhe mostrem novamente a via ou que ele próprio a descubra, segundo o que concluirá desta vez ser um preto, ou ser um branco: talvez errado, talvez certo, ponto que permanece impenetrável a todo aquele que não seja ele próprio. Mas o descenso lógico prossegue em direção ao segundo tempo de suspensão. Se cada um dos sujeitos se reapoderou da certeza subjetiva do *momento de concluir*, ele pode novamente colocá-la em dúvida. Mas ela é agora reforçada pela objetivação uma vez estabelecida do *tempo para compreender*, e a dúvida que paira sobre ela durará somente o *instante do olhar*, pois só o fato de que a hesitação que aparece nos outros seja a segunda, basta para suprimir a sua, assim que percebida, visto que ela lhe indica imediatamente que ele não é certamente um preto.

Aqui o tempo subjetivo do *momento de concluir* se objetiva enfim. Como o prova isto que, mesmo se qualquer um dos sujeitos não a havia apreendido ainda, ele entretanto se impõe a si agora; o sujeito, com efeito, que teria concluído a primeira escansão tomando a sucessão dos dois outros, convencido por aí de ser um preto, seria com efeito, pela presente e segunda escansão, obrigado a modificar seu julgamento.

Assim a asserção de certeza do sofisma chega, diremos, ao termo da confluência lógica das duas moções suspensas no ato em que elas se terminam, por *se desubjetivar ao mínimo*. Como o manifesta o fato de que nosso observador, se ele as constatou sincrônicas nos três sujeitos, não pode duvidar de nenhum deles quanto a se declarar na inquirição ser um branco.

Enfim, pode-se notar que nesse mesmo momento, se todo sujeito pode, na inquirição, exprimir a certeza que ele verificou enfim, pela *asserção subjetiva* que lhe deu em conclusão do sofisma, a saber nesses termos: "*Eu me apressei em concluir que era um branco, porque de outro modo eles deviam tomar a dianteira ao se reconhecerem reciprocamente como brancos* (*e porque, se eu lhes tivesse dado tempo, eles teriam, pela própria razão que teria sido meu caso, me induzido no erro*)", esse mesmo sujeito pode também exprimir essa mesma certeza pela sua *verificação desubjetivada* ao mínimo no movimento lógico, a saber nesses termos: "*Deve-se saber que se é um branco, quando os outros hesitaram duas vezes em partir*". Conclusão que, sob sua primeira forma, pode ser adiantada como verdadeira pelo sujeito, desde que ele constituiu o movimento lógico do sofisma, mas pode como tal ser assumida por esse sujeito só pessoalmente – mas que, sob sua segunda forma, exige que todos os sujeitos tenham consumido o descenso lógico que verifica o sofisma, mas é aplicável por quem quer que seja a cada um deles. Não sendo mesmo excluído que um dos sujeitos, mas um só, aí chegue, sem ter constituído o movimento lógico do sofisma e por ter somente seguido sua verificação manifestada nos dois outros sujeitos.

A verdade do sofisma como referência temporalizada de si ao outro: a asserção subjetiva antecipante como forma fundamental de uma lógica coletiva

Assim, a verdade do sofisma só vem a ser verificada por sua *presunção*, se podemos chamá-la assim, na asserção que ele constitui. Ela se revela assim depender de uma tendência

83

que a visa, noção que seria um paradoxo lógico, se ela não se reduzisse à tensão temporal que determina o momento de concluir.

A verdade se manifesta nessa forma como precedendo o erro e avançando sozinha no ato que engendra sua certeza; inversamente o erro, com se confirmando sua inércia, e se corrigindo mal ao seguir a iniciativa conquistadora da verdade.

Mas a que tipo de relação responde uma tal forma lógica? A uma forma de objetivação que ela engendra em seu movimento, a saber à referência de um "*eu*" a medida comum do sujeito recíproco, ou ainda: dos outros enquanto tais, ou seja: na medida em que são outros uns para os outros. Essa medida comum é dada por um certo *tempo para compreender*, que se revela como uma função essencial da relação lógica de reciprocidade. Essa referência do "*eu*" aos outros enquanto tais deve, em cada momento crítico, ser temporalizada, para dialeticamente reduzir o *momento de concluir o tempo para compreender* a durar tão pouco quanto o *instante do olhar*.

Basta fazer aparecer ao termo lógico dos *outros* o menor disparate para que se manifeste disso quão a verdade para todos depende do rigor de cada um, e mesmo que a verdade, ao ser atingida somente por uns, pode engendrar, senão confirmar, o erro nos outros. E ainda isto que, se nessa corrida à verdade, se se é um só, se não são todos, a atingir o verdadeiro, ninguém o atinge no entanto senão pelos outros.

Seguramente essas formas encontram facilmente sua aplicação na prática em uma mesa de *bridge* ou em uma conferência diplomática, e mesmo na manobra do "complexo" em prática psicanalítica.

Mas gostaríamos de indicar a contribuição delas à noção lógica de coletividade.

Tres faciunt collegium, diz o adagio, e a *coletividade* é já integralmente representada na forma do sofisma, visto que ela se define como um grupo formado pelas relações recíprocas de um número definido de indivíduos, ao contrário da *generalidade*, que se define como uma classe compreendendo abstratamente um número indefinido de indivíduos.

Mas basta desenvolver por recorrência a demonstração do sofisma para ver que ele pode se aplicar logicamente a um número ilimitado de sujeitos[4], estando estipulado que o atributo "negativo" não pode intervir senão em um número igual ao número dos sujeitos menos um[5]. Mas a objetivação temporal é mais difícil de conceber na medida em que a coletividade aumenta, parecendo colocar obstáculo a uma *lógica coletiva* com a qual se possa completar a lógica clássica.

Mostraremos entretanto qual resposta uma tal lógica deveria dar à inadequação que se sente de uma afirmação tal como "Sou um homem", a qualquer forma que seja da lógica clássica, que se a coloque em conclusão das premissas que quiserem. ("O homem é um animal racional"..., etc.)

4. Eis aqui o exemplo para quatro sujeitos, quatro discos brancos, três discos pretos.

A pensa que, se ele fosse um preto, um *B*, *C* ou *D* qualquer poderia pensar dos dois outros que, se ele mesmo fosse preto, aqueles não tardariam a saber que são brancos. Um *B*, *C* ou *D* qualquer deveria portanto concluir rapidamente disso que ele é ele próprio branco, o que não ocorre. Por conseguinte *A* se dando conta que, se eles o veem preto, *B*, *C* ou *D* levam sobre ele a vantagem de não terem de fazer a suposição, se apressa em concluir que é um branco.

Mas não saem eles todos ao mesmo tempo que ele? *A*, na dúvida, para, e todos também. Mas, se todos também param, que significa isso? Ou é que eles param vítimas da mesma dúvida que *A*, e *A* pode retomar sua corrida sem problema. Ou é que *A* é preto, e que um *B*, *C*, ou *D* qualquer começou a duvidar se a partida dos dois outros não significaria que ele é um preto, igualmente a pensar que, se eles param de correr, não será por isso que ele é ele próprio branco, visto que um ao outro pode ainda se interrogar um instante se não é um preto; por outro lado ele pode estabelecer que eles deveriam todos os dois voltar a andar antes dele se ele é ele próprio um preto, e voltar a andar ele próprio dessa espera vã, seguro de ser o que é, isto é, branco. Por que *B*, *C*, *D* não o fazem então? Pois então eu o faço, diz *A*. Todos voltam a andar então.

Segunda parada. Admitindo que eu seja preto, se diz *A*, um *B*, *C*, *D* qualquer deve agora estar fixado sobre o fato de que ele não poderia imputar aos dois outros uma nova hesitação, se ele fosse preto; de que ele é portanto branco. *B*, *C*, *D* devem, portanto, voltar a andar antes dele. Caso contrário *A* volta a andar, e todos com ele.

Terceira parada. Mas todos devem saber desde agora que eles são brancos, se eu fosse verdadeiramente preto, se diz *A*. Se portanto, eles pararem...

E a certeza é verificada em três *escansões suspensivas*.

5. Cf. a condição desse um a menos no atributo, com a função psicanalítica do Um-a-mais no tema da psicanálise ("Situação da psicanálise em 1956"), pp. 211-212.

Seguramente mais perto de seu valor verdadeiro ela aparece apresentada em conclusão da forma aqui demonstrada da asserção subjetiva antecipante, a saber como o que segue:

1º) Um homem sabe o que não é um homem;

2º) Os homens se reconhecem entre eles por serem homens;

3º) Eu afirmo ser um homem, de medo de ser convencido pelos homens de não ser um homem.

Movimento que dá a forma lógica de toda assimilação "humana", na medida precisamente em que ela se coloca como assimiladora de uma barbárie, e que entretanto reserva a determinação essencial do "*eu*"...[6]

---

6. Que o leitor que leu essa compilação, retorne a essa referência ao coletivo que constitui fim desse artigo, para situar o que Freud produziu sob o registro da psicologia coletiva (*Massent: Psychologie und Ichanalyse*, 1920): o coletivo não é nada, senão o tema do individual.

3. INTERVENÇÃO SOBRE A TRANSFERÊNCIA
(Pronunciada no Congresso Dito de Psicanalistas de Língua Românica, de 1951.)

Encontramo-nos aqui ainda a domesticar as orelhas para o termo sujeito. Aquele que nos dá essa oportunidade permanecerá anônimo, o que nos evitará de enviar o leitor a todas as passagens onde daqui em diante o distinguimos.

A questão da parte de Freud no caso Dora, se quiséssemos considerá-la como encerrada, seria o lucro bruto de nosso esforço para reabrirmos o estudo da transferência em continuação ao relatório apresentado sob esse título por Daniel Lagache, onde a novidade era de explicá-la por intermédio do efeito Zeigarnik[1]. Era uma ideia bem aprazível num momento em que a psicanálise parecia carecer de álibis.

Tendo o colega não citado se permitido retrucar ao autor do relatório, que a transferência poderia muito bem ser invocada para esse efeito, pensamos encontrar razões para falarmos de psicanálise.

1. Em resumo, trata-se do efeito psicológico que se produz de uma tarefa inacabada quando ela deixa uma *Gestalt* em suspenso: a da necessidade, por exemplo, geralmente sentida, de dar a uma frase musical seu acorde resolutivo.

87

Tivemos de nos limitar, já que antecipamos muito aquilo que pudemos, a respeito da transferência, a enunciar desde então (1966).

Nosso colega B..., através de sua observação de que o efeito Zeigarnik pareceria mais depender da transferência do que determiná-la, introduziu o que poderíamos chamar de fatos de resistência na experiência psicotécnica. O seu alcance é de valorizar a primazia da relação de sujeito a sujeito em todas as reações do indivíduo na medida em que elas são humanas, e a dominância dessa relação em toda prova das disposições individuais, seja esta prova definida pelas condições de uma tarefa ou de uma situação.

Para a experiência psicanalítica, deve-se compreender que ela se desenrola inteiramente nessa relação de sujeito a sujeito, significando por aí que ela mantém uma dimensão irredutível a toda psicologia considerada como objetivação de certas propriedades do indivíduo.

Em uma psicanálise, com efeito, o sujeito, propriamente dito, se constitui por um discurso onde só a presença do psicanalista traz, antes de toda intervenção, a dimensão do diálogo.

Toda irresponsabilidade, e mesmo toda incoerência que as convenções da regra venham a colocar no início desse discurso, é claro que não passam aí de artifícios de engenheiro hidráulico (cf. observações de *Dora*, p. 15[2]) com o fito de assegurar que certas barreiras serão superadas, e que o curso deve prosseguir segundo as leis de uma gravitação que lhe é própria e que se chama a verdade. É esse, com efeito, o nome desse movimento ideal que o discurso introduz na realidade. Em suma, a *psicanálise é uma experiência dialética*, e essa noção deve prevalecer quando se coloca a questão da natureza da transferência.

Prosseguindo meu propósito, nesse sentido não terei outro desígnio senão o de mostrar, por meio de um exemplo, a quais tipos de proposições poder-se-ia chegar. Mas me permitirei primeiramente algumas observações que me parecem ser urgentes para a direção atual de nossos esforços de elaboração teórica, e enquanto elas interessam às responsabili-

2. P.U.F., p. 8 (ver nota 3, adiante).

88

dades que nos confere o momento da história que vivemos, não menos do que à tradição da qual somos guardiões.

Que o fato de encarar conosco a psicanálise como dialética deva se apresentar como uma orientação particular à nossa reflexão, não podemos ver nisso um certo desconhecimento de um dado imediato, e mesmo do fato de senso comum que nele só se use palavras – e reconhecer, na atenção privilegiada dispensada à função dos traços mudos do comportamento na manobra psicológica, uma preferência do analista por um ponto de vista em que o sujeito não passa de um objeto? Se desconhecimento existe efetivamente, devemos interrogá-lo segundo os métodos que aplicaríamos em caso similar.

Sabe-se que eu tenho tendência a pensar que no momento em que a psicologia, e com ela todas as ciências do homem, sofreram, mesmo malgrado elas, e até a seu despeito, um profundo remanejamento de seus pontos de vista pelas noções provenientes da psicanálise; um movimento inverso parece se produzir entre os psicanalistas, movimento que eu exprimiria nos seguintes termos:

Se Freud tomou a responsabilidade – contra Hesíodo, segundo o qual as doenças enviadas por Zeus avançam em direção dos homens, em silêncio – de nos mostrar que existem doenças que falam, e de nos fazer ouvir a verdade do que elas dizem – parece-nos que essa verdade, na medida em que sua relação com um momento da história e com uma crise das instituições nos aparece mais claramente, inspira um temor crescente aos praticantes que perpetuam sua técnica.

Vemo-lo, portanto, sob todos os tipos de formas que vão do "pietismo" aos ideais da mais vulgar eficiência, passando pela gama de propedêuticas naturalistas se refugiar sob a asa de um psicologismo que, coisificando o ser humano, caminharia para erros perto dos quais os do cientismo físico não passariam de bagatelas.

Pois exatamente por causa da força dos recursos manifestados pela análise, não é nada menos do que um novo tipo de alienação do homem que passará, na realidade, tanto pelo esforço de uma crença coletiva quanto pela ação de seleção de técnicas que teriam todo o alcance formativo, próprio dos ritos: em suma, um *homo psychologicus* cujo perigo eu denuncio.

A esse respeito coloco a questão de saber se nós nos deixaremos fascinar pela sua fabricação ou se, no repensar a obra de Freud, não podemos encontrar o sentido autêntico de sua iniciativa e o meio de manter seu valor de salvação.

Preciso aqui, se é verdade que isso é necessário, que essas questões não visam absolutamente um trabalho como o de nosso amigo Lagache: prudência no método, escrúpulo no processo, abertura nas conclusões, tudo aqui nos dá o exemplo de uma distância mantida entre nossa *práxis* e a psicologia. Fundarei minha demonstração no caso de Dora, pelo que ele representa na experiência ainda nova da transferência, a primeira em que Freud reconhece que o analista[3] participa.

Parece chocante que ninguém tenha, até o momento, sublinhado que o caso de Dora é exposto por Freud sob a forma de uma série de reviravoltas* dialéticas. Não se trata aqui de um artifício de ordenamento para um material do qual Freud formula de maneira decisiva que a aparição é abandonada à vontade do paciente. Trata-se de uma escansão das estruturas onde se transmuta para o sujeito a verdade, e que não concernem somente a sua compreensão das coisas, mas sua própria posição enquanto sujeito do qual são função seus "objetos"**. É dizer que o conceito da exposição é *idêntico* ao progresso do sujeito, isto é, à realidade da cura.

Ora, é a primeira vez que Freud emite o conceito de obstáculo, sobre o qual veio se chocar a análise, sob o termo de *transferência*. Isto basta para dar pelo menos seu valor de volta às fontes ao exame que realizamos das relações dialéticas que constituíram o momento do insucesso. Por onde tentaremos *definir em termos de pura dialética a transferência* que chamamos negativa no sujeito, como a operação do analista que a interpreta.

Ser-nos-á preciso, entretanto, passar por todas as fases que possibilitaram esse momento, assim como perfilá-lo so-

---

3. Para que se possa controlar o caráter textual de nosso comentário, enviamos o leitor, à cada evocação do relatório de Freud, à tradução feita pelas edições Denoël, à reedição publicada na P.U.F. em 1954 em nota de rodapé (1966).

* *renversements* ("interversões" no sentido dialético, cf. Voc. Psic, ao qual preferimos o termo de "reviravoltas"). (N. da T.)

** Entre aspas no original. (N. da T.)

bre as antecipações problemáticas que, nos dados do caso, nos indicam em que ponto ele poderia ter julgado terminada sua saída. Assim encontramos:

Um primeiro desenvolvimento, exemplar, na medida em que somos levados de súbito sobre o plano da afirmação da verdade. Com efeito, após Freud ter sido testado: mostrar-se-á ele tão hipócrita quanto o personagem paterno? Dora se engaja em seu requisitório, abrindo um caderno de recordações cujo rigor contrasta com a imprecisão biográfica característica da neurose. A Sra. K... e seu pai são amantes após tantos e tantos anos e o dissimulam sob ficções por vezes ridículas. Mas o cúmulo é que ela assim fica entregue sem defesa diante das assiduidades do Sr. K... sobre as quais seu pai fecha os olhos, tornando-a desse modo objeto de uma odiosa troca.

Freud está bastante advertido da constância da mentira social para ser por ela enganado, mesmo vindo da boca de um homem que ele considera como lhe devendo uma confiança total. Ele não teve, portanto, nenhuma dificuldade em afastar do espírito de sua paciente toda imputação de condescendência em relação a essa mentira. Mas ao cabo desse desenvolvimento ele se vê em face da questão, aliás de um tipo clássico no início do tratamento: "Esses fatos estão aí, eles pertencem à realidade e não a mim mesma. O que quereis mudar?" Ao que Freud responde por:

Uma primeira reviravolta dialética que não tem nada a invejar da análise hegeliana da reivindicação da "bela alma"*, aquela que se insurge contra o mundo em nome da lei do coração: "Olha, lhe diz ele, qual é a tua própria parte na desordem da qual te queixas" (p. 32[4]). E aparece então:

Um segundo desenvolvimento da verdade: a saber, que não é somente sobre o silêncio, mas pela cumplicidade da própria Dora, mais ainda, sob sua proteção vigilante, que pôde durar a ficção que permitiu à relação dos dois amantes prosseguir.

Aqui nós vemos não somente a participação de Dora na corte da qual ela é objeto da parte do Sr. K... mas suas relações com os outros parceiros da quadrilha ganham uma nova

---

* Entre aspas no original. (N. da T.)
4. P.U.F. p. 24.

luz ao se incluírem numa sutil circulação de presentes preciosos, indenização da carência das prestações sexuais, a qual, partindo de seu pai em direção à Sra. K... retorna à paciente pelas disponibilidades que ela liberta no Sr. K..., sem prejuízo das prodigalidades que lhe vêm diretamente da fonte primeira, sob a forma de dons paralelos onde o burguês encontra classicamente a espécie mais propícia, de arranjo honroso, ao aliar a reparação que deve à mulher legítima à preocupação do patrimônio (observemos que a presença do personagem-esposa se reduz aqui a essa ligação lateral à cadeia das trocas).

Ao mesmo tempo, a relação edipiana se mostra constituída em Dora por uma identificação com o pai, favorecida pela impotência sexual deste, impotência, aliás, sentida por Dora como idêntica ao prevalecimento de sua posição de fortuna: isto é, traído pela alusão inconsciente que lhe permite a semântica da palavra fortuna em alemão: *Vermögen*. Essa identificação transparece com efeito em todos os sintomas de conversão apresentados por Dora, e sua descoberta anuncia o levantamento de um grande número deles.

A questão passa a ser portanto: o que significa, sobre essa base, o ciúme bruscamente manifestado por Dora ante a relação amorosa de seu pai? Esta última, por se apresentar sob uma forma de tal modo *prevalecente* exige uma explicação que ultrapassa seus motivos (p. 50[5]). Aqui se coloca:

A segunda reviravolta dialética, que Freud opera pela observação de que aqui não é absolutamente o objeto pretenso do ciúme que lhe dá o verdadeiro motivo, mas que ele esconde um interesse pela pessoa do sujeito-rival, interesse cuja natureza muito menos assimilável ao discurso comum não pode se exprimir no caso senão sob essa forma inversa. De onde decorre:

Um terceiro desenvolvimento da verdade: o fascinado apego de Dora pela Sra K... ("a brancura maravilhosa de seu corpo"), as confidencias que ela ouve, até um ponto que permanecerá insondado, sobre o estado de suas relações com o marido; o fato patente de suas trocas de bons procedimentos como embaixatrizes recíprocas de seus desejos em relação ao pai de Dora.

5. P.U.F., p. 39.

Freud percebeu a questão à qual levava esse novo desenvolvimento.

Se é portanto dessa mulher que manifestas tão amargamente o desapossamento, como não a detestas por esse acréscimo de traição, visto que tenha sido dela que tenham partido essas imputações de intriga e de perversidade onde todos se colocam agora para te acusar de mentirosa? Qual a razão dessa lealdade que te leva a guardar-lhe o segredo último de tuas relações? (a saber, a iniciação sexual, perceptível já nas próprias acusações da Sra. K…). Com esse segredo somos levados, com efeito:

À *terceira reviravolta dialética*, aquela que nos mostraria o valor real do objeto que é a Sra. K… para Dora. Quer dizer, não um indivíduo mas um mistério, o mistério de sua própria feminilidade, em outros termos, de sua feminilidade corporal – como isso aparece sem véus no seu segundo sonho, segunda parte da exposição do caso Dora, sonhos cujos relatos pediríamos fossem relidos a fim de se ver quanto sua interpretação se simplifica com nosso comentário.

Já em nosso alcance aparece o marco em torno do qual nossa quadriga deve circular para virar uma última vez sua carreira. É essa imagem mais longínqua que atinge Dora na sua primeira infância (numa observação de Freud, mesmo se interrompida aqui, todas as chaves não lhe caíram sempre nas mãos?): é Dora, provavelmente ainda *infans*, chupando seu polegar esquerdo, enquanto que com a mão direita, ela puxa a orelha de seu irmão, um ano e meio mais velho do que ela(p. 47[6] ep. 20[7]).

Parece que se tem aí a matriz imaginária onde vieram fluir todas as situações que Dora desenvolveu em sua vida – verdadeira ilustração da teoria, ainda por nascer em Freud, dos automatismos de repetição. Podemos medir por aí o que significam agora para ela a mulher e o homem.

A mulher é o objeto impossível de se separar de um primitivo desejo oral e onde é preciso entretanto que ela aprenda a reconhecer sua própria natureza genital. (Espanta-nos aqui que Freud não veja que a determinação da afonia du-

6. P.U.F., p. 37.
7. P.U.F., p. 12.

rante as ausências do Sr. K... (p. 63[8]) exprime o violento apelo da pulsão erótica oral no "enfim sós" com a Sra K... sem que seja preciso invocar a percepção da *fellatio* experimentada pelo pai (p. 44[9]), quando todo mundo sabe que o *cunnilinguus* é o artifício mais comumente adotado pelos "senhores de fortuna"* cujas forças começam a diminuir.) Para ter acesso a esse reconhecimento de sua feminilidade, ser-lhe-ia preciso realizar essa assunção de seu próprio corpo, sem o que ela permanece aberta à fragmentação funcional (para nos referirmos à contribuição teórica do *estágio do espelho*), que constitui os sintomas de conversão.

Ora, para realizar a condição desse acesso, ela não teve senão esse recurso, que, como a *imago* original nos mostra, lhe oferece uma abertura em direção ao objeto, a saber, o parceiro masculino, ao qual sua diferença de idade lhe permite identificar nessa alienação primordial onde o sujeito se reconhece como *eu...*

Assim Dora se identificou ao Sr. K... como ela começa a se identificar ao próprio Freud (o fato de que tenha sido no despertar do sonho "de transferência" que ela tenha sentido o cheiro de fumaça pertencente aos dois homens não indica, como o diz Freud (p. 67[10]), que se trate aí de alguma identificação mais recalcada, mas ao contrário, que esta alucinação corresponda ao estágio crepuscular do retorno ao *ego*). E todas suas relações com os dois homens manifestam essa agressividade onde vemos a dimensão própria da alienação narcísica.

Permanece, portanto, verdadeiro, como pensa Freud, que o retorno à reivindicação apaixonada ao pai representa uma regressão em relação às relações esboçadas com o Sr. K...

Mas esta homenagem da qual Freud entrevê a potência salutar para Dora, não poderia ser recebida por ela como manifestação do desejo, a não ser que ela se aceitasse ela mesma como objeto do desejo, isto é, após ter esgotado o sentido do que ela procura na Sra. K...

Como para toda mulher, e pelas razões que estão no próprio fundamento das mais elementares trocas sociais

8. P.U.F., p. 27.
9. P.U.F., p. 33.
* Entre aspas no original. (N. da T.)
10. P.U.F., p. 54.

(aquelas que Dora formula nas acusações de sua revolta), o problema de sua condição é no fundo o de se aceitar como objeto do desejo do homem, e é isso para Dora o mistério que motiva sua idolatria pela Sra K..., bem como na sua longa meditação diante da Madona e em seu recurso ao adorador distante, ele a impele à solução que o cristianismo deu a esse impasse subjetivo, fazendo da mulher o objeto de um desejo divino ou um objeto transcendente do desejo, o que é a mesma coisa.

Se Freud, numa terceira reviravolta dialética, tivesse, portanto, orientado Dora para um reconhecimento do que era para ela a Sra. K..., obtendo a confissão dos últimos segredos de sua relação com ela, de que prestígio não teria ele próprio se beneficiado (nós apenas tocamos aqui na questão do sentido da transferência positiva), abrindo assim o caminho ao reconhecimento do objeto viril? Essa não é minha opinião, mas a de Freud (p. 107[11]).

Mas que sua fraqueza tenha sido fatal no tratamento, ele a atribui à ação da transferência (pp. 103-107[12]), ao erro que o fez adiar a interpretação (p. 106[13]) quando, como ele o pôde constatar posteriormente, ele contava com apenas duas horas diante dele para evitar seus efeitos (p. 106[14]).

Mas cada vez que ele invoca esta explicação que tomará na doutrina o desenvolvimento que conhecemos, uma nota de rodapé vem desdobrá-la por um recurso a sua insuficiente apreciação a respeito do laço homossexual que unia Dora à Sra K...

Que significa isto senão que a segunda razão só lhe aparece como primeira por direito em 1923, enquanto que a primeira por ordem produziu seus frutos em seu pensamento a partir de 1905, data da publicação do caso Dora?

Quanto a nós, que partido tomar? Crer seguramente em suas duas razões é procurar apreender o que se pode deduzir de sua síntese.

Encontramos então isto: Freud confessa que durante muito tempo, ele não pôde se ver face a face a essa tendência ho-

11. P.U.F., p. 90.
12. P.U.F., pp. 86-90.
13. P.U.F., p. 89.
14. P.U.F., p. 89.

mossexual, que ele nos diz, entretanto, ser tão constante entre os histéricos – que nunca se exageraria demais neles o papel subjetivo –, sem cair numa confusão (n., p. 107[15]) que o tornava incapaz de agir sobre a questão de maneira satisfatória.

Isso resulta, diremos nós, de um preconceito, o mesmo que torna falsa no início a concepção do complexo de Édipo fazendo-lhe considerar como natural e não como normativo o prevalecimento do personagem paterno: é o mesmo que se exprime simplesmente no bem conhecido refrão: "Comme le fil est pour l'aiguille, la fille est pour le garçon"*.

Freud sente pelo Sr. K... uma simpatia que data de longe pois é ele quem lhe trouxe o pai de Dora (p. 18[16]) e que se exprime em numerosas apreciações (nota, p. 27[17]). Após o fracasso do tratamento, ele persiste a sonhar com uma "vitória do amor" (p. 99[18]).

Em relação à Dora, sua participação pessoal no interesse que ela lhe inspira é confessa em vários pontos da observação. Na realidade, ela a faz vibrar de um tremor que, franqueando as digressões teóricas, leva o texto, entre as monografias psicopatológicas que constituem um gênero de nossa literatura, para o tom de uma Princesa de Clèves presa de uma mordaça infernal.

É por se ter colocado um pouco demasiadamente no lugar do Sr. K... que Freud desta vez não conseguiu comover o Aqueronte.

Em razão de sua contratransferência, Freud volta com demasiada frequência ao amor que o Sr. K... inspiraria à Dora, e é curioso notar como ele interpreta sempre no sentido de confissão as respostas no entanto muito diversificadas que lhe opõe Dora. A sessão na qual ele pensa tê-la reduzido a não mais "contradizê-lo" (p. 93[19]) e ao cabo da qual ele julga poder exprimir-lhe sua satisfação, é concluída por Dora por um tom

---

* Em português teríamos: "Como o fio é para a agulha, a filha (a menina) é para o filho (menino)" ... (N. da T.)

15. P.U.F., p. 90.
16. P.U.F., p. 10.
17. P.U.F., p. 18.
18. P.U.F., p. 82.
19. P.U.F., p. 77.

bem diferente. "Não saiu grande coisa", diz ela, e é no início da sessão seguinte que ela o deixará.

O que sucedeu então na cena da declaração à beira do lago, que foi a catástrofe pela qual Dora entrou na doença, levando todo mundo a reconhecê-la como doente – o que corresponde ironicamente à sua recusa em prosseguir sua função de apoio à enfermidade comum a todos eles (todos os "benefícios"* da neurose não são para o proveito exclusivo do neurótico)?

Basta, como em toda interpretação válida, se ater ao texto para compreendê-lo. O Sr. K... teve apenas o tempo de dizer algumas palavras, é verdade que decisivas: "Minha mulher não significa nada para mim". E já sua audácia tinha sido recompensada: uma bofetada a mesma da qual Dora sentirá, bem após o tratamento, a consequência violenta em uma nevralgia transitória, que vem significar ao inadequado: "Se ela não é nada para você, o que é você então para mim?"

E a partir de então, que seria para ela, esse fantoche, que, no entanto acaba de romper o feitiço em que ela vive após tantos anos?

A phantasia latente da gravidez que seguirá essa cena não coloca objeções a nossa interpretação: é conhecido que ela se produz nas histéricas em função mesmo de sua identificação viril.

É pela mesma armadilha onde ele se afunda num deslizamento mais insidioso que Freud vai desaparecer. Dora se afasta com o sorriso da *Gioconda* e mesmo quando ela reaparecerá, Freud não terá a ingenuidade de crer em uma intenção de retorno.

Nesse momento ela fez conhecer a todos a verdade, que ela sabe entretanto não ser, embora verídica, a verdade última, e ela terá conseguido precipitar, somente pelo *mana*** de

---

* Entre aspas no original (N. da T.)

** No sentido próprio, palavra polinésia significando "força", "poder oculto". Já para Roland Barthes, in *Mythologies*, Paris, Seuil, 1957, Col. "Pierres Vives:

"Sabe-se que em etnologia, pelo menos na fertilíssima hipótese de Claude Lévi-Strauss, o *mana* é uma espécie de símbolo algébrico (um pouco como 'coisa' ou 'troço' para nós), encarregado de representar 'um valor indeterminado de significação, vazio de sentido em si – e portanto suscetível de receber todo e qualquer sentido – cuja única função é a de preencher uma distância entre o significante e o significado" (p. 156). (N. da T.)

sua presença, o Sr. K... sob as rodas de um automóvel. A sedação de seus sintomas, obtida na segunda fase de sua cura, se manteve no entanto. Assim a cessação do processo dialético tem como saldo um aparente recuo, mas as posições retomadas não podem ser mantidas a não ser por uma afirmação do *ego* que pode ser considerada como um progresso.

O que é então, finalmente, essa transferência cujo trabalho Freud diz em algum lugar prosseguir *invisível* atrás do progresso do tratamento e cujos efeitos, de resto, "escapam à demonstração"* (p. 67[20])? Não se pode aqui considerá-la como uma entidade completamente relativa à contratransferência definida como a soma dos preconceitos, das paixões, dos embaraços e mesmo da insuficiente informação do analista a um dado momento do processo dialético? O próprio Freud não nos diz (p. 105[21]) que Dora teria podido transferir sobre ele o personagem paterno, se ele tivesse sido bastante tolo para crer na versão das coisas a ele apresentada pelo pai?

Em outros termos, a transferência não é nada de real no sujeito, senão a aparição, num momento de estagnação da dialética analítica, dos modos permanentes segundo os quais ele constitui seus objetos.

O que é então interpretar a transferência? Nada mais do que preencher por um logro o vazio desse ponto morto. Mas esse logro é útil pois, mesmo sendo enganador, ele reativa o processo.

A denegação com a qual Dora teria acolhido a observação vinda de Freud, segundo a qual ela lhe imputava as mesmas intenções que tinha manifestado o Sr. K... não teria mudado nada no alcance de seus efeitos. A própria oposição que ela teria engendrado teria provavelmente engajado Dora, malgrado Freud, na direção favorável: aquela que a teria conduzido ao objeto de seu interesse real.

E o fato de se colocar em jogo pessoalmente como substituto do Sr. K... teria preservado Freud de insistir tanto sobre o valor das propostas de casamento deste último.

Assim a transferência não resulta de nenhuma propriedade misteriosa da afetividade, e mesmo quando ela se trai

---

* Entre aspas no original (N. da T.)
20. P.U.F., p. 54.
21. P.U.F., p. 88.

sob uma aparente emoção, esta emoção não toma sentido senão em função do momento dialético em que ela se produz.

Mas esse momento é pouco significativo visto que ele traduz ordinariamente um erro do analista, mesmo sendo esse erro o querer excessivamente o bem do paciente, do qual o próprio Freud denunciou constantemente o perigo.

Assim a neutralidade analítica toma seu sentido autêntico da posição do "dialético" puro que, sabendo que tudo que é real é racional (e inversamente), sabe que tudo que existe, e mesmo o mal contra o qual ele luta, é e será sempre equivalente ao nível de sua particularidade, e que não existe progresso para o sujeito a não ser pela integração, na qual ele chega, de sua posição no universal: tecnicamente, pela projeção de seu passado num discurso em devir.

O caso de Dora parece privilegiado para nossa demonstração nisso em que, tratando-se de uma histérica, a tela do *ego* é suficientemente transparente para que em nenhum lugar, como o diz Freud, não seja mais baixo o limiar entre o inconsciente e o consciente, ou melhor, entre o discurso analítico e a *palavra* do sintoma.

Nós acreditamos, entretanto, que a transferência tem sempre o mesmo sentido de indicar os momentos de errância e também de orientação do analista, o mesmo valor para nos chamar a atenção sobre nosso papel: um não-agir positivo em vista da ortodramatização da subjetividade do paciente.

4. FUNÇÃO E CAMPO DA FALA E DA LINGUAGEM EM PSICANÁLISE

Relatório ao congresso de Roma realizado no Istituto di Psicologia della Università di Roma nos dias 26 e 27 de setembro de 1953.

Prefácio

Em particular, não se deverá esquecer que a separação em embriologia, anatomia, fisiologia, psicologia, sociologia, clínica não existe na natureza e que existe uma só disciplina: a *neurobiologia* à qual a observação nos obriga a acrescentar o epíteto de *humana* no que nos concerne. (Citação escolhida como exergo de um Instituto de Psicanálise, em 1952.)

O discurso que se encontrará aqui merece ser introduzido por suas circunstâncias. Pois ele traz delas a marca.

O tema foi proposto ao autor para constituir o relato teórico costumeiro, na reunião anual com a qual a sociedade que representava então a psicanálise na França, prosseguia há dezoito anos a tradição tornada venerável sob o título do Congresso dos Psicanalistas de Língua Francesa, estendido faz dois anos aos psicanalistas de língua românica (a Holanda aí estando incluída por uma tolerância de linguagem). Esse Congresso devia realizar-se em Roma no mês de setembro de 1953.

Entrementes, dissentimentos graves trouxeram no grupo francês uma secessão. Eles se tinham revelado no momento da fundação de um "instituto de psicanálise". Pôde-se então ouvir a equipe, que tinha conseguido aí impor seus estatutos e seu programa, proclamar que impediria de falar em Roma aquele que juntamente com outros tinha tentado aí introduzir uma concepção diferente, e ela empregou para esse fim todos os meios em seu poder.

Não pareceu entretanto àqueles que desde então tinham fundado a nova Sociedade Francesa de Psicanálise que devessem privar da manifestação anunciada, a maioria de estudantes que se aliavam a seu ensino, nem mesmo que devessem se demitir do lugar eminente onde ela tinha sido prevista.

As simpatias generosas do grupo italiano que lhes vieram em auxílio não os punham em postura de hóspedes inoportunos na Cidade universal.

Quanto ao autor desse discurso, ele pensava ser socorrido, por mais desigual que tivesse de se mostrar na tarefa de falar da fala, por uma certa conivência inscrita nesse lugar mesmo.

Ele se lembrava com efeito, que bem antes que aí se revelasse a glória da mais alta cadeira do mundo, Aulo Gélio, em suas *Noites Áticas*, dava ao lugar dito do *Mons Vaticanus* a etimologia de *vagire*, que designa os primeiros balbucios da fala.

Que se então seu discurso não devesse ser nada mais do que um vagido, pelo menos tomaria lá o auspício de renovar em sua disciplina os fundamentos que ela toma na linguagem.

Igualmente, essa renovação tomava da história demasiado sentido, para que não rompesse quanto a si com o estilo tradicional que situa a "relação" entre a compilação e a síntese, para dar-lhe o estilo irônico de um questionamento dos fundamentos dessa disciplina.

Posto que seus ouvintes eram esses estudantes que esperam de nós a fala, foi antes de tudo em direção a eles que fomentou seu discurso, e para renunciar com eles às regras que se observam augures de imitar o rigor pela minúcia e de confundir regra e certeza.

No conflito, com efeito, que os conduzira à presente saída, comprovara-se quanto à autonomia de temas, um desconhecimento tão exorbitante, que a exigência primeira advinha de uma reação contra o tom permanente que tinha permitido esse excesso.

É que para além das circunstâncias locais que tinham motivado esse conflito, um vício tinha nascido que as ultrapassava de longe. Que se tenha podido somente pretender regular de maneira tão autoritária a formação do psicanalista, colocava a questão de saber se os modos estabelecidos dessa formação não conduziam ao fim paradoxal de uma minorização perpetuada.

Certamente as formas iniciáticas e poderosamente organizadas em que Freud viu a garantia da transmissão de sua doutrina, se justificam na posição de uma disciplina que só pode sobreviver ao se manter no nível de uma experiência integral.

Mas não levaram elas a um formalismo decepcionante que desencoraja a iniciativa ao penalizar o risco, e que faz do reino da opinião dos doutos o princípio de uma prudência dócil onde a autenticidade da pesquisa se embota antes de se exaurir?

A extrema complexidade das noções postas em jogo em nosso domínio faz com que em nenhum outro lugar um espírito, ao expor seu julgamento, corre mais totalmente o risco de descobrir sua medida.

Mas isso deveria comportar a consequência de tornar nosso propósito primeiro, senão único, da divulgação das teses pela elucidação dos princípios.

A seleção severa que se impõe, com efeito, não poderia ser entregue aos adiamentos indefinidos de uma cooptação detalhista, mas à fecundidade da produção concreta e à prova dialética de defesas contraditórias.

Isso não implica, de nossa parte, nenhuma valorização da divergência. Muito pelo contrário, não foi sem surpresa que pudemos ouvir no Congresso Internacional de Londres onde, por termos desrespeitado as formas, vínhamos como solicitantes, uma personalidade bem intencionada a nosso respeito, deplorar que não pudéssemos justificar nossa secessão por algum desacordo doutrinal. Quer isso dizer que uma associação que se pretende internacional, tenha um outro fim além de manter o princípio da comunidade de nossa experiência?

Sem dúvida, é segredo de Polichinelo, que há muito tempo não é mais o caso, e é sem nenhum escândalo que ao impenetrável Sr. Zilboorg que, colocando à parte nosso caso, insistia para que nenhuma secessão fosse admitida senão na qualidade de um debate científico, o penetrante Sr. Wälder pôde retorquir que ao confrontar os princípios em que cada um de nós acredita fundar sua experiência, nossos muros se dissolveriam bem depressa na confusão de Babel.

Pensamos, quanto a nós, que, se inovamos, não é por gosto nosso fazermos disso um mérito.

Numa disciplina que deve seu valor científico somente aos conceitos teóricos que Freud forjou no progresso de sua experiência, mas que, por serem ainda mal criticados e conservarem por essa razão a ambiguidade da língua vulgar, aproveitam dessas ressonâncias não sem incorrer em mal-entendidos, parecer-nos-ia prematuro romper a tradição de sua terminologia.

Mas parece-nos que esses termos só podem se esclarecer ao estabelecermos sua equivalência na linguagem atual da antropologia, e mesmo nos últimos problemas da filosofia, onde frequentemente a psicanálise não fará mais do que retomar seu bem.

Urgente em todo caso nos parece a tarefa de extrair das noções que se enfraquecem numa utilização de rotina, o sentido que elas reencontram tanto de um retorno sobre sua história quanto de uma reflexão sobre seus fundamentos subjetivos.

É essa sem dúvida a função do professor, de onde todas as outras dependem, e é nela que se inscreve melhor o preço da experiência.

Que se a negligencie, e o sentido se oblitera por uma ação que não toma seus efeitos senão do sentido, e as regras técnicas, ao se reduzirem a receitas, excluem da experiência todo alcance de conhecimento e mesmo todo critério de realidade.

Pois ninguém é menos exigente do que um psicanalista sobre o que pode dar seu estatuto a uma ação que ele próprio não está longe de considerar como mágica, por falta de saber onde situá-la numa concepção de seu campo que ele não pensa absolutamente ajustar à sua prática.

O exergo cujo ornamento transpusemos a esse prefácio é um bem gracioso exemplo.

Igualmente ele se ajusta a uma concepção da formação analítica que seria a de uma autoescola que, não contente em pretender ao privilégio singular de dar a carta de motorista, se imaginaria estar em postura de controlar a construção automobilística?

Essa comparação vale o que vale, mas ela vale bem aquelas que estão em voga nos nossos concílios mais graves e que por terem nascido em nosso discurso aos idiotas, não têm nem mesmo o sabor da anedota de iniciados, mas nem por isso parecem receber valor de uso de seu caráter de pomposa inépcia.

Isso começa na comparação que se conhece, do candidato que se deixa arrastar prematuramente à prática, ao cirurgião que operaria sem assepsia, e isso conduz àquela que incita a chorar sobre esses infelizes estudantes que o conflito dos mestres dilacera como crianças no divórcio dos pais.

Sem dúvida essa recém-nascida nos parece se inspirar no respeito que é devido àqueles que sofreram com efeito o que chamaremos, moderando nosso pensamento, uma pressão ao ensino que os pôs em rude prova, mas pode-se também se perguntar ao ouvir o trêmulo na boca dos mestres, se os limites do infantilismo não teriam sido sem aviso prévio recuados até a debilidade.

As verdades que esses clichês recobrem, merecem entretanto que se as submeta a um mais sério exame.

Método de verdade e de desmistificação das camuflagens subjetivas, a psicanálise manifestaria uma ambição desmedida ao aplicar seus princípios à sua própria corporação: ou seja, à concepção que os psicanalistas se fazem de seu papel em relação ao doente, de seu lugar na sociedade dos espíritos, de suas relações a seus pares e de sua missão de ensino?

Talvez para reabrir algumas janelas ao dia claro do pensamento de Freud, essa exposição aliviará em alguns a angústia que engendra uma ação simbólica quando ela se perde em sua própria opacidade.

Seja como for, ao evocarmos as circunstâncias desse discurso, não pensamos absolutamente em desculpar suas insuficiências demasiado evidentes pela pressa que delas recebeu, posto que é da mesma pressa que ele toma seu sentido com sua forma.

Igualmente demonstramos, em um sofisma exemplar do tempo intersubjetivo[1], a função da pressa na precipitação lógica em que a verdade encontra sua condição insuperável.

Nada criado que não apareça na urgência, nada na urgência que não engendre seu ultrapassamento na fala.

Mas nada tampouco que não se torne aí contingente quando o momento aí vem para o homem, em que ele pode identificar em uma só razão o partido que escolhe e a desordem que denuncia, para compreender sua coerência no real e antecipar por sua certeza na ação que os põe em equilíbrio.

Introdução

Vamos determinar isso enquanto estamos ainda no afélio de nossa matéria pois, assim que chegarmos ao periélio, o calor será capaz de no-la fazer esquecer (*LICHTENBERG*).

"Flesh composed of suns. How can such be?" exclaim the simple ones (*R. BROWNING, Parleying with certain people*).

Tal é o terror que se apodera do homem ao descobrir a figura de seu poder que dela se desvia na ação mesma que é a sua quando essa ação a mostra desnuda. É o caso da psicanálise. A descoberta – prometeana – de Freud foi uma ação do gênero; sua obra no-lo atesta; mas ela não está menos presente em cada experiência humildemente conduzida por um dos operários formados em sua escola.

Pode-se seguir no fio dos anos passados essa aversão do interesse quanto às funções da fala e quanto ao campo da linguagem. Ela motiva as "modificações de objetivo e de téc-

---

1. Cf. "O tempo lógico e a asserção da certeza antecipada", p. 69.

nica" que são confessadas no movimento e cuja relação com o amortecimento da eficácia terapêutica é entretanto ambígua.

A promoção, com efeito, da resistência do objeto na teoria e na técnica, deve ser ela mesma submetida à dialética da análise que não pode senão reconhecer aí um álibi do sujeita..

Tentemos desenhar a tópica desse movimento. Ao considerar essa literatura que chamamos de nossa atividade científica, os problemas atuais da psicanálise se distinguem nitidamente sob três aspectos:

A) Função do imaginário, diremos, ou mais diretamente das phantasias na técnica da experiência e na constituição do objeto nas diferentes fases do desenvolvimento psíquico. O impulso veio aqui da psicanálise das crianças, e do terreno favorável que oferecia às tentativas como às tentações dos pesquisadores o estudo das estruturações pré-verbais. É lá também que sua culminação provoca agora um retorno colocando o problema da sanção simbólica a dar às phantasias em sua interpretação.

B) Noção das relações libidinais de objeto que, renovando a ideia do progresso da cura, remaneja surdamente sua conduta. A nova perspectiva tomou aqui seu ponto de partida da extensão do método às psicoses e da abertura momentânea da técnica a dados de princípio diferente. A psicanálise aí desemboca sobre uma fenomenologia existencial, e mesmo sobre um ativismo animado de caridade. Aí também uma reação nítida se exerce em favor de um retorno ao eixo técnico da simbolização.

C) Importância da contratransferência e, correlativamente, da formação do psicanalista. Aqui o acento veio dos embaraços do progresso da cura, que se conjugam aos do momento em que a psicanálise didática se acaba na introdução do candidato na prática. E a mesma oscilação aí se observa: de um lado, e não sem coragem, indica-se o ser do analista como elemento não negligenciável nos efeitos da análise e que inclusive deve se expor em sua conduta em fim de jogo; não se promulga por isso menos energicamente, por outro lado, que nenhuma solução pode vir senão de um aprofundamento cada vez maior da mola inconsciente.

Esses três problemas apresentam um traço comum além da atividade de pioneiros que manifestam sobre três fronteiras diferentes com a vitalidade da experiência que os apoia. É a tentação que se apresenta ao analista de abandonar o fundamento da fala, e isso justamente em domínios onde seu uso, por confinar ao inefável, requereria mais do que nunca seu exame: a saber a pedagogia maternal, a ajuda samaritana e o domínio dialético*. O perigo se torna grande, se aí abandona além do mais sua linguagem em benefício de linguagens já instituídas e das quais ele conhece mal as compensações que elas oferecem à ignorância.

Na verdade gostaríamos de saber mais sobre os efeitos da simbolização na criança, e as mães oficiantes na psicanálise, e mesmo aquelas que dão a nossos mais altos conselhos um ar de matriarcado, não estão ao abrigo dessa confusão das línguas onde Ferenczi designa a lei da relação criança-adulto[2].

As ideias que nossos sábios se fazem da relação de objeto acabada são de uma concepção antes de mais nada incerta e, ao serem expostas, deixam aparecer uma mediocridade que não honra a profissão.

Ninguém duvida de que esses efeitos – em que o psicanalista alcança o tipo do herói moderno que ilustram façanhas irrisórias numa situação extraordinária – não poderiam ser corrigidos por um justo retorno ao estudo onde o psicanalista deveria ter-se tornado mestre, das funções da fala.

Mas parece que, a partir de Freud, esse campo central de nosso domínio tenha caído em ruínas. Observemos quão ele próprio se defendia de maiores excursões em sua periferia: tendo descoberto as fases libidinais da criança na análise dos adultos e intervindo no pequeno Hans somente por meio de seus pais, – decifrando uma faixa inteira da linguagem do inconsciente no delírio paranoide, mas utilizando para isso somente o texto-chave deixado por Schreber na lava de sua catástrofe espiritual. Assumindo ao contrário quanto à dialética da obra, assim como quanto à tradição de seu sentido, e em toda sua grandeza, a posição do domínio.

Quer dizer que se o lugar do mestre permanece vazio, é menos pelo fato de seu desaparecimento do que de uma obli-

---

* Em francês *maîtrise*. (N. da T.)
2. Ferenczi. Confusion of tongues between the adult and the child. *Int. Jour, of Psycho.*, XXX, IV, pp. 225-230, 1949.

teração crescente do sentido de sua obra? Não basta para se convencer disso constatar o que se passa nesse lugar?

Uma técnica aí se transmite, de um estilo enfadonho, e mesmo reticente em sua opacidade, e que toda aeração crítica parece perturbar. Na verdade, tomando o contorno de um formalismo levado ao cerimonial, e a tal ponto que se pode perguntar se ela não tomba sob o golpe da mesma aproximação com a neurose obsessiva, através da qual Freud visou de maneira tão convincente o uso, senão a gênese, dos ritos religiosos.

À analogia se acentua ao se considerar a literatura que essa atividade produz para se alimentar: tem-se aí frequentemente a impressão de um curioso circuito fechado, onde o desconhecimento da origem dos termos engendra o problema de ajustá-los, e onde o esforço para resolver esse problema reforça esse desconhecimento.

Para ascender às causas dessa deterioração do discurso analítico, é legítimo aplicar o método psicanalítico à coletividade que o suporta.

Falar com efeito da perda do sentido da ação analítica, é tão verdadeiro e tão vão quanto explicar o sintoma pelo seu sentido, enquanto esse sentido não é reconhecido. Mas sabe--se que na ausência desse reconhecimento, a ação não pode deixar de ser experimentada como agressiva no nível em que se coloca e que na ausência das "resistências" sociais onde o grupo analítico encontrava para se acalmar, os limites de sua tolerância à sua própria atividade, agora "concedida" senão admitida, não dependem já senão da massa numérica pela qual se mede sua presença na escala social.

Esses princípios bastam para repartir as condições simbólicas, imaginárias e reais que determinarão as defesas – isolamento, anulação, negação e, em geral, desconhecimento – que podemos reconhecer na doutrina.

Desde então, se medirmos por sua massa a importância que o grupo americano tem para o movimento analítico, apreciaremos em seu peso as condições que aí se encontram.

Na ordem simbólica primeiramente, não se pode negligenciar a importância desse fator e do qual nos ocupamos no Congresso de Psiquiatria de 1950, como de uma constante característica de um meio cultural dado: condição aqui do anistorismo em que cada um está de acordo para reconhecer o traço maior da "comunicação" nos EUA, e que em nosso parecer, está nos antípodos da experiência analítica. Ao que se acrescenta uma forma mental muito autóctone que sob o nome de behaviorismo, domina de tal modo a noção psicológica na América, que está claro que recobriu a partir de então completamente na psicanálise a inspiração freudiana.

Quanto às duas outras ordens, deixamos aos interessados o cuidado de apreciar o que os mecanismos manifestados na vida das sociedades psicanalíticas devem respectivamente às relações de prestância no interior do grupo, e aos efeitos experimentados de sua livre iniciativa sobre o conjunto do corpo social, assim como o crédito que se deve dar à noção sublinhada por um de seus representantes mais lúcidos, da convergência que se exerce entre a estranheza de um grupo onde domina o imigrante, e o distanciamento onde o coloca a função que solicitam as condições acima indicadas da cultura.

Aparece em todo caso de maneira incontestável que a concepção da psicanálise aí se curvou em direção à adaptação do indivíduo ao meio social, à procura dos *pattens* da conduta e toda a objetivação implicada na noção das *human relations*, e é bem uma posição de exclusão privilegiada em relação ao objeto humano que se indica no termo, nascido *in loco*, de *human engineering*.

É pois a distância necessária para sustentar uma semelhante posição que se pode atribuir o eclipse na psicanálise, dos termos mais vivos de sua experiência: o inconsciente, a sexualidade, dos quais parece que brevemente a menção mesma deva apagar-se.

Não cabe a nós tomar partido sobre o formalismo e espírito de armarinho, de que os documentos oficiais do próprio grupo se ocupam para denunciá-los. O fariseu e o armarinheiro só nos interessam por sua essência comum, fonte das dificuldades que têm um e outro com a fala, e especialmente quando se trata do *talking shop*, de falar negócios.

É que a incomunicabilidade dos motivos, se ela pode sustentar um magistério, não vai de par com o domínio, aquele, pelo menos, que exige um ensino. Deu-se conta disso de resto, quando foi preciso outrora, para sustentar sua primazia, dar, *pro forma*, ao menos uma lição.

Eis por que o apego indefectivelmente reafirmado para o mesmo limite para a técnica tradicional após balanço das provas feitas nos campos-fronteira acima enumerados, não vai sem equívoco; ela se mede na substituição do termo *ortodoxo* pelo termo *clássico* para qualificar essa técnica. Prende-se às boas maneiras, por falta de saber, sobre a doutrina, dizer algo.

Afirmamos, quanto a nós, que a técnica não pode ser compreendida, nem portanto corretamente aplicada, se se desconhece os conceitos que a fundam. Nossa tarefa será de demonstrar que esses conceitos não tomam seu sentido pleno senão ao se orientarem num campo de linguagem, senão ao se ordenarem à função da fala.

Ponto em que notamos que para manipular qualquer conceito freudiano, a leitura de Freud não poderia ser tida por supérflua, mesmo para aqueles que são homônimos de noções correntes. Como o demonstra a desaventura que a temporada traz à nossa lembrança de uma teoria dos instintos de Freud, revista por um autor pouco sensível para a parte dita por Freud expressamente mítica, que ela contém. Manifestamente ele não poderia sê-lo, visto que a aborda pela obra de Maria Bonaparte, que cita incessantemente como um equivalente do texto freudiano e isso sem que nada advirta o leitor, fiando-se talvez, não sem razão, no bom gosto deste último para não confundi-los, mas não deixando de provar que não entende nada do verdadeiro nível da segunda mão. Por cujo meio de reduções em deduções, e de induções em hipóteses, o autor conclui pela estrita tautologia de sua premissas falsas: a saber que os instintos de que se trata são redutíveis ao arco reflexo. Tal como a pilha de pratos cujo desabar se destila na exibição clássica, para deixar entre as mãos do artista apenas dois pedaços desemparelhados pelo estrépito, a construção complexa que vai da descoberta das migrações da libido nas zonas erógenas à passagem metapsicológica de um princípio de prazer generalizado até o instinto de morte, torna-se o binômio de um instinto erótico passivo modelado sobre a atividade das catadoras de piolho, caras ao poeta, e de um instinto destrutivo, simplesmente identificado à motricidade. Resultado que merece uma menção muito honrosa para a arte, voluntária ou não, de levar ao rigor as consequências de um mal-entendido.

I. Fala vazia e fala plena na realização psicanalítica do sujeito

Donne en ma bouche parole vraie estable et fay de moy langue caulte (*L'Internele consolacion*, XLVᵉ Chapitre: qu'on ne doit pas chascun croire et du legier trebuchement de paroles)*.
Cause toujours. (Divisa do pensamento "causaliste".)**

Que ela se pretenda agente de cura, de formação ou de sondagem, a psicanálise só tem um meio: a fala do paciente. A evidência do fato não desculpa que se o negligencie. Ora toda fala chama resposta.

Mostraremos que não há fala sem resposta, mesmo se ela encontra apenas o silêncio, com a condição de que ela tenha um ouvinte, e que este é o âmago de sua função na análise.

Mas, se o psicanalista ignora que as coisas se passam assim na função da fala, ele só sofrerá mais fortemente seu apelo, e se é o vazio que primeiramente aí se faz ouvir, é em si mesmo que o experimentará e é para além da fala que procurará uma realidade que preencha esse vazio.

Assim ele vem a analisar o comportamento do sujeito para aí encontrar o que ele não diz. Mas para obter essa confissão é preciso que ele fale nisso. Ele reencontra então a fala, mas tornada suspeita por não ter respondido senão à derrota de seu silêncio, diante do eco percebido de seu próprio nada***.

Mas, o que era pois esse apelo do sujeito para além do vazio de seu dizer? Apelo à verdade em seu princípio, através do qual vacilarão os apelos de necessidades mais humildes. Mas antes, e de um só golpe, apelo próprio do vazio, na hiância ambígua de uma sedução, tentada sobre o outro pelos meios em que o sujeito põe sua complacência e em que vai engajar o monumento de seu narcisismo.

"Ei-la aí, a introspecção!" exclama o prudente cavalheiro que conhece bem seus perigos. Certamente não terá sido ele,

---

* "Dá em minha boca fala verdadeira e estável e faze de mim língua culta." Título do capítulo: que não se deve crer em cada um e do ligeiro tropeçar da fala. (N. da T.)
** Jogo de palavras: *causer*, causar, significa também em linguagem popular "bater papo". (N. da T.)
*** *néant* – nada (N. da T.)

confessa o último a saborear seus encantos, embora tenha esgotado seus proveitos. Pena que não tenha mais tempo a perder. Pois os senhores ouviriam muito de belo e profundo, se ele chegasse a seu divã.

É estranho que um analista, para quem esse personagem é um dos primeiros encontros de sua experiência, faça ainda caso da introspecção na psicanálise. Pois desde que a aposta é mantida, escapam todas as belas coisas que se acreditava ter em reserva. Sua conta, por se obrigar na aposta, parecerá curta, mas outras se apresentam, suficientemente inesperadas para o nosso homem, para lhe parecerem primeiro tolas, e deixá-lo mudo um bom momento. Destino comum[3].

Ele compreende então a diferença entre a miragem de monólogo com que as fantasias* acomodantes animavam sua jactância, e o trabalho forçado desse discurso sem escapatória que o psicólogo, não sem humor, e o terapeuta, não sem astúcia, enfeitaram com o nome de "livre associação".

Pois é bem isso um trabalho, e tão trabalho que se pôde dizer que ele exige um aprendizado, e que se chegue até a ver nesse aprendizado o valor formador desse trabalho. Mas ao tomá-lo assim, que formaria ele além de um operário qualificado?

Desde então, que é feito desse trabalho? Examinemos suas condições, seu fruto, na esperança de aí ver melhor sua finalidade e seu proveito.

Reconheceu-se de passagem a pertinência do termo *durcharbeiten* ao qual equivale o inglês *working through*, e que em nosso país desesperou os tradutores, embora se oferecesse a eles o exercício de esgotamento para sempre marcado em nossa língua da marca de um mestre do estilo: "Cent fois sur le métier, remettez..."**, mas como a obra progride aqui?

A teoria nos recorda a tríade: frustração, agressividade, regressão. É uma explicação de aspecto tão compreensível que ela poderia bem nos dispensar de compreender. A intuição é ágil, mas uma evidência deve nos ser tanto mais suspeita quanto tornada ideia comum. Que a análise venha a surpreender sua fraqueza, convirá não conformar-se com o

---

3. Parágrafo reescrito (1966).
* Em francês *fantaisies*, (N. da T.)
** Boileau, "Cem vezes no trabalho, retornai..." (N. da T.)

recurso à afetividade. Palavra-tabu da incapacidade dialética que, com o verbo *intelectualizar*, cuja acepção pejorativa faz dessa incapacidade mérito, permanecerão na história da língua estigmas de nossa obtusão em relação ao sujeito[4].

Perguntemo-nos antes de onde vem essa frustração? É do silêncio do analista? Uma resposta, mesmo e sobretudo aprovadora, à fala vazia mostra frequentemente por seus efeitos que ela é bem mais frustrante que o silêncio. Não se trata antes de uma frustração que seria inerente ao discurso mesmo do sujeito? O sujeito não se engaja aí numa de possessão cada vez maior desse ser de si mesmo, de que, à força de pinturas sinceras que não deixam por isso menos incoerente a ideia, de retificações que não conseguem extrair sua essência, de esteios e de defesas que não impedem de vacilar sua estátua, de amplexos narcisistas que se fazem sopro ao animá-lo, ele acaba por reconhecer que esse ser não passou jamais de obra sua no imaginário e que essa obra decepciona nele toda certeza. Pois nesse trabalho que faz de reconstruí-la *para um outro*, ele reencontra a alienação fundamental que lhe fez construir *como um outro*, e que a destinou sempre a lhe ser retirada *por um outro*[5].

Esse *Ego*, cuja força nossos teóricos definem agora pela capacidade de suportar uma frustração, é frustração em sua essência[6]. É frustração não de um desejo do sujeito, mas de um objeto onde seu desejo está alienado e que, quanto mais ele se elabora, mais se aprofunda para o sujeito a alienação de seu gozo. Frustração no segundo grau portanto, e tal que

4. Tínhamos escrito primeiro: em matéria de psicologia (1966).
5. Parágrafo reescrito (1966).
6. Aí está a cruz de um desvio tanto prático quanto teórico. Pois identificar o *Ego* à disciplina do sujeito, é confundir o isolamento imaginário com o domínio dos instintos. É por aí se oferecer a erros de julgamento na conduta do tratamento: assim ao visar um reforço do *Ego* nas diversas neuroses motivadas por sua estrutura demasiado forte, o que é um beco sem saída. Não lemos, sob a pluma de nosso amigo Michael Balint, que um reforço do *Ego* deve ser favorável ao sujeito sofrendo de *ejaculatio praecox*, porque ele lhe permitiria uma suspensão mais prolongada de seu desejo? Como pensá-lo, entretanto, se é precisamente do fato de que seu desejo está suspenso na função imaginária do *Ego* que o sujeito deve a curto-circuito do ato, de que a clínica psicanalítica mostra claramente que ele é ligado à identificação narcísica com o parceiro?

ainda quando o sujeito em seu discurso levasse sua forma até a imagem passivante através da qual o sujeito se faz objeto na cerimônia do espelho, não poderia com isso satisfazer-se posto que, mesmo alcançando nessa imagem sua mais perfeita semelhança, continuaria sendo o gozo do outro o que faria aí reconhecer. Eis porque não há resposta adequada a esse discurso, pois o sujeito considerará como de desprezo toda fala que se engaje, em seu equívoco*.

A agressividade que o sujeito experimentará aqui nada tem a ver com a agressividade animal do desejo frustrado. Essa referência com a qual alguns se contentam, mascara uma outra menos agradável para todos e para cada um: a agressividade do escravo que responde à frustração de seu trabalho por um desejo de morte.

Concebe-se desde então como essa agressividade pode responder à toda intervenção que, denunciando as intenções imaginárias do discurso, desmonta o objeto que o sujeito construiu para satisfazê-las. É o que se chama com efeito a análise das resistências, cuja perigosa vertente aparece logo em seguida. Ela é já assinalada pela existência do ingênuo que nunca viu se manifestar mais do que a significação agressiva das phantasias de seus sujeitos[7].

É o mesmo que, não hesitando em pleitear uma análise "causalista" que visaria transformar o sujeito em seu presente por explicações sábias de seu passado, trai bastante até em seu tom, a angústia que quer se poupar por ter de pensar que a liberdade de seu paciente esteja suspensa da sua intervenção. Que o expediente em que ele se joga possa ser a um momento qualquer benéfico para o sujeito, isso não tem outro alcance além de uma brincadeira estimulante e não nos reterá por mais tempo.

Visemos de preferência esse *hic et nunc* em que alguns creem dever enclausurar a manobra do analista. Ele pode ser

---

* *Mépris/méprise* no original que traduzimos por desprezo...equívoco. (N. da T.)

7. Isso no trabalho mesmo ao qual damos a palma no fim de nossa introdução (1966). Fica marcado no que segue, que a agressividade não passa de um efeito lateral da frustração analítica, se bem que pode ser reforçada por um certo tipo de intervenção: que como tal, não é a razão do par frustração-regressão.

útil com efeito, com a condição de que a intenção imaginária que o analista aí descobre, não seja desligada por ele da relação simbólica em que ela se exprime. Nada deve aí ser lido concernindo o *ego* do sujeito, que não possa ser reassumido por ele sob a forma do "eu", ou seja em primeira pessoa*.

"Eu fui isso somente para tornar-me o que eu posso ser": se assim não fosse a ponta permanente na assunção que o sujeito faz de suas miragens, onde poderíamos apreender um progresso?

O analista desde então não poderia acuar sem perigo o sujeito na intimidade de seu gesto, e mesmo de sua estática, salvo ao reintegrá-los como partes mudas em seu discurso narcísico, e isso foi notado de maneira bastante sensível, mesmo por jovens praticantes.

O perigo aí não está na reação negativa do sujeito, mas bem ao contrário, de sua captura numa objetivação, não menos imaginária do que outrora, de sua estática, e mesmo de sua estátua, num estatuto renovado de sua alienação.

Bem ao contrário a arte do analista deve ser a de suspender as certezas do sujeito, até que se consumam as últimas miragens. E é no discurso que deve se escandir sua resolução.

Por mais vazio na verdade que pareça esse discurso, a coisa só é assim ao tomá-lo em seu valor facial: aquele que justifica a frase de Mallarmé quando ele compara o uso comum da linguagem à troca de uma moeda da qual o anverso e o reverso não mostram mais do que figuras apagadas e que se passa de mão em mão "em silêncio". Essa metáfora basta para nos recordar que a fala, mesmo no extremo de sua usura, guarda seu valor de téssera.

Mesmo se não comunica nada, o discurso representa a existência da comunicação; mesmo se nega a evidência, ele afirma que a fala constitui a verdade; mesmo se é destinado a enganar, especula sobre a fé no testemunho.

Da mesma forma o psicanalista sabe melhor do que ninguém que a questão aí é de ouvir a qual "parte" desse discurso é confiado o termo significativo, e é bem assim que ele opera no melhor caso: tomando o relato de uma história quotidiana por um apólogo que a bom entendedor dirige sua meia-palavra, uma longa prosopopeia por uma interjeição

---

* Oposição entre o *moi e je* da 1ª pessoa. (N. da T.)

direta, ou ao contrário um simples lapso por uma declaração muito complexa, e mesmo o suspiro de um silêncio por todo o desenvolvimento lírico que supre.

Assim é uma pontuação feliz que dá seu sentido ao discurso do sujeito. Eis por que a suspensão da sessão de que a técnica atual faz uma pausa puramente cronométrica e como tal indiferente à trama do discurso, aí tem o papel de uma escansão que tem todo o valor de uma intervenção para precipitar os momentos concludentes. E isso indica libertar esse termo de seu quadro rotineiro para submetê-lo a todos fins úteis da técnica.

É assim que a regressão pode se operar, não sendo senão a atualização no discurso das relações phantasistas restituídas por um *Ego* a cada etapa da decomposição de sua estrutura. Pois enfim, essa regressão não é real; ela não se manifesta mesmo na linguagem senão por meio de inflexões, torneios, "tropeços tão ligeiros" que não poderiam no máximo ultrapassar o artifício do falar *babyish* no adulto. Imputar-lhe a realidade de uma relação atual com o objeto é o mesmo que projetar o sujeito numa ilusão alienante que não faz mais do que repercutir um álibi do psicanalista.

Eis por que nada poderia extraviar mais o psicanalista do que procurar se guiar sobre um pretenso contato experimentado da realidade do sujeito. Esse arroz e feijão da psicologia intuicionista, e mesmo fenomenológica, tomou no uso contemporâneo uma extensão bastante sintomática da rarefação dos efeitos da fala no contexto social presente. Mas seu valor obsessivo se torna flagrante ao ser promovido numa relação que, por suas próprias regras, exclui todo contato real.

Os jovens analistas que se deixassem, porém, impor pelo que esse recurso implica de dons impenetráveis, não encontrarão nada melhor para retroceder do que se referir ao sucesso dos próprios controles que sofrem. Do ponto de vista do contato com o real, a possibilidade mesma desses controles tornar-se-ia um problema. Bem ao contrário, o controlador aí manifesta uma segunda visão, é o caso de dizê-lo, que torna para ele a experiência pelo menos tão instrutiva quanto para o controlado. E isso quase tanto mais quanto este último aí mostra menos esses dons, que alguns consideram como tanto mais incomunicáveis quanto fazem eles-próprios embaraço de seus segredos técnicos.

A razão desse enigma é que o controlado aí desempenha o papel de filtro, e mesmo de refrator do discurso do sujeito, e que assim é apresentada inteiramente feita ao controlador uma estereografia isolando já os três ou quatro registros em que ele pode ler a partitura constituída por esse discurso.

Se o controlado pudesse ser posto pelo controlador numa posição subjetiva diferente daquela que implica o termo sinistro de controle (vantajosamente substituído, mas somente na língua inglesa*, por *supervision*), o melhor fruto que ele obteria desse exercício seria o de aprender a se manter ele próprio na posição de subjetividade segunda onde a situação coloca de imediato o controlador.

Ele aí encontraria a via autêntica para atingir o que a clássica fórmula da atenção difusa, e mesmo distraída, do analista não exprime senão muito aproximadamente. Pois o essencial é saber o que essa atenção visa: seguramente todo nosso trabalho é feito para demonstrá-lo, não um objeto para além da fala do sujeito, como alguns se restringem a não perdê-lo nunca de vista. Se esta devesse ser a via da análise, é sem dúvida alguma a outros meios que ela recorreria, ou então seria o único exemplo de um método que se interdiria os meios de seu fim.

O único objeto que está ao alcance do analista, é a relação imaginária que o une ao sujeito enquanto *ego* e, na falta de poder eliminá-lo, ele pode se servir para regularizar o débito de suas orelhas segundo o uso que a fisiologia, de acordo com o Evangelho, mostra que é normal fazer: orelhas *para não ouvir***, em outras palavras para detectar o que deve ser ouvido. Pois não há outras, nem terceira orelha, nem quarta, para uma transaudição que se quereria direta do inconsciente pelo inconsciente. Diremos o que é preciso pensar dessa pretensa comunicação.

Tratamos da função da fala na análise pelo seu viés mais ingrato, o da fala vazia, onde o sujeito parece falar em vão de alguém que, mesmo ao se lhe assemelhar a ponto de se en-

---

* Também em português pelo correspondente supervisão. (N. da T.)
** Em francês: *entendre*, que pode ser traduzido tanto por ouvir quanto por entender. (N. da T.)

ganar, jamais se anexará à assunção de seu desejo. Aí mostramos a fonte da depreciação crescente de que a fala foi objeto na teoria e na técnica, e foi-nos preciso levantar por degraus, qual uma pesada roda de moinho derrubada sobre ela, o que não pode servir mais do que de volante ao movimento da análise: a saber os fatores psicofisiológicos individuais que, na realidade, permanecem excluídos de sua dialética. Dar por objetivo à análise o modificar sua inércia própria, é condenar-se à ficção do movimento, onde uma certa tendência da técnica parece com efeito se satisfazer.

Se dirigirmos agora nosso olhar para o outro extremo da experiência psicanalítica – em sua história, em sua casuística, no processo da cura – encontraremos para opor à análise do *hic et nunc* o valor da anamnese como índice e como mola do progresso terapêutico, à intra-subjetividade obsessiva a inter-subjetividade histérica, à análise da resistência a interpretação simbólica. Aqui começa a realização da fala plena.

Examinemos a relação que ela constitui.

Lembremo-nos que o método instaurado por Breuer e por Freud foi, pouco tempo após seu nascimento, batizado por uma das pacientes de Breuer, Anna O., com o nome de *talking cure*. Recordemos que é a experiência inaugurada com essa histérica que os levou à descoberta do evento patogênico dito traumático.

Se esse evento foi reconhecido como sendo a causa do sintoma, é que a colocação em palavras de um (nas *stories* da doente) determinava a retirada do outro. Aqui o termo "tomada de consciência", emprestado da teoria psicológica desse fato que se elaborou a seguir, guarda um prestígio que merece a desconfiança que consideramos como de boa regra em relação às explicações que fazem ofício de evidências. Os preconceitos psicológicos da época se opunham a que se reconhecesse, na verbalização como tal, uma outra realidade além de seu *flatus voeis*. Resta o fato de que no estado hipnótico ela está dissociada da tomada de consciência e que isso bastaria para fazer revisar essa concepção de seus efeitos.

Mas, como não dariam aqui o exemplo os valentes do *Aufhebung* behaviorista, para dizer que não têm por que conhecer se o sujeito se lembra de alguma coisa? Ele somente contou o evento. Diremos," quanto a nós, que ele o verbalizou, ou para desenvolver esse termo cujas ressonâncias em francês evocam uma outra figura de Pandora diferente da caixa em que se precisaria talvez encerrá-lo, ele o fez passar no verbo ou, mais precisamente, no *epos* onde relaciona com a hora presente as origens de sua pessoa. Isso numa linguagem que permite a seu discurso ser ouvido* por seus contemporâneos, e mais ainda que supõe o discurso presente destes últimos. É assim que a recitação do *epos* pode incluir um discurso de outrora na sua língua arcaica, e mesmo estrangeira, e mesmo prosseguir-se no tempo presente com toda a animação do ator, mas é à maneira de um discurso indireto, isolado entre aspas no fio da narrativa e, se ele se representa é sobre uma cena implicando a presença não somente do coro, mas dos espectadores.

A rememoração hipnótica é sem dúvida reprodução do passado, mas principalmente representação falada e como tal implicando todos os tipos de presenças. Ela é para a rememoração vigil daquilo que se chama curiosamente na análise "o material", aquilo que o drama, produzindo diante da assembleia dos cidadãos os mitos originais da Cidade, é para a história que sem dúvida, é feito de materiais**, mas onde uma nação em nossos dias aprende a ler os símbolos de um destino em marcha. Pode-se dizer na linguagem heideggeriana que uma e outra constituem o sujeito como *gewesend*, isto é, como sendo aquele que assim foi. Mas na unidade interna dessa temporalização, o ente marca a convergência dos tendo sido. Isto é, que outros encontros estando supostos a partir de um qualquer desses momentos tendo sido, disso sairia um outro ente que o faria ter sido completamente outro.

A ambiguidade da revelação histérica do passado não provém tanto da vacilação de seu conteúdo entre o imaginário e o real, pois ele se situa em um e outro. Tampouco não é que ela seja mentirosa. É que ela nos apresenta o nascimento da verdade na fala, e que por isso nos chocamos com a realidade do que não é nem verdadeiro, nem falso. Pelo menos é isso o mais perturbador de seu problema.

* Ver**, p. 118.
** Em francês: *materiel* no sentido de equipamento, instrumentação e *métériaux* no sentido de matérias, elementos. (N. da T.)

Pois a verdade dessa revelação é a fala presente que testemunha na realidade atual e que a funda em nome dessa realidade. Ora, nessa realidade somente a fala testemunha dessa parte das potências do passado que foi afastada em cada cruzamento onde o acontecimento escolheu.

Eis por que a condição de continuidade na anamnese, onde Freud mede a integridade da cura, nada tem a fazer com o mito bergsoniano de uma restauração da duração onde a autenticidade de cada instante seria destruída por não resumir a modulação de todos os instantes antecedentes. É que não se trata para Freud nem de memória biológica, nem de sua mistificação intuicionista, nem da paramnésia do sintoma, mas de rememoração, isto é, de história, fazendo repousar unicamente sobre a faca das certezas de data a balança onde as conjecturas sobre o passado fazem oscilar as promessas do futuro. Sejamos categóricos, não se trata na anamnese psicanalítica de realidade, mas de verdade, porque é o efeito de uma fala plena reordenar as contingências passadas dando-lhes o sentido das necessidades a virem, tais como as constitui o pouco de liberdade por onde o sujeito as faz presente.

Os meandros da investigação que Freud persegue na exposição do caso do "homem dos lobos" confirmam esses propósitos por aí tomarem seu pleno sentido.

Freud exige uma objetivação total da prova enquanto se trata de datar a cena primitiva, mas ele supõe sem mais todas as ressubjetivações do evento que lhe parecem necessárias para explicar seus efeitos em cada curva onde o sujeito se reestrutura, isto é, tantas reestruturações do evento que se operam, como se exprime: *nachtraglich, a posteriori*[8]. Mais ainda com uma audácia que atinge a desenvoltura, ele declara considerar como legítimo elidir na análise dos processos os intervalos de tempo onde o evento permanece latente no sujeito[9]. Isto é, que ele anula os *tempos para compreender* em proveito dos *momentos de concluir* que precipitam a meditação do sujeito em direção ao sentido a decidir do evento original.

Notemos que *tempo para compreender* e *momento de concluir* são funções que definimos num teorema puramente

8. G.W., XII, p. 71, *Cinq psychanalyses*, P.U.F., p. 356.
9. G.W., XII, p. 72, n. 1, últimas linhas. Encontramos sublinhada na nota a noção de *Nachträglichkeit*. *Cinq psychanalyses*, p. 356, n. I.

lógico[10], e que são familiares a nossos alunos por se terem demonstrado muito propícias na análise dialética pela qual os guiamos no processo de uma psicanálise.

É bem essa assunção pelo sujeito de sua história, enquanto constituída pela fala dirigida ao outro, que faz o fundo do novo método a que Freud dá o nome de psicanálise, não em 1904 – como o ensinava outrora uma autoridade que, por ter rejeitado o manto de um silêncio prudente, pareceu esse dia só conhecer de Freud o título de suas obras –, mas sim em 1895[11].

Não mais que Freud, não negamos, nessa análise do sentido de seu método, a descontinuidade psicofisiológica que manifestam os estados onde se produz o sintoma histérico, nem que este último não possa ser tratado por métodos – hipnose, e mesmo narcose – que reproduzem a descontinuidade desses estados. Simplesmente, é tão expressamente quanto foi proibido a partir de um certo momento recorrer a isso, desaprovamos todo apoio tomado nesses estados, tanto para explicar o sintoma quanto para curá-lo.

Pois se a originalidade do método é feita dos meios de que ele se priva, é que os meios que ele se reserva bastam para constituir um domínio cujos limites definem a relatividade de suas operações.

Seus meios são os da fala na medida em que ela confere às funções do indivíduo um sentido; seu domínio é o do discurso concreto enquanto campo da realidade transindividual do sujeito; suas operações são as da história na medida em que ela constitui a emergência da verdade no real.

Primeiramente, com efeito, quando o sujeito se engaja na análise, ele aceita uma posição mais constituinte nela mesma do que todas as senhas com que ele se deixa mais ou menos enganar: a da interlocução, e não vemos inconveniente em que essa observação deixe o ouvinte confuso. Pois isso nos será a ocasião de insistir sobre o fato de que a alocução

---

10. Cf. "O tempo lógico", pp. 76-83 desta coletânea.

11. Em um artigo ao alcance do leitor francês menos exigente, posto que apareceu na *Revue neurologique* cuja coleção se encontra habitualmente nas bibliotecas de salas de espera. O equívoco aqui denunciado ilustra em outras coisas como a dita autoridade que saudámos na introdução, se mediu em seu *leadership*.

do sujeito aí comporta um alocutário[12], em outras palavras, que o locutor[13] aí se constitui como intersubjetividade.

Em segundo lugar, é sobre o fundamento dessa interlocução enquanto inclui a resposta do interlocutor, que o sentido do que Freud exige como restituição da continuidade nas motivações do sujeito se liberta para nós. O exame operacional desse objetivo nos mostra, com efeito, que ele só se satisfaz na continuidade intersubjetiva do discurso onde se constitui a história do sujeito.

É assim que o sujeito pode vaticinar sobre sua história, sob o efeito de uma qualquer dessas drogas que adormecem a consciência e que receberam de nosso tempo o nome de "soros da verdade", onde a segurança no contrassenso trai a ironia própria da linguagem. Mas a retransmissão mesma de seu discurso gravado, fosse ela feita pela boca de seu médico, não pode, por lhe chegar sob essa forma alienada, ter os mesmos efeitos que a interlocução psicanalítica.

Igualmente é na posição de um terceiro termo que a descoberta freudiana do inconsciente se esclarece em seu fundamento verdadeiro e pode ser formulada de maneira simples nesses termos:

O inconsciente é essa parte do discurso concreto enquanto transindividual, que falta na disposição do sujeito para reestabelecer a continuidade de seu discurso consciente.

Assim desaparece o paradoxo que apresenta a noção do inconsciente, se a relacionamos a uma realidade individual. Pois reduzi-la à tendência inconsciente não é resolver o paradoxo, senão eludindo a experiência que mostra claramente que o inconsciente participa das funções da ideia, e mesmo do pensamento. Como Freud aí insiste claramente, quando, não podendo evitar do pensamento inconsciente a conjunção de termos contrariados, dá-lhe o viático dessa invocação: *sit venia verbo*. Da mesma forma obedecemo-lhe ao rejeitar, com

---

12. Mesmo se fala "com uma personagem que não está em cena". Ele se dirige a esse (grande) Outro do qual consolidamos a teoria desde então e que comanda algum *épochè* na retomada do termo ao qual nos restringimos ainda nessa data: intersubjetividade (1966).

13. Emprestamos esses termos ao saudoso Edouard Pichon que, tanto nas indicações que deu para o nascimento de nossa disciplina quanto para aquelas que o guiaram nas trevas das pessoas, mostrou uma adivinhação que só podemos relacionar a seu exercício da semântica.

efeito, a falta sobre o verbo, mas sobre esse verbo realizado no discurso que passa como o anel de mão em mão para dar ao ato do sujeito que recebe a mensagem, o sentido que faz desse ato um ato de sua história e que lhe dá sua verdade.

Desde então a objeção de contradição *in terminis* que eleva contra o pensamento inconsciente uma psicologia mal fundada em sua lógica, cai com a distinção mesma do domínio psicanalítico enquanto ele manifesta a realidade do discurso em sua autonomia, e o *eppur si muove!* do psicanalista se une ao de Galileu em sua incidência, que não é aquela da experiência do fato, mas aquela do *experimentum mentis*.

O inconsciente é esse capítulo de minha história que é marcado por um branco ou ocupado por uma mentira: é o capítulo censurado. Mas a verdade pode ser reencontrada; o mais das vezes ela já está escrita em algum lugar. A saber:

– nos monumentos: e isso é meu corpo, isto é, o núcleo histérico da neurose onde o sintoma histérico mostra a estrutura de uma linguagem e se decifra como uma inscrição que, uma vez recolhida, pode sem perda grave, ser destruída;

– nos documentos de arquivos também: e são as recordações de minha infância, impenetráveis como eles, quando eu não conheço a proveniência;

– na evolução semântica: e isso responde ao estoque e às acepções do vocabulário que me é particular, como ao estilo de minha vida e a meu caráter;

– nas tradições também, e mesmo nas lendas que sob uma forma heroicizada veiculam minha história;

– nos rastros, enfim, que conservam inevitavelmente as distorções, necessitadas pela emenda do capítulo adulterado nos capítulos que o enquadram, e das quais minha exegese restabelecerá o sentido.

O estudante que tenha a ideia – bastante rara, é verdade, para que nosso ensino se empregue a divulgada – de que, para compreender Freud, a leitura de Freud é preferível à do Sr. Fenichel, poderá se dar conta ao empreendê-la, que o que acabamos de exprimir é tão pouco original, mesmo em sua verve, que aí não aparece uma única metáfora que a obra de Freud não repita com a frequência de um motivo onde transparece sua própria trama.

Ele poderá desde então mais facilmente, ver, em cada instante de sua prática, que à maneira da negação que seu redobramento anula, essas metáforas perdem sua dimensão metafórica, e ele reconhecerá que é assim porque ele opera no domínio próprio da metáfora que não é senão sinônimo do deslocamento simbólico, posto em jogo no sintoma.

Ele julgará melhor depois disto sobre o deslocamento imaginário que motiva a obra do Sr. Fenichel, medindo a diferença de consistência e de eficácia técnica, entre a referência às pretendidas fases orgânicas do desenvolvimento individual e a pesquisa dos eventos particulares da história de um sujeito. Ela é exatamente a que separa a pesquisa histórica autêntica das pretensas leis da história de que se pode dizer que cada época encontra seu filósofo para divulgá-las ao capricho dos valores que aí prevalecem.

Não é dizer que não haja nada a reter dos diferentes sentidos descobertos na marcha geral da história ao longo dessa via que vai de Bossuet (Jacques-Bénigne) a Toyribee (Arnold) e que pontuam os edifícios de Augusto Comte e de Karl Marx. Todo mundo sabe que elas valem tão pouco para orientar a investigação sobre um passado recente quanto para presumir com alguma razão os acontecimentos de amanhã. De resto são bastante modestos para fazerem remeter a depois de amanhã suas certezas, e não muito tímidos para admitir os retoques que permitem prever o que aconteceu ontem.

Se seu papel, portanto, é bastante magro para o progresso científico, seu interesse entretanto se situa em outra parte: ele está em seu papel de ideais que é considerável. Pois ele nos leva a distinguir o que se pode chamar de funções primária e secundária da historização.

Pois, afirmar da psicanálise bem como da história que enquanto ciências elas são ciências do particular, não quer dizer que os fatos com os quais elas lidam sejam puramente acidentais, se não factícios, e que o valor último delas se reduza ao aspecto bruto do trauma.

Os eventos se engendram numa historização primária, em outros termos a história se faz já sobre a cena onde se a representará uma vez escrita, no foro interno e no foro exterior.

Em tal época, tal tumulto no subúrbio Saint-Antoine é vivido por seus atores como vitória ou derrota do Parlamento ou da Corte; em tal outra, como vitória ou derrota do proletariado ou da burguesia. E embora sejam "os povos" para falar como Retz, que sempre saldam os gastos, não é absolutamente o mesmo acontecimento histórico – queremos dizer que eles não deixam o mesmo tipo de lembrança na memória dos homens.

A saber: que com o desaparecimento da realidade do Parlamento e da Corte, o primeiro evento retornará a seu valor traumático suscetível de um progressivo e autêntico apagamento, se não se reanima expressamente seu sentido. Enquanto que a lembrança do segundo permanecerá bastante viva mesmo sob a censura – assim como a amnésia do recalque é uma das formas mais vivas da memória – enquanto houver homens para submeterem sua revolta à ordem da luta pelo advento político do proletariado, isto é, homens para quem as palavras-chaves do materialismo dialético terão um sentido.

Então, seria demais transportar essas observações para o campo da psicanálise uma vez que já estão, nele, e uma vez que o desintrincamento que aí produzem entre a técnica de deciframento do inconsciente e a teoria dos instintos, e mesmo das pulsões, é evidente.

O que ensinamos ao sujeito a reconhecer como seu inconsciente, é sua história – isto é, ajudamo-lo a perfazer a historização atual dos fatos que determinaram já em sua existência um certo número de "volteios" históricos. Mas se tiveram esse papel é já enquanto fatos de história, isto é, enquanto reconhecidos em um certo sentido ou censurados numa certa ordem.

Assim, toda fixação a uma pretensa fase instintual é antes de tudo estigma histórico: página de vergonha que se esquece ou que se anula, ou página de glória que obriga. Mas o esquecido se lembra em seus atos, e a anulação se opõe ao que se diz em outra parte, como a obrigação perpétua no símbolo, a miragem mesma onde o sujeito se encontrou preso.

Em suma, as fases instintuais são, já quando vividas, organizadas em subjetividade. E para dizer claramente, a subjetividade da criança que registra como vitórias e derrotas a gesta da educação de seus esfíncteres, aí gozando da sexualização imaginária de seus orifícios cloacais, fazendo agressão de suas expulsões excremenciais, sedução de suas retenções, e símbolos de seus relaxamentos, essa subjetividade *não é fundamentalmente diferente* da subjetividade do psicanalista que se esforça em restituir, para compreendê-la, as formas do amor que chama de pré-genital.

Em outras palavras, a fase anal não é menos puramente histórica quando vivida do que quando repensada, nem menos puramente fundada na intersubjetividade. Em compensação, sua homologação como etapa de uma pretensa maturação instintual leva diretamente os melhores espíritos a se perderem a ponto de aí verem a reprodução na ontogênese de uma fase do *phylum* animal que é preciso ir buscar nos áscaris, e mesmo nas medusas, especulação que, por ser engenhosa sob a pluma de um Balint, conduz alhures aos devaneios mais inconsistentes, e mesmo à loucura que vai procurar no protista o esquema imaginário da efratura corporal cujo temor comandaria a sexualidade feminina. Por que desde então não procurar a imagem do *ego* no camarão sob o pretexto de que um e outro reencontram, após cada muda, sua carapaça?

Um tal Jaworski, nos anos 1910-1920, tinha edificado um belo sistema onde "o plano biológico" se encontrava até nos confins da cultura e que precisamente dava à ordem dos crustáceos seu cônjuge histórico, se minha lembrança é boa, em alguma tardia Idade Média, sob o peso de um comum florescimento da armadura – não deixando viúva de resto de seu correlato humano nenhuma forma animal, e sem excetuar moluscos e percevejos.

A analogia não é a metáfora, e o recurso que nela encontraram os filósofos da natureza, exige o gênio de um Goethe cujo exemplo mesmo não é encorajador. Nada repugna mais ao espírito de nossa disciplina, e é ao se afastar expressamente dele que Freud abriu a via própria à interpretação dos sonhos, e com ela à noção do simbolismo analítico. Essa noção, dizemo-lo, vai estritamente contra o pensamento analógico do qual uma tradição duvidosa faz com que alguns, mesmo entre os nossos o considerem ainda como solidário.

Eis por que os excessos no ridículo devem ser utilizados por seu valor de despertar, pois, por abrir os olhos sobre o absurdo de uma teoria, reconduzi-los-ão sobre os perigos que não têm nada de teórico.

Essa mitologia da maturação instintual, construída com os trechos escolhidos da obra de Freud, engendra com efeito problemas espirituais cujo vapor condensado em ideais de nuvens negras irriga de volta pelas suas bátegas o mito original. As melhores plumas destilam sua tinta ao colocar equações que satisfazem às exigências do misterioso *genital love* (há noções cuja estranheza se acomoda melhor ao parêntese de um termo emprestado, e rubricam sua tentativa por uma confissão de *non liquet*). Ninguém entretanto parece abalado pelo mal-estar que resulta disso, e se vê aí antes assunto para encorajar todos os Münchhausen da normalização psicanalítica a se puxarem pelos cabelos na esperança de atingirem o céu da plena realização do objeto genital, e mesmo do objeto pura e simplesmente.

Se nós, psicanalistas, estamos bem situados para conhecermos o poder das palavras, não é uma razão para fazê-lo valer no sentido do insolúvel, nem para "ligar os fardos pesados e insuportáveis para com eles sobrecarregar os ombros dos homens", como se exprime a maldição do Cristo aos fariseus no texto de São Mateus.

Assim, a pobreza dos termos onde tentamos incluir um problema subjetivo, pode deixar a desejar a espíritos exigentes, por pouco que os comparem àqueles que estruturavam até em sua confusão as querelas antigas em torno da Natureza e da Graça[14]. Assim ela pode deixá-los recearem quanto à qualidade dos efeitos psicológicos e sociológicos que se pode esperar de sua utilização. E desejar-se-á que uma melhor apreciação das funções do *logos* dissipe os mistérios de nossos carismas fantásticos.

Para atermo-nos a uma tradição mais clara, talvez escutaremos a máxima célebre onde La Rochefoucauld nos diz que "há pessoas que não teriam jamais se apaixonado, se não tivessem jamais ouvido falar do amor", não no sentido romântico de uma "realização" toda imaginária do amor que se faria disso uma objeção amarga, mas como um reconhe-

14. Essa referência à aporia do cristianismo anunciava uma mais precisa no seu *culmen* jansenista: ou seja a Pascal cuja ainda virgem aposta nos forçou a tudo retomar para chegarmos ao que ele esconde de inestimável para o analista – nesta data (junho 1966) ainda em reserva.

cimento autêntico do que o amor deve ao símbolo e do que a fala traz de amor.

É só, em todo caso, referir-se à obra de Freud para medir em que posição secundária e hipotética ele coloca a teoria dos instintos. Ela não poderia a seus olhos subsistir um só instante em face do menor fato particular de uma história, ele insiste, e o *narcisismo genital* que invoca no momento de resumir o caso do homem dos lobos, nos mostra suficientemente o desprezo onde ele situa a ordem constituída das fases libidinosas. Bem mais, ele só evoca o conflito instintual para se afastar imediatamente dele, e para reconhecer no isolamento simbólico do "não sou castrado", onde se afirma o sujeito, a forma compulsional onde permanece voltada sua escolha heterossexual, contra o efeito de captura homossexualizante que sofreu o *ego* reconduzido à matriz imaginária da cena primária. Tal é em verdade o conflito subjetivo, onde não se trata senão das peripécias da subjetividade, tanto e tão bem que o "eu" ganha e perde contra o *ego* ao grado da catequização religiosa ou da. *Aufklärung* doutrinante, conflito cujos efeitos Freud fez o sujeito perceber através de seus ofícios antes de no-los explicar na dialética do complexo de Édipo.

É na análise de um tal caso que se vê bem que a realização do perfeito amor não é um fruto da Natureza mas da Graça, isto é, de um acordo intersubjetivo impondo sua harmonia à natureza dilacerada que o suporta.

Mas que é então esse sujeito do qual os senhores rebatem o entendimento? e exclama, enfim, um ouvinte impaciente. Não recebemos já do Sr. de La Palice a lição que tudo o que é experimentado pelo indivíduo é subjetivo?

– Boca ingênua cujo elogio ocupará meus últimos dias, abre-te ainda para ouvir-me. Nenhuma necessidade de fechar os olhos. O sujeito vai bem para além do que o indivíduo experimenta "subjetivamente", tão longe exatamente quanto a verdade que ele pode atingir, e que talvez sairá dessa boca que os senhores acabaram de fechar. Sim, essa verdade de sua história não está toda em seu pequeno papel, e no entanto o lugar aí se marca, pelos golpes dolorosos que experimenta por só conhecer suas réplicas, e mesmo em páginas cuja desordem não lhe dá absolutamente alívio.

Que o inconsciente do sujeito seja o discurso do outro, é o que aparece mais claramente que em qualquer lugar nos estudos que Freud consagrou ao que ele chama de telepatia, na medida em que ela se manifesta no contexto de uma experiência analítica. Coincidência dos propósitos do sujeito com fatos de que ele não pode ser informado, mas que se movem sempre nas ligações de uma outra experiência onde o psicanalista é interlocutor – coincidência igualmente o mais frequentemente constituída por uma convergência toda verbal, e mesmo homonímica, ou que, se ela inclui um ato, é de um *acting out* de um paciente do analista ou de um filho em análise do analisado que se trata. Casos de ressonância nas redes comunicantes de discurso, de que um estudo exaustivo esclareceria os fatos análogos que apresenta a vida de todos os dias.

A onipresença do discurso humano poderá talvez um dia ser recoberta ao céu aberto de uma onicomunicação de seu texto. Não é dizer que ele será mais ajustado. Mas é lá o campo que nossa experiência polariza numa relação que só é a dois em aparência, pois toda posição de sua estrutura em termos somente duais, lhe é tão inadequada em teoria quão ruinosa para sua técnica.

II – Símbolo e Linguagem como Estrutura e Limite do Campo Psicanalítico

> Τὴν ἀρχὴν ὅ τι κάι λαλῶ ὑμῖν. (Evangelho segundo São João, VIII, 25.)
> Faça palavras cruzadas. (Conselhos a um jovem psicanalista.)

Para retomarmos o fio de nosso propósito, repitamos que é por redução da história do sujeito particular que a análise toca nas *Gestalten* relacionais – que ela extrapola em um desenvolvimento regular –; mas que nem a psicologia genética, nem a psicologia diferencial, que podem ser esclarecidas por aí, são de sua alçada, pelo que elas exigem das condições de observação e de experiência, que não têm com as suas mais do que relações de homonímia.

Vamos mais longe ainda: o que se destaca como psicologia no estado bruto da experiência comum (que não se confunde com a experiência sensível senão para o profissional das ideias) – a saber em alguma suspensão da quotidiana preocupação, o espanto surgido do que emparelha os seres num disparate ultrapassando o dos grotescos de um Leonardo ou de um Goya – ou a surpresa que opõe a espessura própria de uma pele à carícia de uma palma que anima a descoberta sem que o amorteça ainda o desejo –, isso, pode--se dizer, é abolido numa experiência, arisca a esses caprichos, insubmissa a esses mistérios.

Uma psicanálise chega normalmente a seu termo sem nos informar senão pouca coisa do que nosso paciente tem de próprio em sua sensibilidade aos golpes e às cores, da prontidão de suas respostas ou dos pontos fracos de sua carne, de seu poder de reter ou de inventar, e mesmo da vivacidade de seus gostos.

Esse paradoxo só é aparente e não provém de nenhuma carência pessoal, e se o podemos motivar pelas condições negativas de nossa experiência, ele nos apressa somente um pouco mais a interrogar esta última sobre o que ela tem de positivo.

Pois ele não se resolve nos esforços de alguns que – semelhantes a esses filósofos de que Platão zomba pelo fato de que seu apetite do real os levasse a abraçar as árvores – vão tomar todo episódio onde aponta essa realidade que escapa, pela reação vivida da qual se mostram tão gulosos. Pois são esses mesmos que, dando-se como objetivo o que está para além da linguagem, reagem à "proibição de tocar" inscrita em nossa regra por uma espécie de obsessão. Ninguém duvida de que, nessa via, farejar-se reciprocamente não se torne o fino do fino da reação de transferência. Não exageramos nada: um jovem psicanalista em seu trabalho de candidatura pode em nossos dias saudar numa tal subolfação de seu sujeito, obtida após dois ou três anos de psicanálise vã, o advento esperado da relação de objeto, e recolher o *dignus est intrare* de nossos sufrágios, garantir de suas capacidades.

Se a psicanálise pode se tornar uma ciência – pois ela não o é ainda – e se não deve degenerar em sua técnica – e talvez isso já tenha sido feito –, devemos reencontrar o sentido de sua experiência.

Não poderíamos fazer coisa melhor para este fim do que retornar à obra de Freud. Não basta dizer-se técnico para se autorizar, porque não se compreende um Freud III, recusá-lo em nome de um Freud II que se acredita compreender, e a ignorância mesma em que se está de Freud I, não desculpa que se considere as cinco grandes psicanálises como uma série de casos tão mal escolhidos quanto mal expostos, mesmo que se devesse ficar perplexo de que o grão de verdade que elas continham se tenha salvado[15].

Que se retome pois a obra de Freud na *Traumdeutung* para se recordar aí que o sonho tem a estrutura de uma frase, ou melhor, a nos atermos à sua letra, de um enigma, isto é, de uma escrita da qual o sonho da criança representaria a ideografia primordial, e que no adulto reproduz o emprego fonético e simbólico ao mesmo tempo dos elementos significantes, que se reencontra nos hieróglifos do antigo Egito assim como nos caracteres cujo uso a China conserva.

Ainda, isso não passa de deciframento do instrumento. É na versão do texto que o importante começa, o importante do qual Freud nos diz que ele é dado na elaboração do sonho, isto é, em sua retórica. Elipse e pleonasmo, hipérbato ou silepse, regressão, repetição, aposição, tais são os deslocamentos sintáticos, metáfora, catacrese, antonomásia, alegoria, metonímia e sinédoque, as condensações semânticas, onde Freud nos ensina a ler as intenções ostentatórias ou demonstrativas, dissimuladoras ou persuasivas, retorsivas ou sedutoras, com que o sujeito modula seu discurso onírico.

Sem dúvida, ele pôs em regra que é preciso procurar sempre aí a expressão de um desejo. Mas entendamo-lo bem. Se Freud admite como motivo de um sonho que parece ser o contrário de sua tese, o desejo mesmo de contradizê-lo no sujeito que ele tentou convencer disso[16], como não viria ele a admitir o mesmo motivo para si mesmo desde que, por aí ter chegado, é de outrem que lhe retornaria sua lei?

Para dizer tudo, em nenhum lugar aparece mais claramente que o desejo do homem encontra seu sentido no desejo do outro, não tanto porque o outro detém as chaves do

15. Asserção recolhida da boca de um dos psicanalistas mais interessados nesse debate (1966).

16. Cf. "Gegenwunschträume", em *Traumdeutung*, G. W., II, pp. 156-157 e pp. 163-164. Tradução inglesa, Standard Edition, IV, p. 151 e pp. 157-158. Tradução francesa, ed. Alcan, p. 140 e p. 146.

objeto desejado, quanto porque seu primeiro objeto é de ser reconhecido pelo outro.

Quem dentre nós de resto não sabe por experiência que desde que a análise se engaja na via da transferência – e é para nós o índice de que ela o é com efeito –, cada sonho do paciente se interpreta como provocação, confissão larvada ou diversão, por sua relação com o discurso analítico, e que na medida do progresso da análise, eles se reduzem cada vez mais à função de elementos do diálogo que aí se realiza?

Quanto à psicopatologia da vida quotidiana, outro campo consagrado por uma outra obra de Freud, é claro que todo ato falho é um discurso bem sucedido, e mesmo bem graciosamente elaborado, e que no lapso é a mordaça que gira sobre a fala, e justo com o quadrante que é preciso para que um bom entendedor aí encontre sua meia-palavra.

Mas vamos direto onde o livro desemboca sobre o acaso e as crenças que ele engendra, e especialmente aos fatos em que ele se aplica em demonstrar a eficácia subjetiva das associações sobre os números deixados ao destino de uma escolha imotivada, e mesmo de um sorteio ao acaso. Em nenhum lugar se revelam melhor do que em um tal sucesso as estruturas dominantes do campo psicanalítico. E o apelo feito de passagem a mecanismos intelectuais ignorados não passa aqui da desculpa de abandono da confiança total feita aos símbolos e que vacila por ser cumulada para além de todo limite.

Pois se para admitir um sintoma na psicopatologia psicanalítica, quer seja neurótico ou não, Freud exige o mínimo de sobredeterminação que constitui um duplo sentido, símbolo de um conflito defunto mais além de sua função num conflito presente *não menos simbólico*, se ele nos ensinou a seguir no texto das associações livres a ramificação ascendente dessa linhagem simbólica, para aí referenciar nos pontos onde as formas verbais se intercruzam os nós de sua estrutura –, já está de todo claro que o sintoma se resolve inteiramente numa análise de linguagem, porque ele próprio é estruturado como uma linguagem, que ele é linguagem cuja fala deve ser libertada.

É aquele que não aprofundou a natureza da linguagem, que a experiência de associação sobre os números poderá mostrar de um só golpe o que é essencial aqui apreender, a

133

saber a potência combinatória que arranja os equívocos, e para aí reconhecer a mola própria do inconsciente.

Com efeito se dos números obtidos por corte na sequência das cifras do número escolhido, de sua aliança por todas as operações da aritmética, e mesmo da divisão repetida do número original por um dos números cissíparos, os números resultantes[17] mostram-se simbolizantes, entre todos, na história própria do sujeito, é porque estavam já latentes na escolha onde tomaram seu ponto de partida, – e desde então se recusamos como supersticiosa a ideia que são aí as cifras mesmas que determinaram o destino do sujeito, é forçoso admitir que é na ordem de existência de suas combinações, isto é, na linguagem concreta que representam, que reside tudo o que a análise revela ao sujeito como seu inconsciente.

Veremos que os filólogos e os etnógrafos nos revelam suficientemente sobre a segurança combinatória que se verifica nos sistemas completamente inconscientes dos quais se ocupam, para que a proposição aqui avançada não tenha para eles nada de surpreendente.

Mas se alguém permanecesse reticente ao que propomos, chamaríamos, uma vez mais, o testemunho daquele que, tendo descoberto o inconsciente, não carece de título para ser acreditado para designar seu lugar: ele não nos faltará.

Pois por mais abandonada que seja por nosso interesse – e por isso mesmo – o *chiste e o inconsciente*, permanece a obra mais incontestável porque a mais transparente, onde o efeito do inconsciente nos é demonstrado até os confins de sua fineza; e o rosto que nos revela é aquele mesmo do espírito na ambiguidade que lhe confere à linguagem, onde a outra face de seu poder de regalia é a "ponta" pela qual sua ordem inteira se anula em um instante – ponta com efeito onde sua atividade criadora desvela sua gratuidade absoluta, onde sua dominação sobre o real se exprime no desafio do não-sentido, onde o humor, na graça maldosa do espírito livre, simboliza uma verdade que não diz sua última palavra.

17. É preciso, para apreciar o fruto desses procedimentos, compenetrar-se das notas promovidas por nós desde essa época, de Emile Borel, que se encontram em seu livro sobre o *caso*, sobre a trivialidade do que se obtém assim de "extraordinário" a partir de um número qualquer (1966).

É preciso seguir nos desvios admiravelmente prementes das linhas desse livro o passeio onde Freud nos conduz nesse jardim escolhido com o mais amargo amor.

Aqui tudo é substância, tudo é pérola. O espírito que vive como exilado na criação da qual é invisível sustento, sabe que tem o poder a todo instante de aniquilá-lo. Formas altaneiras ou pérfidas, dandistas ou bonachonas dessa realeza escondida, não existe, mesmo entre as mais desprezadas, das quais Freud não saiba fazer cintilar o brilho secreto. Histórias do casamenteiro correndo os guetos de Moravia, figura desacreditada de Eros e, como ele, filho da penúria e do penar, guiando com seu serviço discreto a avidez do grosseiro, e repentinamente injuriando-o com uma réplica luminosa em seu sem-sentido: "Aquele que deixa assim escapar a verdade, comenta Freud, está na realidade feliz em tirar a máscara".

É a verdade, com efeito, que na sua boca tira aqui a máscara, mas é para que o espírito tome uma outra mais enganosa, a sofística que não passa de estratagema, a lógica que não passa de uma cilada, o cômico mesmo que não vai aí senão para ofuscar. O espírito está sempre em outra parte. "O espírito comporta, com efeito, uma tal condicionalidade subjetiva ...: não é espírito senão o aceito como tal", prossegue Freud que sabe do que fala.

Em nenhum lugar a intenção do indivíduo não é em realidade mais manifestamente ultrapassada pela descoberta do sujeito, – em nenhum lugar a distinção que fazemos de um e outro se faz melhor sentir – visto que não somente é preciso que alguma coisa me tenha sido estrangeira na minha descoberta para que eu tenha meu prazer, mas que é preciso que permaneça assim para que funcione. Isso tomando seu lugar pela necessidade, tão bem marcada por Freud, do terceiro ouvinte sempre suposto, e pelo fato de que o chiste não perde seu poder na sua transmissão em estilo indireto. Logo, apontando no lugar do Outro, o amboceptor que ilumina o artifício da palavra difundindo-se em sua suprema alacridade.

Uma só razão de queda para o espírito; a chateza da verdade que se explica.

Ora, isso concerne diretamente a nosso problema. O desprezo atual para com as investigações sobre a língua dos símbolos que se lê só passando os olhos nos sumários de nossas publicações de antes e após os anos 1920, não corresponde a nada menos, para nossa disciplina, do que a uma mudança de objeto, cuja tendência a se alinhar no mais raso nível da comunicação, para se ajustar aos objetivos novos propostos à técnica, tem talvez de responder pelo balanço bastante triste que os mais lúcidos levantam de seus resultados[18].

Como a fala, com efeito, esgotaria o sentido da fala, ou para dizer melhor com o logicismo positivista de Oxford, o sentido do sentido, – se não no ato que o engendra? Assim a reviravolta goethiana de sua presença nas origens: "No princípio havia a ação", se inverte por sua vez: era bem o verbo que estava no princípio, e vivemos em sua criação, mas é a ação de nosso espírito que continua essa criação ao renová-la sempre. E não nos podemos voltar sobre essa ação, senão ao nos deixarmos levar cada vez mais adiante por ela.

Não o tentaremos nós mesmos senão sabendo que é lá sua via...

Não é permitido a ninguém ignorar a lei, essa fórmula transcrita do humor de um Código de Justiça exprime entretanto a verdade onde nossa experiência se funda e que confirma. Nenhum homem a ignora, com efeito, visto que a lei do homem é a lei da linguagem desde que as primeiras palavras de reconhecimento presidiram aos primeiros dons, tendo aí sido necessário os Danos detestáveis que vem e fogem pelo mar para que os homens aprendam a temer as palavras enganando-as com os dons sem fé. Até lá, para os Argonautas pacíficos unindo pelos nós de um comércio simbólico as ilhotas da comunidade, esses dons, seu ato e seus objetos, sua ereção em signos e sua fabricação mesma, são tão misturados à fala que se os designa por seu nome[19].

É nesses dons ou nas palavras de senha que aí atribuem seu não-sentido salutar, que começa a linguagem com a lei? Pois esses dons são símbolos, nisso que símbolo quer dizer pacto, e que eles são primeiramente significantes do pacto que constituem como significado: como se vê bem nisso que os objetos da troca simbólica, vasos feitos para ficarem vazios, escudos demasiado pesados para serem carregados, feixes

18. Cf. C. I. Oberndorf, Unsatisfactory results of psychoanalytic therapy, *Psychoanalytic Quarterly*, 19, pp. 393-407.
19. Cf. entre outros: *Do Kama*, de Maurice Leenhardt, Caps. IX e X.

que ressecarão, piques que se enterram no solo, são sem uso por destinação, senão supérfluos por sua abundância.

Essa neutralização do significante é a totalidade da natureza da linguagem? Tomada assim, encontrar-se-ia o esboço nas andorinhas do mar*, por exemplo, durante a parada, e materializado no peixe que elas se passam de bico em bico e onde os etólogos, se devemos aí ver com eles o instrumento de uma movimentação do grupo que seria o equivalente da festa, estariam justificados ao reconhecerem um símbolo.

Vê-se que não recuamos em procurar fora do domínio humano as origens do comportamento simbólico. Mas não é certamente pela via de uma elaboração do signo, aquela onde se engaja após tantos outros Sr. Jules H. Massermann[20], à qual nos deteremos um instante, não somente pelo tom sagaz com que traça sua empresa, mas pelo acolhimento que ela encontrou junto a redatores de nosso jornal oficial, que conforme a uma tradição emprestada às agências de emprego, não negligenciam jamais nada do que pode fornecer à nossa disciplina "boas referências".

Pensem pois, em um homem que reproduziu a neurose ex-pe-ri-men-tal-men-te num cão amarrado sobre uma mesa e por que meios engenhosos: uma campainha, o prato de carne que ela anuncia, e o prato de batatas que chega a contratempo, poupo-lhes o resto. Não é ele, pelo menos ele próprio no-lo garante, que se deixará tomar pelas "amplas ruminações", pois é assim que se exprime, que os filósofos consagraram ao problema da linguagem: ele vai pegar o touro a unha.

Imaginem que por um condicionamento judicioso de seus reflexos, obtém-se de um rato que ele se dirija para seu guarda-comida quando se lhe apresenta a carta onde pode-se ler seu *menu*. Não nos dizem se ela faz menção dos preços, mas acrescenta-se esse traço convincente que, por pouco que o serviço o tenha decepcionado, ele voltará a rasgar o *menu* demasiado prometedor, como o faria das cartas de um infiel, uma amante irritada (*sic*).

---

* Em francês *hirondelles de mer*. (N. da T.)

20. Massermann, Jules H., Langage, behavior and dynamic psychiatry, *Inter. Journal of Psichan.*, 1 e 2, pp. 1-8, 1944.

Tal é um dos arcos onde o autor faz passar a estrada que conduz do sinal ao símbolo. Circula-se aí as duas mãos, e o sentido do retorno aí não mostra as mínimas obras de arte.

Pois se no homem associarem à projeção de uma viva luz diante de seus olhos o ruído de uma campainha, em seguida o manejo desta última à emissão da ordem: "contraia" (em inglês: *contract*), chegarão a que o sujeito, ao modular ele próprio essa ordem, ao murmurá-la, e mesmo somente ao produzi-la em seu pensamento obtenha a contração de sua pupila, ou seja uma reação do sistema que se diz autônomo, porque ordinariamente inacessível aos efeitos intencionais. Assim Sr. Hudgins, se devemos acreditar em nosso autor, "criou num grupo de sujeitos, uma configuração altamente individualizada de reações afins e viscerais do símbolo idéico (*idea-symbol*) *contract*, uma resposta que poderia ser reconduzida através de suas experiências particulares a uma fonte em aparência longínqua, más em realidade basicamente fisiológica: nesse exemplo, simplesmente a proteção da retina contra uma luz excessiva". E o autor conclui: "A significação de tais experiências para a investigação psicossomática e linguística não tem nem mesmo necessidade de mais elaboração".

Teríamos entretanto, quanto a nós, gostado de saber se os sujeitos assim educados reagem também à enunciação do mesmo vocábulo articulado nas locuções: *marriage contract*, *bridge-contract*, *breach of contract*, e mesmo progressivamente reduzida à emissão de sua primeira sílaba: contract, contrac, contra, contr... A contraprova, exigível em estrito método, se oferecendo aqui ela mesma do murmúrio entre dentes desta sílaba para o leitor francês que não teria sofrido outro condicionamento além da viva luz projetada sobre o problema por Sr. Jules H. Massermann*. Perguntaríamos então a este último se os efeitos assim observados nos sujeitos condicionados continuariam parecendo prescindir tão facilmente de elaboração. Pois ou eles não se produziriam mais, manifestando assim que não dependem nem mesmo condicionalmente do semantema, ou então continuariam a produzir-se, colocando a questão dos limites deste último.

* Lacan se diverte aqui fazendo menção, sem dúvida, à primeira sílaba da palavra *contract*, que como todos sabem é uma das injúrias usuais do francês. (N. da T.)

Em outros termos, eles fariam aparecer no instrumento mesmo da palavra, a distinção do significante e do significado, tão alegremente confundida pelo autor no termo *idea-symbol*. E sem ter necessidade de interrogar as reações dos sujeitos condicionados à ordem *don't contract*, e mesmo à conjugação inteira do verbo *to contract*, poderíamos fazer observar ao autor que o que define como pertencendo à linguagem um elemento qualquer de uma língua, é que ele se distingue como tal para todos os usuários desta língua no conjunto suposto constituído dos elementos homólogos.

Resulta disso que os efeitos particulares deste elemento da linguagem estão ligados à existência desse conjunto, anteriormente à sua ligação possível com toda experiência particular do sujeito. E que considerar esta última ligação fora de toda referência à primeira consiste simplesmente em negar nesse elemento a função própria da linguagem.

Revisão de princípios que evitaria talvez a nosso autor descobrir com uma ingenuidade sem igual a correspondência textual das categorias da gramática de sua infância nas relações da realidade.

Esse monumento de ingenuidade, de resto de uma espécie bastante comum nessas matérias, não mereceria tantos cuidados se não fosse obra de um psicanalista, ou melhor de alguém que emparelha, como que por acaso, tudo que se produz em certa tendência da psicanálise sob o título de teoria do *Ego* ou de técnica de análise das defesas, de mais oposto à experiência freudiana, manifestando assim *a contrario* a coerência de uma sã concepção da linguagem com a conservação desta última. Pois a descoberta de Freud é a do campo das incidências, na natureza do homem, de suas relações com a ordem simbólica, e a ascensão de seu sentido até as instâncias mais radicais da simbolização no ser. Desconhecê-lo é condenar a descoberta ao esquecimento, a experiência à ruína.

E colocamos como uma afirmação que não poderia ser separada da seriedade de nosso propósito atual que a presença do rato, acima evocado, na poltrona onde a timidez de Freud, pelo que diz nosso autor, teria confinado o analista colocando-o atrás do divã, nos pareceria preferível à do sábio que faz sobre a linguagem e a fala um semelhante discurso.

Pois o rato pelo menos, pela graça de Jacques Prévert ("une pierre, deux maisons, trois ruines, quatre fossoyeurs, un jardin, des fleurs, un raton-laveur"*), entrou para sempre no bestiário poético e participa como tal em sua essência na função eminente do símbolo, mas o ser à nossa semelhança que professa assim o desconhecimento sistemático desta função, se expulsa para sempre de tudo o que pode por ela ser chamado à existência. Desde então, a questão do lugar que cabe ao dito semelhante na classificação natural nos pareceria pertencer somente a um humanismo fora de propósito, se seu discurso, ao se cruzar com uma técnica da fala da qual temos a guarda, não devesse ser demasiado fecundo, mesmo ao aí engendrar monstros estéreis. Que se saiba então, visto que igualmente ele se gaba de desafiar a crítica de antropomorfismo, que é o último termo que utilizaríamos para dizer que ele faz de seu ser a medida de todas as coisas.

Voltemos a nosso objeto simbólico que ele próprio é bastante consistente na sua matéria, mesmo se perdeu o peso de seu uso, mas cujo sentido imponderável acarretará deslocamentos de algum peso. É pois isso a lei e a linguagem? Talvez não ainda.

Pois mesmo que tivesse aparecido na andorinha** algum califa da colônia que, engolindo o peixe simbólico diante do bico hiante das outras andorinhas, inaugurasse essa exploração da andorinha pela andorinha de que nos divertimos um dia a tecer a fantasia, isso não bastaria absolutamente para reproduzir entre elas esta fabulosa história, imagem da nossa, da qual a epopeia alada nos manteve cativos na ilha dos pinguins, e faltaria algo para fazer um universo "andorinizado".

Esse "algo" completa o símbolo para fazer dele a linguagem. Para que o objeto simbólico liberto de sua utilização se torne a palavra liberta do *hic et nunc*, a diferença não é a da qualidade, sonora, de sua matéria, mas de seu ser evanescente onde o símbolo encontra a permanência do conceito.

Pela palavra que é já uma presença feita de ausência, a ausência mesma vem a nomear-se em um momento original de que o gênio de Freud apreendeu no jogo da criança a re-

---

* "uma pedra, duas casas, três ruínas, quatro coveiros, um jardim, flores, um rato". (N. da T.)
** Em francês *hirondelle*. (N. da T.)

criação perpétua. E desse par modulado da presença e da ausência, que igualmente basta para constituir o rastro sobre a areia do traço simples e do traço rompido dos *kwa* mânticos da China, nasce o universo de sentido de uma língua onde o universo das coisas virá se colocar.

Pelo que não toma corpo senão por ser o rastro de um nada e cujo suporte desde então não pode se alterar, o conceito, salvando a duração do que passa, engendra a coisa.

Pois não é ainda dizer bastante dizer que o conceito é a coisa mesma, o que uma criança pode demonstrar contra a escola. É o mundo das palavras que cria o mundo das coisas, primeiramente confundidas no *hic et nunc* do todo em devir, dando seu ser concreto à sua essência, e seu lugar em toda parte ao que é de sempre: κτῆμα ἐζ ἀξί.

O homem fala então, mas é porque o símbolo o fez homem. Se com efeito dons superabundantes acolhem o estrangeiro que se fez conhecer, a vida dos grupos naturais que constituem a comunidade é submetida às regras da aliança, ordenando o sentido no qual se opera a troca das mulheres, e às prestações recíprocas que a aliança determina: como o diz o provérbio Sironga, um parente por aliança é uma perna de elefante. A aliança preside uma ordem preferencial cuja lei implicando os nomes de parentesco é para o grupo, como a linguagem, imperativa em suas formas, mas inconsciente em sua estrutura. Ora, nessa estrutura cuja harmonia ou os impasses regem a troca restrita ou generalizada que aí discerne o etnólogo, o teórico espantado reencontra toda a lógica das combinações: assim as leis do número, isto é, do símbolo mais purificado, se verificam ser imanentes ao simbolismo original. Pelo menos é a riqueza das formas em que se desenvolvem as estruturas que se diz elementares do parentesco, que aí os torna legíveis. E isso faz pensar que é talvez somente nossa inconsciência de sua permanência, que nos deixa crer na liberdade das escolhas nas estruturas ditas complexas da aliança sob a lei das quais vivemos. Se a estatística já deixa entrever que essa liberdade não se exerce ao acaso, é que uma lógica subjetiva a orientaria em seus efeitos.

É, com efeito, neste sentido que se dirá que o complexo de Édipo, na medida em que o reconhecemos sempre para cobrir com sua significação o campo inteiro de nossa experiência, em nosso propósito, marca os limites que nossa disciplina confere à subjetividade: a saber, o que o sujeito pode conhecer de sua participação inconsciente no movimento das estruturas complexas da aliança, verificando os efeitos simbólicos em sua existência particular do movimento tangencial em direção ao incesto que se manifesta desde o advento de uma comunidade universal.

A lei primordial é pois aquela que ao reger a aliança superpõe o reino da cultura ao reino da natureza entregue à lei da cópula. A interdição do incesto não passa do pivô subjetivo, desnudado pela tendência moderna a reduzir à mãe e à irmã os objetos interditos à escolha do sujeito, toda licença quanto ao resto não estando ainda aberta para além.

Essa lei se faz pois conhecer suficientemente como idêntica a uma ordem de linguagem. Pois nenhum poder sem as denominações de parentesco está ao alcance de instituir a ordem das preferências e dos tabus que amarram e trançam através das gerações o fio das linhagens. E é bem a confusão das gerações que, na Bíblia, como em todas as leis tradicionais, é maldita como a abominação do verbo e a desolação do pecador.

Sabemos com efeito que estrago, já indo até à dissociação da personalidade do sujeito, pode exercer uma filiação falsificada, quando a pressão do meio se empenha em sustentar a mentira. Eles podem não ser menores quando um homem esposando a mãe da mulher da qual teve um filho, este último terá como irmão uma criança que é irmã de sua mãe. Mas se é em seguida – e o caso não é inventado – adotado pelo casal vivendo em compatibilidade com uma filha de um casamento anterior do pai, ele se encontrará ainda uma vez meio-irmão de sua nova mãe, e pode-se imaginar os sentimentos complexos com os quais ele aguardará o nascimento de uma criança que será ao mesmo tempo seu irmão e seu sobrinho, nessa situação repetida.

Igualmente a simples defasagem nas gerações que se produz por uma criança tardia, nascida de um segundo casamento e cuja mãe jovem é contemporânea de um irmão mais velho, pode produzir efeitos semelhantes, e sabe-se que era o caso de Freud.

Essa mesma função da identificação simbólica por onde o primitivo se crê reencarnar o ancestral homônimo e que determina mesmo no homem moderno uma recorrência alternada dos caracteres, introduz então nos sujeitos submetidos a essas discordâncias da relação paterna, uma dissociação do Édipo em que é preciso ver a mola constante de seus efeitos patogênicos. Mesmo efetivamente representada por uma só pessoa, a função paterna concentra nela relações imaginárias e reais, sempre mais ou menos inadequadas à relação simbólica que a constituí essencialmente.

É no *nome do pai* que se deve reconhecer o suporte da função simbólica que, desde a orla dos tempos históricos, identifica sua pessoa à figura da lei. Essa concepção nos permite distinguir claramente na análise de um caso os efeitos inconscientes dessa função com as relações narcísicas, e mesmo com as relações reais que o sujeito mantém com a imagem e a ação da pessoa que o encarna, e resulta disso um modo de compreensão que vai ressoar na própria conduta das intervenções.

A prática nos confirmou a fecundidade disso, a nós, assim como aos alunos que induzimos a esse método. E tivemos frequentemente a oportunidade, em supervisões ou em casos comunicados, de sublinhar as confusões prejudiciais que engendra seu desconhecimento.

Assim, é a virtude do verbo que perpetua o movimento da Grande Dívida com que Rabelais, em uma metáfora célebre, amplia até os astros, a economia. E não nos surpreenderemos que o capítulo onde ele nos apresenta com a inversão macarrônica dos nomes de parentesco uma antecipação das descobertas etnográficas, nos mostre nele a substantífica adivinhação do mistério humano que tentamos elucidar aqui.

Identificada ao *hau* sagrado ou ao *mana* onipresente, a Dívida inviolável é a garantia de que a viagem onde são impelidas mulheres e bens reconduz, em um ciclo sem omissão, a seu ponto de partida outras mulheres e outros bens, portadores de uma entidade idêntica: símbolo zero, diz Lévi-Strauss, reduzindo à forma de um signo algébrico o poder da Fala.

Os símbolos envolvem, com efeito, a vida do homem, com uma rede tão total que conjugam antes que ele venha ao mundo aqueles que vão engendrá-lo "pelo osso e pela carne", que trazem no seu nascimento com os dons dos astros, senão com os dons das fadas, o desenho de seu destino, que dão as palavras que o farão fiel ou renegado, a lei dos atos que o seguirão mesmo até onde ele não está ainda e para além de sua morte mesma, e que por eles seu fim encontra seu sentido no julgamento final onde o verbo absolve seu ser ou o condena, – salvo ao atingir a realização subjetiva do ser-para-a-morte.

Servidão e grandeza onde se aniquilaria o vivente, se o desejo não preservasse sua parte nas interferências e batimentos que fazem convergir sobre ele os ciclos da linguagem, quando a confusão das línguas aí se mistura e quando as ordens se contrariam-nos dilaceramentos da obra universal.

Mas esse próprio desejo, para ser satisfeito no homem, exige ser reconhecido, pelo acordo da fala ou pela luta de prestígio, no símbolo ou no imaginário.

O em-jogo de uma psicanálise é o advento no sujeito do pouco de realidade que esse desejo aí sustenta em relação aos conflitos simbólicos e às fixações imaginárias como meio de seu acordo, e nossa via é a experiência intersubjetiva onde esse desejo se faz reconhecer.

Desde então vê-se que o problema é o das relações no sujeito da fala e da linguagem.

Três paradoxos nessas relações se apresentam em nosso domínio.

Na loucura, qualquer que seja sua natureza, é-nos preciso reconhecer, de um lado, a liberdade negativa de uma fala que renunciou a se fazer reconhecer, ou seja o que chamamos de obstáculo à transferência, e, de outro lado, a formação singular de um delírio que – fabulatório, fantástico ou cosmológico – interpretativo, reivindicador ou idealista –, objetiva o sujeito numa linguagem sem dialética[21].

A ausência da fala aí se manifesta pelas estereotipias de um discurso em que o sujeito, pode-se dizer, é antes falado do que fala: nós aí reconhecemos os símbolos do inconsciente sob formas petrificadas que, ao lado das formas embalsamadas onde se apresentam os mitos em nossas coletâneas, encontram seu lugar numa história natural desses símbolos. Mas é um erro dizer que o sujeito os assume: a resistência a

21. Aforismo de Lichtenberg: "Um louco que imagina ser um príncipe não difere do príncipe que o é de tato, senão porque aquele é um príncipe negativo, enquanto que este é um louco negativo. Considerados sem seu signo, são semelhantes".

seu reconhecimento não sendo menor que nas neuroses, quando o sujeito aí é induzido por uma tentativa de cura.

Notemos de passagem que seria válido referenciar no espaço social os lugares que a cultura conferiu a esses sujeitos, especialmente quanto à sua destinação a serviços sociais aferentes à linguagem, pois não é inverossímil que aí se demonstre um dos fatores que designam esses sujeitos para os efeitos de ruptura produzida pelas discordâncias simbólicas, características das estruturas complexas da civilização.

O segundo caso é representado pelo campo privilegiado da descoberta psicanalítica: a saber os sintomas, a inibição e a angústia, na economia constituinte das diferentes neuroses.

A fala é aqui expulsa do discurso concreto que ordena a consciência, mas ela encontra seu suporte ou nas funções naturais do sujeito, por pouco que um espinho orgânico aí esboce essa hiância de seu ser individual em sua essência, que faz da doença a introdução do vivente na existência do sujeito[22], – ou então nas imagens que organizam, ao limite do *Umwelt* e do *Innenwelt*, sua estruturação relacionai.

O sintoma é aqui o significante de um significado recalcado da consciência do sujeito. Símbolo escrito sobre a areia da carne e sobre o véu da Maïa, ele participa da linguagem pela ambiguidade semântica que já sublinhamos na sua constituição.

Mas é uma fala de pleno exercício, pois ela inclui o discurso do outro no segredo de sua cifra.

É decifrando essa fala que Freud reencontrou a língua primeira dos símbolos[23] viva ainda no sofrimento do homem da civilização (*Das Unbehagen in der Kultur*).

Hieróglifos da histeria, brasões da fobia, labirintos da *Zwangsneurose* – encantos da impotência, enigmas da inibição, oráculos da angústia – armas falantes do caráter[24], sinetes da autopunição, disfarces da perversão – tais são os herme-

---

22. Para obter imediatamente a confirmação subjetiva dessa observação de Hegel, basta ter visto, na epidemia recente, um coelho cego no meio de uma estrada, erigindo em direção ao pôr-do-sol o vazio de sua visão transformada em olhar: ele é humano até o trágico.

23. Ás linhas *supra* e *infra* mostram a acepção que damos ao termo.

24. O erro de Reich, sobre o qual voltaremos, fez-lhe tomar as armas por uma armadura.

tismos que nossa exegese resolve, os equívocos que nossa invocação dissolve, os artifícios que nossa dialética absolve, numa liberação do sentido aprisionado, que vai da revelação do palimpsesto à palavra dada do mistério e ao perdão da fala.

O terceiro paradoxo da relação da linguagem com a fala é o do sujeito que perde seu sentido nas objetivações do discurso. Por mais metafísica que pareça a definição, não podemos desconhecer sua presença no primeiro plano de nossa experiência. Pois aí está a alienação mais profunda do sujeito da civilização científica e é ela que reencontramos em primeiro lugar quando o sujeito começa a falar de si: igualmente, para resolvê-la inteiramente, a análise deveria ser levada até o término da sabedoria.

Para dar disso uma formulação exemplar, não poderíamos encontrar terreno mais pertinente do que o uso do discurso corrente fazendo notar que o "isso sou eu"* do tempo de Villon se transformou no "é eu" do homem moderno*.

O eu do homem moderno tomou sua forma, nós o indicamos alhures, no impasse dialético da bela alma que não reconhece a razão mesma de seu ser na desordem que denuncia no mundo.

Mas uma saída se apresenta ao sujeito para a resolução desse impasse em que delira seu discurso. A comunicação pode se estabelecer para ele validamente na obra comum da ciência e nos empregos que ela comanda na civilização universal; essa comunicação será efetiva no interior da enorme objetivação constituída por essa ciência e permitir-lhe-á esquecer sua subjetividade. Ele colaborará eficazmente na obra comum em seu trabalho quotidiano e preencherá seus lazeres com todos os atrativos de uma cultura profusa que, do romance policial às memórias históricas, das conferências educativas à ortopedia das relações de grupo, lhe dará assunto para esquecer sua existência e sua morte, ao mesmo tempo que para desconhecer numa falsa comunicação o sentido particular de sua vida.

Se o sujeito não reencontrasse numa regressão, frequentemente impelida até a fase do espelho, o cerco de uma fase onde seu *ego* contém suas explorações imaginárias, não haveria absolutamente limites conferíveis à credulidade à qual ele deve sucumbir nessa situação. E é o que torna nossa res-

---

* Em francês: *ce suis-je* e *c'est moi*, a primeira correspondendo mais à nossa forma "sou eu", do coloquial moderno. (N. da T.)

ponsabilidade temível quando lhe trazemos, com as manipulações míticas de nossa doutrina, uma ocasião suplementar para se alienar, na trindade decomposta do *Ego*, do *Superego* e do *Id*, por exemplo.

Aqui é um muro de linguagem que se opõe à fala, e as precauções contra o verbalismo que são um tema do discurso do homem "normal" de nossa cultura, não fazem mais que reforçar sua espessura.

Não seria vão medir esta última à soma estatisticamente determinada dos quilogramas de papel impresso, dos quilômetros de sulcos discográficos, e das horas de emissão radiofônica, que a dita cultura produz por cabeça de habitante nas zonas A, B e C de sua área. Seria um belo objeto de pesquisas para nossos organismos culturais, e ver-se-ia aí que a questão da linguagem não cabe inteira na área das circunvoluções onde seu uso se reflete no indivíduo.

> We are the hollow men
> We are the stuffed men
> Leaning together
> Headpiece filled with straw. Alas!

e o que se segue.

A semelhança dessa situação com a alienação da loucura na medida em que a forma dada acima é autêntica a saber que o sujeito aí é falado mais do que fala ressalta evidentemente da exigência, suposta pela psicanálise, de uma fala verdadeira. Se esta consequência, que leva ao limite os paradoxos constituintes de nosso atual propósito, devesse ser voltada contra o bom senso mesmo da perspectiva psicanalítica, concederíamos a essa objeção toda sua pertinência, mas para através dela encontrar confirmado para nós: e isso por um retorno dialético onde não careceríamos de padrinhos autorizados, a começar pela denúncia hegeliana da "filosofia do crânio" e a somente nos determos à advertência de Pascal ressoando, da orla da era histórica do "ego", nesses termos: "os homens são tão necessariamente loucos, que seria ser louco, por um outro passe de loucura, não ser louco".

Não é dizer porém que nossa cultura se prossiga nas trevas exteriores à subjetividade criadora. Esta última, ao contrário, não cessou de aí militar para renovar a potência jamais exaurida dos símbolos na troca humana que os dá à luz.

Fazer caso do pequeno número de sujeitos que suportam essa criação seria ceder a uma perspectiva romântica ao confrontar o que não é equivalente. O fato é que essa subjetividade, em qualquer domínio em que apareça, matemática, política, religiosa, e mesmo publicitária, continua a animar, em seu conjunto, o movimento humano. E uma vista de olhos não menos ilusória, sem dúvida, nos faria acentuar esse traço oposto: que seu caráter simbólico jamais foi mais manifesto. É a ironia das revoluções, que elas engendrem um poder tanto mais absoluto em seu exercício, não, como se diz, pelo fato de que seja mais anônimo, mas pelo fato de que é mais redutível às palavras que o significam. E mais do que nunca, por outro lado, a força da igrejas reside na linguagem que elas souberam manter: instância, é preciso dize-lo, que Freud deixou sombra no artigo onde nos desenha o que chamaremos de as subjetividades coletivas da Igreja e do Exército.

A psicanálise desempenhou um papel na direção da subjetividade moderna e ela não poderia sustentá-lo sem ordená-lo no movimento que na ciência o elucida.

Este é o problema dos fundamentos que devem assegurar à nossa disciplina seu lugar nas ciências: problema de formalização, na verdade bastante mal abordado.

Pois parece que, retomados por um viés do espírito médico em oposição ao qual a psicanálise teve que se constituir ainda que fosse a seu exemplo, com um atraso de meio século sobre o movimento das ciências a que tentamos nos unir.

Objetivação abstrata de nossa experiência sobre princípios fictícios, e mesmo simulados do método experimental: encontramos aí o efeito de preconceitos dos quais seria preciso limpar primeiramente nosso campo se queremos cultivá-lo segundo sua autêntica estrutura.

Praticantes da função simbólica, é espantoso que nos desviemos de aprofundá-la, a ponto de desconhecer que é ela que nos situa no centro do movimento que instaura uma nova ordem das ciências, com um requestionamento da antropologia.

Essa nova ordem não significa nada mais do que um retorno a uma noção da ciência verdadeira que tem já seus títulos inscritos numa tradição que parte do *Teeteto*. Essa noção degradou-se, sabemo-lo, na reviravolta positivista que, colocando as ciências do homem no coroamento do edifício das ciências experimentais, a elas se subordina em realidade. Essa noção provém de uma visão errônea da história da ciência, fundada sobre o prestígio de um desenvolvimento especializado da experiência.

Mas hoje as ciências conjecturais reencontrando a noção da ciência de sempre, nos obrigam a revisar a classificação das ciências que conservamos do século XIX, num sentido que os espíritos mais lúcidos denotam claramente.

Basta seguir a evolução concreta das disciplinas para se dar conta do fato.

A linguística pode aqui nos servir de guia, visto que é esse o papel que tem na vanguarda da antropologia contemporânea, e não saberíamos, sobre isso, permanecer indiferentes.

A forma de matematização onde se inscreve a descoberta do *fonema* como função dos pares de oposição formados pelo menores elementos discriminativos apreensíveis da semântica, nos leva aos fundamentos mesmos onde a última doutrina de Freud designa, numa conotação vocálica da presença e da ausência, as fontes subjetivas da função simbólica.

E a redução de toda língua ao grupo de um número ínfimo dessas oposições fonêmicas esboçando uma tão rigorosa formalização de seus morfemas mais elevados, coloca ao nosso alcance uma abordagem estrita de nosso campo.

A nós, de nos aparelharmos para aí encontrar nossas incidências, como faz já, por estar em uma linha paralela, a etnografia ao decifrar os mitos segundo a sincronia dos mitemas.

Não é notável que um Lévi-Strauss, ao sugerir a implicação das estruturas da linguagem e dessa parte das leis sociais que rege a aliança e o parentesco, conquista já o terreno mesmo onde Freud assenta o inconsciente[25]?

Desde então, é impossível não centrar sobre uma teoria geral do símbolo uma nova classificação de ciências onde as ciências do homem retomam seu lugar central enquanto ci-

---

25. Cf. Claude Lévi-Strauss, Language and the analysis of social laws, *American anthropologist*, n. 2, v. 53, abr.-jun.. 1951, pp. 155-163.

ências da subjetividade. Indiquemos seu princípio, que não deixa de pedir a elaboração.

A função simbólica se apresenta como um duplo movimento no sujeito: o homem faz um objeto de sua ação, mas para devolver à esta última, em tempo hábil, seu lugar fundador. Nesse equívoco, operante a todo instante, jaz todo o progresso de uma função onde alternam ação e conhecimento[26].

Exemplos emprestados um aos bancos da escola, o outro ao mais vivo de nossa época:

– o primeiro matemático: primeiro tempo, o homem objetiva em dois números cardinais duas coleções que contou;

– segundo tempo, ele realiza com esses números o ato de adicioná-los (cf. o exemplo citado por Kant na introdução à estética transcendental, § IV na 2ª edição da *Crítica da razão pura*);

– o segundo histórico: primeiro tempo, o homem que trabalha na produção em nossa sociedade, se conta na categoria dos proletários, – segundo tempo, em nome dessa pertinência, ele faz a greve geral.

Se esses dois exemplos se levantam, para nós, dos campos mais contrastados no concreto: jogo sempre mais lícito da lei matemática, frente de bronze da exploração capitalista, é que, por nos parecerem partir de longe, seus efeitos vêm a constituir nossa subsistência, e justamente por se cruzarem em uma dupla reviravolta: a ciência mais subjetiva tendo forjado uma realidade nova, a treva do partilhamento social se armando de um símbolo que age.

Não é mais concebível aqui a oposição que se traçaria das ciências exatas àquelas para as quais não há motivo para declinar a apelação de conjecturais: por falta de fundamento para esta oposição[27].

Pois a exatidão se distingue da verdade, e a conjectura não exclui o rigor. E se a ciência experimental toma da matemática sua exatidão, sua relação com a natureza não deixa de permanecer problemática.

Se nossa ligação com a natureza, com efeito, nos incita a nos perguntarmos poeticamente se não é seu próprio movimento que reencontramos em nossa ciência, em

26. Esses quatro últimos parágrafos foram reescritos (1966).
27. Esses dois últimos parágrafos foram reescritos (1966).

... cette voix
Qui se connaît quand elle sonne
N'être plus la voix de personne
Tant que des ondes et des bois,*

é claro que nossa física não passa de uma fabricação mental, da qual o símbolo matemático é o instrumento.

Pois a ciência experimental não é tanto definida pela quantidade a que se aplica na realidade, quanto pela medida que introduz no real.

Conforme se vê para a medida do tempo, sem a qual ela seria impossível. O relógio de Huyghens que sozinho lhe dá sua precisão, não passa do órgão realizando a hipótese de Galileu sobre a equigravidade dos corpos, ou seja sobre a aceleração uniforme que dá sua lei, por ser a mesma, à toda queda.

Ora, é agradável ressaltar que o aparelho foi terminado antes que a hipótese tenha podido ser verificada pela observação, e que por esse fato ele a tornava inútil ao mesmo tempo em que lhe oferecia o instrumento de seu rigor[28].

Mas a matemática pode simbolizar um outro tempo, notadamente o tempo intersubjetivo que estrutura a ação humana, cuja teoria dos jogos, dita ainda estratégia, que seria melhor chamar de estocástica começa a nos dar as fórmulas.

O autor dessas linhas tentou demonstrar na lógica de um sofisma as molas de tempos por onde a ação humana, na medida em que se ordena à ação do outro, encontra na escansão de suas hesitações o advento de sua certeza, e na decisão que a conclui dá à ação do outro que ela inclui doravante, com sua sanção quanto ao passado, seu sentido por vir.

Aí se demonstra que é a certeza antecipada pelo sujeito no *tempo para compreender* que, pela pressa precipitando o *momento de concluir*, determina no outro a decisão que faz do próprio movimento do sujeito erro ou verdade.

Vê-se por este exemplo como a formalização matemática que inspirou a lógica de Boole, e mesmo a teoria dos con-

---

* ..., esta voz/Que se conhece quando ela soa/Não ser mais a voz de ninguém/Tanto quanto das ondas e dos bosques. (N. da T.)

28. Cf. sobre a hipótese galileana e sobre o relógio de Huyghens: "An experiment in measurement" por Alexandre Koyré, *Proceedings of American Philosophical Society*, v. 97, abr. 1953.

Nossos dois últimos parágrafos foram reescritos (1966).

juntos, pode trazer à ciência da ação humana essa estrutura do tempo intersubjetivo, de que a conjectura psicanalítica tem necessidade para se assegurar em seu rigor.

Se, por outro lado, a história da técnica historiadora mostra que seu progresso se define no ideal de uma identificação da subjetividade do historiador à subjetividade constituinte da historização primária onde se humaniza o evento, é claro que a psicanálise aí encontra seu alcance exato: ou seja, no conhecimento, como realizando este ideal, e na eficácia, como aí encontrando sua razão. O exemplo da história dissipa também como uma miragem esse recurso à reação vivida que obseda nossa técnica assim como nossa teoria, pois a historicidade fundamental do evento que retemos basta para do passado no presente.

Mais ainda, esse exemplo nos faz compreender como a regressão psicanalítica implica essa dimensão progressiva da história do sujeito a respeito de que Freud sublinha a ausência no conceito jungiano da regressão neurótica, e compreendemos como a própria experiência renova essa progressão assegurando seu relevo.

A referência enfim à linguística nos introduzirá no método que, distinguindo as estruturações sincrônicas das estruturações diacrônicas na linguagem, pode permitir-nos compreender melhor o valor diferente que toma nossa linguagem na interpretação das resistências e da transferência, ou ainda diferenciar os efeitos próprios do recalque e a estrutura do mito individual na neurose obsessiva.

Conhece-se a lista das disciplinas que Freud designava como devendo constituir as ciências anexas de uma ideal Faculdade de psicanálise. Encontra-se aí, junto à psiquiatria e à sexologia, "a história da civilização, a mitologia, a psicologia das religiões, a história e a crítica literárias."

O conjunto dessas matérias determinando o *cursus* de um ensino técnico, se inscreve normalmente no triângulo epistemológico que descrevemos e que daria seu método a um alto ensino de sua teoria e de sua técnica.

Aí acrescentaremos de bom grado, quanto a nós: a retórica, a dialética no sentido técnico que toma esse termo nas *Tópicas* de Aristóteles, a gramática, e, ponto supremo da estética da linguagem: a poética, que incluiria a técnica, deixada de lado, do chiste.

E se essas rubricas evocassem para alguns ressonâncias um pouco desusadas não teríamos repugnância em endossá--las como um retorno às nossas fontes.

Pois a psicanálise em seu primeiro desenvolvimento, ligado à descoberta e ao estudo dos símbolos, ia participar da estrutura do que na Idade Média se chamava de "artes liberais". Privada, como elas, de uma formalização verdadeira, ela se organizava como elas em um corpo de problemas privilegiados, cada um promovido por alguma feliz relação do homem à sua própria medida, e tomando dessa particularidade um encanto e uma humanidade que podem compensar a nossos olhos o aspecto um pouco recreativo de sua apresentação. Não desdenhemos esse aspecto nos primeiros desenvolvimentos da psicanálise; ele não exprime nada menos, com efeito, do que a recreação do sentido humano nos tempos áridos do cientificismo.

Desdenhemo-los tanto menos quanto a psicanálise não elevou o nível ao se engajar nas falsas vias de uma teorização contrária à sua estrutura dialética.

Ela só dará fundamentos científicos à sua teoria assim como à sua técnica ao formalizar de maneira adequada essas dimensões essenciais de sua experiência que são, com a teoria histórica do símbolo: a lógica intersubjetiva e a temporalidade do sujeito.

III. As ressonâncias da interpretação e o tempo do sujeito na técnica psicanalítica

> Entre l'homme et l'amour,
> Il y a la femme.
> Entre l'homme et la femme,
> Il y a un monde.
> Entre l'homme et le monde,
> Il y a un mur*.
> (Antoine Tudal em *Paris en l'an 2000*.)

---

* Entre o homem e o amor,/Há a mulher./Entre o homem e a mulher,/ Há um mundo./Entre o homem e o mundo,/Há um muro. (N. da T.)

Nam Sibyllam quidern Cumis ego ipse oculis meis vidi in ampulla pendere, et cum illi pueri dicerent: Σιβύλλα τι θέλεις respondebat illa: ἀποθανείν θέλω.
(*Satyricon*, XLVIII.)

Reconduzir a experiência psicanalítica à fala e à linguagem assim como a seus fundamentos, interessa à sua técnica. Se ela não se insere no inefável, descobre-se o deslizamento que aí se operou, sempre em sentido único para afastar a interpretação de seu princípio. Desde então se está autorizado a suspeitar que esse desvio da prática motiva as novas finalidades a que se abre a teoria.

Ao olhar mais de perto, os problemas da interpretação simbólica começaram por intimidar nosso pequeno mundo antes de aí se tornarem embaraçosos. Os sucessos obtidos por Freud aí espantam agora pela sem-cerimônia do endoutrinamento de que parecem proceder, e a exibição que se nota nos casos de Dora, do homem dos ratos e do homem dos lobos, não deixa de nos escandalizar. É verdade que nossos hábeis não recuam em pôr em dúvida que isso fosse uma boa técnica.

Essa desafeição origina-se em verdade, no movimento psicanalítico, de uma confusão das línguas de que, num propósito familiar de uma época recente, a personalidade mais representativa de sua atual hierarquia não fazia mistério conosco.

É bastante notável que essa confusão aumente com a pretensão em que cada um se crê delegado para descobrir em nossa experiência as condições de uma objetivação acabada, e com o fervor que parece acolher esses ensaios teóricos na medida mesma em que eles se verificam mais desreais.

É certo que os princípios, por mais bem fundados que sejam, da análise das resistências, foram, na prática, a ocasião de um desconhecimento cada vez maior do sujeito, por falta de serem compreendidos em sua relação com a intersubjetividade da fala.

Ao seguir, como efeito, o processo das sete primeiras sessões que nos são integralmente narradas do caso do homem dos raios, parece pouco provável que Freud não tenha reconhecido as resistências em seu lugar, ou seja lá mesmo onde nossos modernos técnicos nos ensinam que ele tenha deixado passar a ocorrência, visto que é seu texto mesmo que lhes permite apontados, – manifestando uma vez mais essa exaustão do sujeito que, nos texto freudianos, nos maravilha sem que qualquer interpretação o tenha ainda esgotado os recursos.

Queremos dizer que ele não só se deixou levar a encorajar seu sujeito a passar além de suas primeiras reticências, mas que compreendeu perfeitamente o alcance sedutor desse jogo no imaginário. Basta para se convencer disso transportar-se à descrição que ele nos dá da expressão de seu paciente durante a penosa narrativa do suplício representado que dá tema à sua obsessão, o do rato forçado no ânus do supliciado: "Seu rosto, ele no-lo diz, refletia o horror de um gozo ignorado". O efeito atual da repetição dessa narrativa não lhe escapa e nem, desde então, a identificação do psicanalista com o "capitão cruel" que forçou a entrar essa narrativa na memória do sujeito, e não mais portanto o alcance dos esclarecimentos teóricos cujo penhor o sujeito requer para prosseguir seu discurso.

Longe porém de interpretar aqui a resistência, Freud nos espanta ao aceder a seu requerimento, e tão longe que parece entrar no jogo do sujeito.

Mas o caráter extremamente aproximativo, a ponto de nos parecer vulgar, das explicações com que o gratifica, nos instrui suficientemente: não se trata absolutamente tanto aqui de doutrina, nem mesmo de endoutrinamento, quanto de um dom simbólico da fala, aumentado por um pacto secreto, no contexto da participação imaginária que o inclui, e cujo alcance se revelará mais tarde na equivalência simbólica que o sujeito institui em seu pensamento, dos ratos e dos florins com que ele retribui o analista.

Vemos portanto que Freud, longe de desconhecer a resistência, utiliza-a como uma disposição propícia à movimentação das ressonâncias da fala, e se conforma, na medida do possível, à definição primeira que deu da resistência, servindo-se dela para implicar o sujeito em sua mensagem. Igualmente mudará bruscamente de ideia*, desde que verá que ao ser poupada, a resistência gira para manter o diálogo

---

* No original: "…rompra-t-il brusquement les chiens", expressão que significa primeiramente: "interrompeu bruscamente, chamando-os, os cães lançados numa corrida" e figuradamente: "mudou bruscamente de ideia, voltou atrás" etc. (N. da T.)

no nível de uma conversação onde o sujeito desde então perpetuaria sua sedução com seu escapulir.

Mas aprendemos que a análise consiste em jogar sobre os múltiplos alcances da partitura que a fala constitui nos registros da linguagem: de que ressalta a sobre determinação, que só tem sentido nessa ordem.

E alcançamos ao mesmo tempo a mola do sucesso de Freud. Para mie a mensagem do analista responda à interrogação profunda do sujeito, é preciso com efeito que o sujeito a ouça como a resposta que lhe é particular, e o privilégio que tinham os pacientes de Freud de receber a boa palavra da boca mesma daquele que era o anunciador, satisfazia neles essa exigência.

Notemos de passagem que aqui o sujeito tinha tido um antegozo ao entreabrir a *Psicopatologia da vida quotidiana*, obra então no frescor de sua publicação.

Não quer dizer que esse livro seja muito mais conhecido agora mesmo pelos analistas, mas a vulgarização das noções freudianas na consciência comum, a entrada delas no que chamamos o muro da linguagem, amorteceria o efeito de nossa fala, se lhe déssemos o estilo da conversa mantida por Freud com o homem dos ratos.

Mas não se trata aqui de imitá-lo. Para reencontrar o efeito da fala de Freud, não é a seus termos que recorreremos, mas aos princípios que a governam.

Esses princípios não são senão a dialética da consciência de si, tal como ela se realiza de Sócrates a Hegel, a partir da suposição irônica de que tudo o que é racional é real para se precipitar no julgamento científico de que tudo o que é real é racional. Mas a descoberta freudiana foi demonstrar que esse processo verificante não atinge autenticamente o sujeito senão ao descentrá-lo da consciência de si, em cujo eixo a mantinha a reconstrução hegeliana da fenomenologia do espírito: é dizer que ela torna ainda mais caduca toda investigação de "tomada de consciência" que para além de seu fenômeno psicológico, não se inscreveria na conjuntura do momento particular que sozinho dá corpo ao universal e na falta do qual ele se dissipa em generalidade.

Essas observações definem os limites nos quais é impossível à nossa técnica desconhecer os momentos estruturantes da fenomenologia hegeliana: em primeiro lugar a dialética do Senhor e do Escravo, ou a da bela alma e da lei do coração, e geralmente tudo o que nos permite compreender como a constituição do objeto se subordina à realização do sujeito.

Mas, se permanecesse algo de profético na exigência, em que se mede o gênio de Hegel, da identidade profunda do particular com o universal, é bem a psicanálise que lhe traz seu paradigma ao liberar a estrutura onde essa identidade se realiza como desconjuntante do sujeito, e sem evocar o amanhã.

Digamos somente que aí está o que faz objeção para nós a toda referência à totalidade no indivíduo, visto que o sujeito aí introduz a divisão, assim como no coletivo que é seu equivalente. A psicanálise é propriamente o que remete um e outro à sua posição de miragem.

Isso pareceria não mais poder ser esquecido, se precisamente não fosse o ensino da psicanálise que é esquecível, – do que se conclui por um retorno mais legítimo do que se pensa, que a confirmação nos vem dos próprios psicanalistas, no que suas "novas tendências" representam esse esquecimento.

Que se Hegel vem por outro lado bastante à propósito para dar um sentido que não seja de estupor a nossa dita neutralidade, não é que não tenhamos nada a tomar da elasticidade da maiêutica de Sócrates, e mesmo do procedimento fascinante da técnica onde Platão no-la apresenta, – não fosse ao sentir em Sócrates e seu desejo, o enigma intacto do psicanalista, e ao situar em relação à escopia platônica nossa relação com a verdade: nesse caso de uma maneira que respeita a distância que há da reminiscência que Platão é levado a supor para todo advento da ideia, à exaustão do ser que se consume na repetição de Kierkegaard[29].

Mas existe também uma diferença histórica, que não é vão medir, do interlocutor de Sócrates ao nosso. Quando Sócrates toma apoio sobre uma razão artesã que ele pode extrair igualmente do discurso do escravo, é para fazer aceder autênticos mestres à necessidade de uma ordem que faça justiça de seu poder e verdade das palavras mestras da cidade. Mas vemo-nos diante de escravos que se creem mestres e que encontram em uma linguagem de missão universal o sustento de sua servidão

29. Indicações por nós preenchidas nos tempos vindos (1966). Quatro parágrafos reescritos.

com os laços de sua ambiguidade. Se bem que se poderia dizer com humor que nossa finalidade é a de restituir neles a liberdade soberana de que faz a prova Humpty Dumpty quando recorda à Alice que afinal de contas ele é o mestre do significante, se não o é do significado onde seu ser tomou sua forma.

Reencontramos pois sempre nossa dupla referência à fala e à linguagem. Para libertar a fala do sujeito, introduzimo-la na linguagem de seu desejo, isto é, na *linguagem primeira* na qual, para além do que nos diz dele, já ele nos fala malgrado seu, e nos símbolos do sintoma em primeiro lugar.

É bem de uma linguagem que se trata, com efeito, no simbolismo revelado na análise. Essa linguagem, respondendo ao voto lúdico que se pode encontrar num aforismo de Lichtenberg, tem o caráter universal de uma língua que se faria ouvir em todas as outras línguas, mas ao mesmo tempo, para ser a linguagem que apreende o desejo no ponto mesmo onde ele se humaniza fazendo-se reconhecer, ela é absolutamente particular ao sujeito.

Linguagem primeira, dizemos também, no que não queremos dizer língua primitiva, visto que Freud que se pode comparar a Champollion pelo mérito de ter feito a total descoberta, a decifrou inteiramente nos sonhos de nossos contemporâneos. Igualmente seu campo essencial é definido com alguma autoridade por um dos preparadores associados bem mais cedo a esse trabalho, e um dos raros que aí tenha trazido algo de novo, eu nomeei Ernest Jones, o último sobrevivente daqueles a quem foram dados os sete anéis do mestre e que atesta por sua presença nos postos de honra de uma associação internacional que eles não são somente reservados aos portadores de relíquias.

Em um artigo fundamental sobre o simbolismo[30], o Dr. Jones, mais ou menos na página 15, faz essa observação que, embora haja milhares de símbolos no sentido em que o entende a análise, todos se relacionam ao corpo próprio, às relações de parentesco, ao nascimento, à vida e à morte.

Essa verdade, aqui reconhecida de fato, nos permite compreender que, embora o símbolo psicanaliticamente falando seja recalcado no inconsciente, ele não traz em si mesmo índice algum de regressão, ou de imaturação. Basta

---

30. "Sobre a teoria do simbolismo", *British Journal of Psychology*, IX, 2. Retomado em *Papers on psycho-analysis*.

portanto, para que traga seus efeitos no sujeito, que ele se faça ouvir, pois esses efeitos se operam, malgrado seu, como o admitimos em nossa experiência quotidiana, explicando várias reações dos sujeitos normais assim como dos neuróticos, por sua resposta ao sentido simbólico de um ato, de uma relação ou de um objeto.

Nenhuma dúvida pois que o analista possa jogar com o poder do símbolo evocando-o de um modo calculado nas ressonâncias semânticas de seus propósitos.

Seria a via de um retorno ao uso dos efeitos simbólicos, numa técnica renovada da interpretação.

Poderíamos aí tomar referência do que a tradição hindu ensina do *dhvani*[31], no que aí distingue essa propriedade da fala de fazer ouvir o que ela não diz. É assim que ela o ilustra com uma estoriazinha cuja ingenuidade, que parece de regra nesses exemplos, mostra bastante humor para nos induzir a penetrar na verdade que ela oculta.

Uma jovem, dizem, espera seu amante à margem de um riacho, quando vê uma brâmane caminhando por aí. Ela vai até ele e exclama com o tom da mais amável recepção: "Que felicidade hoje! O cão que sobre essa margem o amedrontava com seus latidos não estará mas aí, pois acaba de ser devorado por um leão que frequenta as redondezas…"

A ausência do leão pode portanto ter tantos efeitos quanto o salto que por estar presente, só dá de uma vez, no dizer do provérbio apreciado de Freud.

O caráter *primeiro* dos símbolos os aproxima, com efeito, desse números de que todos os outros são compostos, e se são portanto subjacentes a todos os semantemas da língua, poderemos por uma investigação discreta de suas interferências, ao fio de uma metáfora cujo deslocamento simbólico neutralizará os sentidos segundos dos termos que ela associa, restituir à fala seu pleno valor de evocação.

Essa técnica exigiria para se ensinar assim como para se aprender uma assimilação profunda dos recursos de uma língua, e especialmente daqueles que são realizados concretamente em seus textos poéticos. Sabe-se que era o caso de

---

31. Trata-se do ensinamento de Abhinavagupta, no século X. Cf. a obra do Dr. Kanti Chandra Pandey: "Indian esthetics", *Chowkamba Sanskrit series*, Bénarès, Studies, 1950, v. II.

Freud quanto às letras alemãs, incluindo o teatro de Shakespeare pela virtude de uma tradução sem igual. Toda sua obra o testemunha, ao mesmo tempo que do recurso que ele aí encontra incessantemente, e não menos em sua técnica que em sua descoberta. Sem prejuízo do apoio de um conhecimento clássico dos Antigos, de uma iniciação moderna ao folclore, e de uma participação interessada nas conquistas do humanismo contemporâneo no domínio etnográfico.

Poder-se-ia pedir ao técnico da análise que não considerasse como vã toda tentativa de segui-lo nesse caminho.

Mas há uma corrente a subir. Pode-se medi-la pela atenção condescendente que se dá, como a uma novidade, ao *wording*: a morfologia inglesa dá aqui um suporte bastante sutil à uma noção ainda difícil de definir, para que se faça caso dela.

O que ela recobre não é entretanto nada encorajador quando um autor[32] se deslumbra por ter obtido um sucesso bastante diferente na interpretação de uma só e mesma resistência pelo emprego "sem premeditação consciente", no-lo sublinha ele, do termo de *need for love* no lugar de *demand for love* que tinha primeiramente, sem ver mais longe nisso (é ele que o precisa), avançado. Se a anedota deve confirmar essa referência da interpretação ao *ego psychology* que está no título do artigo, é ao que parece mais ao *ego psychology* do analista, na medida em que ela se conforma a um uso tão módico do inglês que ele pode levar sua prática aos limites da balbuciação[33].

Pois *need* e *demand* para o sujeito têm um sentido diametralmente oposto, e considerar que o emprego deles possa mesmo um instante ser confundido equivale a desconhecer radicalmente a *intimação* da fala.

Pois na sua função simbolizante, ela não chega nada menos do que a transformar o sujeito a quem ela se dirige pelo laço que estabelece com aquele que emite, ou seja: de introduzir um efeito de significante.

Eis por que é-nos preciso voltar a falar, uma vez mais, da estrutura da comunicação na linguagem e dissipar definitivamente o mal-entendido da linguagem-signo, fonte nesse domínio das confusões do discurso como dos defeitos da fala.

---

32. Ernst Kris. Ego Psychology and Interpretation, *Psychoanaly tic Quarterly*, *XX*, n. I, Jan. 1951, pp. 15–29, cf. a passagem citada pp. 27-28.
33. Parágrafo reescrito (1966).

Se a comunicação da linguagem é com efeito concebida como um sinal pelo qual o emissor informa o receptor de alguma coisa por meio de um certo código, não há razão nenhuma para que não concedamos tanto crédito e mais ainda a todo outro signo quanto o "alguma coisa" de que se trata é o indivíduo: há mesmo toda razão para que demos a preferência a todo modo de expressão que se aproxima do signo natural.

É assim que o descrédito veio em nós sobre a técnica da fala e que nos vêm à procura de um gesto, de uma careta, de uma atitude, de uma mímica, de um movimento, de um estremecimento, que digo, de uma interrupção do movimento habitual, pois somos finos e nada deterá mais em seus rastros nosso lançamento de sabujos.

Vamos mostrar a insuficiência da noção da linguagem-signo pela manifestação mesma que o ilustra melhor no reino animal, e da qual parece que, se ela não tivesse recentemente sido o objeto de uma descoberta autêntica, teria sido preciso inventá-la para tal fim.

Todo mundo admite hoje que a abelha regressando de sua colheita à colmeia, transmite a suas companheiras por dois tipos de danças a indicação da existência de um produto próximo ou bem longínquo. A segunda é a mais extraordinária, pois o plano em que ela descreve a curva em 8, que fez dar-lhe o nome de *wagging dance*, e a frequência dos trajetos que a abelha aí efetua num tempo dado, designa exatamente a direção determinada em função da inclinação solar (onde as abelhas podem se localizar em todo tempo, graça à sua sensibilidade à luz polarizada) de um lado, e de outro à distância até vários quilômetros onde se encontra o produto. E as outras abelhas respondem a essa mensagem dirigindo-se imediatamente para o lugar assim designado.

Uma dezena de anos de observação paciente bastou a Karl von Frisch para decodificar esse modo de mensagem, pois trata-se bem de um código, ou de um sistema de sinalização que somente seu caráter genérico nos proíbe qualificá-lo de convencional.

É por essa razão uma linguagem? Podemos dizer que se distingue precisamente pela correlação fixa de seus signos à realidade que significam. Pois numa linguagem os signos tomam seu valor na sua relação de uns aos outros, na repartição lexical dos semantemas, assim como no uso posicional, ou mesmo flexionai, dos morfemas, contrastando com a fixidez da codagem aqui posta em jogo. E a diversidade das línguas humanas toma sob esta luz, seu pleno valor.

Além disso, se a mensagem do modo aqui descrito determina a ação do *socius*, ela não é jamais retransmitida por ele. E isso quer dizer que ela permanece fixada à sua função de substituto (*relais*) da ação, de que nenhum sujeito o destaca enquanto símbolo da própria comunicação[34].

A forma sob a qual a linguagem se exprime, define por ela mesma a subjetividade. Ela diz: "Irás por aqui, e quando vires isto, tomaras por lá". Em outras palavras, ela se refere ao discurso do outro. Ela é envolvida como tal na mais alta função da fala, como a condição que engaja seu autor ao investir seu destinatário de uma realidade nova, por exemplo quando por um: "És minha mulher", um sujeito se sela como o homem do conjungo.

Tal é com efeito a forma essencial de que toda fala humana deriva mais do que aí não chega.

De onde o paradoxo com que um de nossos ouvintes mais agudos acreditou poder nos opor a observação, quando começamos a fazer conhecer nossas visões sobre a análise enquanto dialética, e que formulou assim: a linguagem humana constituiria pois uma comunicação onde o emissor recebe do receptor sua própria mensagem sob uma forma inversa, fórmula que tivemos somente que retomar da boca do objetor para aí reconhecer a impressão de nosso próprio pensamento, a saber que a fala inclui sempre subjetivamente sua resposta, que o "Tu não me procurarias se não me tivesses encontrado" não faz mais do que homologar essa verdade, e que é a razão pela qual na recusa paranoica do reconhecimento, é sob a forma de uma verbalização negativa que o inconfessável sentimento vem a surgir na "interpretação persecutória"*.

---

34. Isso para o uso de quem pode entendê-lo ainda, após ter ido procurar no Littré a justificação de uma teoria que faz da fala uma "ação paralela", pela tradução que dá na verdade do grego *parabole* (mas por que não "ação em direção"?) sem ter aí ao mesmo tempo notado que se essa palavra entretanto designa o que quer dizer, é em razão do uso sermonário que reserva a palavra verbo, a partir do século X, ao Logos encarnado.
* Entre aspas no original. (N. da T.)

Da mesma forma quando os senhores vangloriam-se de ter encontrado alguém que fala a mesma linguagem que a sua, não querem os senhores dizer que se encontram com ele no discurso de todos, mas que lhe são unidos por uma fala particular.

Vê-se pois a antinomia imanente às relações da fala e da linguagem. Á medida que a linguagem se torna mais funcional, ela se torna imprópria à fala, e ao tornar-se demasiado particular para nós ela perde sua função de linguagem.

Conhece-se o uso que é feito nas tradições primitivas, dos nomes secretos onde o sujeito identifica sua pessoa ou seus deuses até o ponto de revelá-los, é perder-se ou traí-los, e as confidencias de nossos sujeitos, quando não as nossas próprias recordações, nos ensinam que não é raro que a criança reencontre espontaneamente a virtude desse uso.

Finalmente é à intersubjetividade do "nós" que ele assume, que se mede em uma linguagem seu valor de fala.

Por uma antinomia inversa, observa-se que quanto mais o ofício da linguagem se neutraliza aproximando-se da informação, mais se lhe imputa *redundâncias*. Essa noção de redundâncias tomou seu ponto de partida em investigações tanto mais precisas quanto 'interessadas, tendo recebido seu impulso de um problema de economia tratando das comunicações à longa distância e, notadamente, da possibilidade de fazer viajar várias conversas sobre um só fio telefônico; pode--se aí constatar que uma parte importante do médium fonético é supérflua para que seja realizada a comunicação efetivamente procurada.

Isso é para nós altamente instrutivo[35], pois o que é redundante para a informação, é precisamente o que, na fala, faz ofício de ressonância.

---

35. A cada linguagem, sua forma de transmissão, e a legitimidade de tais investigações sendo fundada sobre o sucesso delas, não é proibido fazer um uso moralizante. Consideremos, por exemplo, a sentença que alfinetamos em epígrafe a nosso prefácio. Seu estilo, por ser embaraçado por redundâncias, parecer-lhes-a talvez chato. Mas aligerem-no a sua audácia oferecer-se-á ac entusiasmo que merece. Ouçam: "Parfaupe ouclaspa nannanbryle anaphi ologi psysoscline ixispada anlana – égnia kune n'rbiol' ô blijouter têtumaine ennou-conç..." [Em "francês". (N. da T.)] Eis enfim isolada a pureza de sua mensagem. O sentido aí levanta a cabeça, a confissão do ser, aí se desenha, e nosso espírito vencedor lega ao futuro seu cunho imortal.

Pois a função da linguagem não é aí de informar, mas de evocar.

O que eu procuro na fala, é a resposta do outro. O que me constitui como sujeito, é minha questão. Para fazer-me reconhecer pelo outro, eu não profiro o que foi senão em vista do que será. Para encontrá-lo, chamo-o por um nome que ele deve assumir ou recusar para responder-me.

Identifico-me na linguagem, mas somente ao aí perder-me como um objeto. O que se realiza na minha história, não é o passado simples do que foi pois não é mais, nem mesmo o passado composto do que tem sido no que eu sou, mas o futuro anterior do que eu teria sido para o que eu estou me tornando.

Se agora coloco-me em face do outro para interrogá-lo, nenhum aparelho cibernético, por mais rico que possam imaginá-lo, pode fazer uma reação do que é a resposta. Sua definição como segundo termo do circuito estímulo-resposta, não passa de uma metáfora que se sustenta pela subjetividade imputada ao animal para elidi-lo em seguida no esquema físico onde ela a reduz. É o que chamamos de pôr o coelho na cartola para em seguida fazê-lo sair. Mas uma reação não é uma resposta.

Se aperto um botão elétrico e a luz se faz, não há resposta senão para *meu* desejo. Se para obter o mesmo resultado devo experimentar todo um sistema de *relais**** de que não conheço a posição, só há questão para minha espera, e não haverá mais do que isso quando eu tiver obtido do sistema um conhecimento suficiente para manobrá-lo com segurança.

Mas se chamo aquele a quem eu falo, pelo nome qualquer que seja que eu lhe dê, intimo-lhe a função subjetiva que ele retomará para responder-me, mesmo se é para repudiá-la.

Desde então, aparece a função decisiva de minha própria resposta e que não é somente, como se diz, recebida pelo sujeito como aprovação ou recusa de seu discurso, mas verdadeiramente reconhecê-lo ou aboli-lo como sujeito. Tal é a *responsabilidade* do analista cada vez que intervém pela fala.

Da mesma forma o problema dos efeitos terapêuticos da interpretação inexata que colocou o Sr. Edward Glover[36] num artigo notável, levou-o a conclusões onde a questão da exa-

---

* *Relais* palavra técnica incorporada à linguagem referente a máquina, sistema, etc. (N. da T.)

36. Glover, Edward. The Therapeutic Effect of Inexact Interpretation; a Contribution to the Theory of Suggestion. *Int. J. Psa.*, XII, p. 4.

tidão passa para segundo plano. É a saber, portanto, que não somente toda intervenção falada é recebida pelo sujeito em função de sua estrutura, mas que ela aí toma uma função estruturante em razão de sua forma, e que é precisamente o alcance das psicoterapias não analíticas, e mesmo das mais comuns "receitas" médicas, por serem intervenções que se pode qualificar de sistemas obsessivos de sugestão, de sugestões histéricas de ordem fóbica, e mesmo de suportes persecutórios, cada uma tomando seu caráter da sanção que dá ao desconhecimento pelo sujeito de sua própria realidade.

A fala com efeito é um dom de linguagem, e a linguagem não é imaterial. Ela é corpo sutil, mas é corpo. As palavras são tomadas em todas as imagens corporais que cativam o sujeito; elas podem engravidar a histérica, identificar-se ao objeto do *penis-neid*, representar o fluxo de urina da ambição uretral, ou o excremento retido do gozo avarento.

Bem mais, as palavras podem elas próprias sofrer as lesões simbólicas, realizar os atos imaginários de que o paciente é o sujeito. Lembramo-nos da *Wespe* (vespa) castrada de seu W inicial para tornar o S.P. das iniciais do homem dos lobos, no momento em que ele realiza a punição simbólica de que foi o objeto da parte de Grouscha, a vespa.

Lembramo-nos também do S que constitui o resíduo da fórmula hermética onde se condensaram as invocações conjuratórias do homem dos ratos depois que Freud tinha extraído de sua cifra o anagrama do nome de sua bem-amada, e que, conjunto ao amém terminal de sua ejaculação, inunda eternamente o nome da dama com o jato simbólico de seu desejo impotente.

Igualmente, um artigo de Robert Fliess[37], inspirado pelas observações inaugurais de Abraham, nos demonstra que o discurso no seu conjunto pode tornar-se o objeto de uma erotização segundo os deslocamentos da erogeneidade na imagem corporal, momentaneamente determinados pela relação analítica.

O discurso toma então uma função fálico-uretral, erótico-anal, e mesmo sádico-oral. É aliás notável que o autor apreenda principalmente seu efeito nos silêncios que marcam a inibição da satisfação que experimenta o sujeito.

---

37. Fliess, Robert. Silence and Verbalization. A Supplement to the Theory of "Analytic Rule". *In. J. Psa.*, XXX, p. 1.

Assim a fala pode tornar-se objeto imaginário, e mesmo real, no sujeito e, como tal, diminuir sob mais de um aspecto a função da linguagem. Colocá-la-emos então no parêntese da resistência que ela manifesta.

Mas não será para pô-la no index da relação analítica, pois esta última perderia até sua razão de ser.

A análise não pode ter como finalidade senão o advento de uma fala verdadeira e a realização pelo sujeito de sua história na sua relação com um futuro.

A manutenção dessa dialética se opõe a toda orientação objetivante da análise, e a colocação em relevo dessa necessidade é capital para penetrar na aberração das novas tendências manifestadas na análise.

É por um retorno a Freud que ilustraremos ainda aqui nosso propósito, e igualmente pela observação do homem dos ratos visto que começamos a nos servir dele.

Freud chega até a permitir-se certas liberdades em relação à exatidão dos fatos, quando se trata de atingir a verdade do sujeito. Num dado momento, ele percebe o papel determinante que desempenhou a proposta de casamento trazida ao sujeito por sua mãe na origem da fase atual de sua neurose. Teve aliás a iluminação disso, nós o mostramos em nosso seminário, em razão de sua experiência pessoal. Entretanto, não hesita em interpretar ao sujeito o efeito, como uma interdição trazida por seu pai defunto contra sua ligação com a dama de seus pensamentos.

Isso não é somente materialmente inexato. Também o é psicologicamente, pois a ação castradora do pai, que Freud afirma aqui com uma insistência que se poderia crer sistemática, desempenhou nesse caso apenas um papel de segundo plano. Mas a apercepção da relação dialética é tão justa que a interpretação de Freud dada nesse momento provoca o levantamento decisivo dos símbolos mortíferos que ligam de maneira narcisista o sujeito ao mesmo tempo a seu pai morto e à dama idealizada, as duas imagens se sustentando, numa equivalência característica do obsessivo, uma da agressividade phantasista* que a perpetua, a outra do culto mortificante que a transforma em ídolo.

* *fantasmatique* no original. (N. da T.)

Do mesmo modo, Freud atinge a sua finalidade ao reconhecer a subjetivação forçada da dívida[38] obsessiva da qual seu paciente desempenha a pressão até o delírio, no argumento, bastante perfeito para exprimir os termos imaginários para que o sujeito tente mesmo realizá-lo, da restituição vã, ou seja a de fazer-lhe reencontrar na estória da indelicadeza de seu pai, de seu casamento com sua mãe, da moça "pobre, mas bela", de seus amores feridos, da memória ingrata para com o amigo salutar, – com a constelação fatídica, que presidiu a seu nascimento mesmo, a hiância impossível de preencher da dívida simbólica da qual sua neurose é o protesto.

Nenhum rastro aqui de um recurso ao espectro ignóbil de não sei que "medo" original, nem mesmo a um masoquismo, entretanto fácil de agitar, menos ainda a esse contra-excesso obsessivo que alguns propagam sob o nome de análise das defesas. As próprias resistências, eu o mostrei já, são utilizadas durante todo tempo possível no sentido do progresso do discurso. E quando é preciso aí pôr um termo, é a lhes ceder que se chega.

Pois é assim que o homem dos ratos chega a introduzir em Sua subjetividade sua mediação verdadeira sob a forma transferencial da moça imaginária que ele dá a Freud para receber dele a aliança, e que num sonho-chave lhe desvela seu verdadeiro rosto: o da morte que olha para ele com seus olhos de betume.

Da mesma forma, se é com esse pacto simbólico que caíram no sujeito as astúcias de sua servidão, a realidade não lhe terá faltado para preencher esses esponsais, e a nota, à guisa de epitáfio, que em 1923 Freud dedica a esse jovem que, no risco da guerra, encontrou "o fim de tantos jovens de valor sobre os quais podia se fundar tantas esperanças", concluindo o caso com o rigor do destino, o eleva à beleza da tragédia.

Para saber como responder ao sujeito na análise, o método é reconhecer primeiro o lugar onde está seu *Ego*, esse *Ego* que o próprio Freud definiu como *Ego* formado de um *nucleus* verbal, em outras palavras, saber por quem e para quem o sujeito faz a *sua pergunta*. Enquanto não se souber isso, correr-

---

38. Equivalente para nós aqui do termo *Zwangsbefürchtung* que se deve decompor sem nada perder dos recursos semânticos da língua alemã.

-se-á o risco do contrassenso sobre o desejo que aí está para reconhecer e sobre o objeto a quem se dirige esse desejo.

O histérico cativa esse objeto numa intriga refinada e seu *Ego* está no terceiro por meio de quem o sujeito goza desse objeto onde sua pergunta se encarna. O obsessivo arrasta consigo na jaula de seu narcisismo os objetos onde sua pergunta se repercute no álibi multiplicado de figuras mortais e, domando o alto volteio delas, dirige sua homenagem ambígua em direção ao camarote onde ele próprio tem seu lugar, aquele do mestre que não pode se ver.

Trahit sua quemque voluptas; um se identifica ao espetáculo, e o outro deixa ver.

Para o primeiro sujeito, devem fazê-lo reconhecer onde se situa sua ação, para quem o termo de *acting out* toma seu sentido literal visto que age fora de si próprio. Para o outro, os senhores devem se fazer reconhecer no espectador, invisível da cena, a quem o une a mediação da morte.

É portanto sempre na relação do *Ego* do sujeito ao *eu* de seu discurso*, que lhes é preciso compreender o sentido do discurso para desalienar o sujeito.

Mas os senhores não poderão chegar aí se se apegam à ideia de que o *Ego* do sujeito é idêntico à presença que lhes fala.

Esse erro é favorecido pela terminologia da tópica que não tenta senão demais o pensamento objetivante, permitindo-lhe deslizar do *Ego* definido como sistema percepção-consciência**, isto é, como sistema das objetivações do sujeito, ao *Ego**** concebido como correlativo de uma realidade absoluta, e assim de aí reencontrar em um singular retorno do recalcado do pensamento psicologista, a "função do real" pela qual um Pierre Janet ordena suas concepções.

Um tal deslizamento só se operou por falta de reconhecer que na obra de Freud a tópica do *Ego*, do *Id* e do *Superego* é subordinada à metapsicologia de que ele promove os termos na mesma época e sem a qual ela perde seu sentido. Assim engajou-se numa ortopedia psicológica que não terminou de dar seus frutos.

---

* "dans le rapport du *moi* du sujet *au je* de son discours". (N. da T.)
** *moi*. (N. da T.)
*** *Idem.*

Michael Balint analisou de maneira absolutamente penetrante os efeitos intrincados da teoria e da técnica na gênese de uma nova concepção da análise, e ele não encontra nada melhor para indicar sua saída do que a palavra de ordem que empresta de Rickman, do advento de uma *Two-body psychology*.

Não se poderia dizer nada melhor com efeito. A análise se torna a relação de dois corpos entre os quais se estabelece uma comunicação phantasista onde o analista ensina ao sujeito a se apreender como objeto; a subjetividade não é admitida senão no parêntese da ilusão e a fala aí é posta no índice de uma investigação do vivido que se torna a finalidade suprema, mas o resultado dialeticamente necessário aparece no fato de que a subjetividade do psicanalista estando liberada de todo freio, deixa o sujeito entregue a todas as intimações de sua fala.

A tópica intra-subjetiva uma vez entificada se realiza, com efeito, na divisão do trabalho entre os sujeitos em presença. E essa utilização, desviada da fórmula de Freud que tudo o que é do *Id* deve se tornar do *Ego*, aparece sob uma forma desmistificada; o sujeito transformado em um *isto** tem de se conformar a um *Ego* onde o analista não terá mal nenhum em reconhecer seu aliado, visto que é de seu próprio *Ego* em verdade que se trata.

É bem esse processo que se exprime em muita formulação teórica do *splitting* do *Ego* na análise. A metade do *Ego* do sujeito passa para o outro lado do muro que separa o analisado do analista, em seguida a metade da metade, e assim por diante, em uma procissão assíntota que não chegará entretanto a anular-se, por mais longe que seja impelida na opinião em que o sujeito chegará de si próprio, toda margem de onde ele possa retornar sobre a aberração da análise.

Mas como o sujeito de uma análise centrada no princípio de que todas suas formulações são sistemas de defesa, poderia ser defendido contra a desorientação total onde esse princípio deixa a dialética do analista?

A interpretação de Freud, cujo procedimento dialético aparece tão bem na observação de Dora, não apresenta esses perigos, pois, assim que os preconceitos do analista (isto é, sua contratransferência, termo cujo emprego correto a nosso gra-

---

* *cela* em francês (N. da T.)

169

do não poderia ser estendido para além das razões dialéticas do erro) o desencaminharam em sua intervenção, ele compensa logo em seguida por uma transferência negativa. Pois esta última se manifesta com uma força tanto maior quanto uma tal análise já engajou mais longe o sujeito num reconhecimento autêntico, e segue-se habitualmente a ruptura.

É bem o que aconteceu no caso de Dora, em razão do furor de Freud em querer fazer-lhe reconhecer o objeto escondido de seu desejo nessa pessoa do Sr. K... onde os preconceitos constituintes de sua contratransferência o levavam a ver a promessa de sua felicidade.

Sem dúvida a própria Dora estava fintada nessa relação, mas ela não deixou nem por isso de ressentir vivamente que Freud o fosse com ela. Mas quando ela volta a vê-lo, após o prazo de quinze meses onde se inscreve a cifra fatídica de seu "tempo para compreender", sentimo-la entrar no caminho de uma finta de ter fingido, e a convergência dessa finta ao segundo grau, com a intenção agressiva que Freud lhe imputa, não sem exatidão é certo, mas sem conhecer sua verdadeira mola, nos apresenta o esboço da cumplicidade intersubjetiva que unia "análise das resistências" plena de seus direitos, teria podido entre eles perpetuar. Nenhuma dúvida de que com os meios que nos são hoje propostos por nosso progresso técnico, o erro humano teria podido se prorrogar para além dos limites onde se torna diabólico.

Tudo isso não é de nossa lavra, pois o próprio Freud reconheceu posteriormente a fonte prejudicial de seu fracasso no desconhecimento, onde ele próprio então, da posição homossexual do objeto visado pelo desejo da histérica.

Sem dúvida todo o processo que culminou nessa tendência atual da psicanálise remonta, e primeiramente, à má consciência que o analista adquiriu do milagre operado por sua fala. Ele interpreta o símbolo e eis que o sintoma, que o inscreve em carta em instância* na carne do sujeito, se apaga. Essa taumaturgia é inconveniente a nossos costumes. Pois enfim somos sábios e a magia não é uma prática defensável. Descarregamo-nos ao imputar ao paciente um pensamento mágico. Em breve iremos pregar a nossos doentes o Evangelho segun-

---

* *lettres en souffrance* no original. No sentido próprio: cartas que aguardam que se venha retirá-las. (N. da T.)

170

do Lévy-Bruhl. Na espera, eis-nos tornados novamente pensadores, e eis também restabelecidas essas justas distâncias que é preciso saber guardar para com os doentes e de que tinha-se, sem dúvida, um pouco depressa abandonado a tradição tão nobremente exprimida nessas linhas de Pierre Janet sobre as pequenas capacidades da histérica comparadas a nossas alturas. "Ela não compreende nada de ciência, no-lo confia ele falando da pobrezinha, e não entende que outros possam interessar-se por ela ... Se pensamos na ausência de controle que caracteriza seu pensamento, em vez de nos escandalizarmos com suas mentiras, que são aliás muito ingênuas, espantar-nos-emos antes que haja ainda tantas honestas, etc.".

Essas linhas, por representarem o sentimento ao qual retornaram muitos desses analistas de nossos dias que condescendem em falar ao doente "sua linguagem", podem servir-nos para compreendermos o que se passou entrementes. Pois se Freud tinha sido capaz de assinalados, como teria podido ele ouvir como o fez a verdade incluída nas estorietas de seus primeiros doentes, e mesmo decifrar um obscuro delírio como o de Schreber até ampliá-lo na medida do homem eternamente encadeado a seus símbolos?

Nossa razão é tão frágil a ponto de não se reconhecer igual na meditação do discurso científico* e na troca primeira do objeto simbólico, e por aí não reencontrar a medida idêntica de sua astúcia original?

Ser-nos-á preciso recordar o que vale a vara** de "pensamento", aos praticantes de uma experiência que faz aproximar sua ocupação mais de um erotismo intestinal que de um equivalente da ação?

É preciso que aquele que lhes fala testemunhe que, quanto a ele, não há necessidade de recorrer ao pensamento, para compreender que se lhes fala nesse momento da fala, é na medida em que temos em comum uma técnica da fala que lhes torna aptos a ouvi-lo quando ele lhes fala dela, e que o dispõe a dirigir-se através dos senhores àqueles que aí não ouvem nada?

Sem dúvida temos que prestar a orelha ao não-dito que se aloja nos buracos do discurso, mas isso não é para ouvir como golpes que soavam atrás do muro.

* Em francês *discours savant*. (N. da T.)
** Em francês *aune*, medida antiga de comprimento. (N. da T.)

Pois por não mais nos ocuparmos desde então, como se vangloriam alguns, senão desses ruídos, é preciso convir que não nos pusemos nas condições mais propícias para decifrar seu sentido: como, sem enfiar na cabeça ou compreendê-lo, traduzir o que não é por si mesmo linguagem? Assim levados a invocar o sujeito, visto que no final das contas é no seu ativo que temos de fazer virar esse compreender, colocá-lo-emos conosco na aposta, que é justamente a de que o compreendemos, e esperamos que um retorno nos torne vencedores a ambos. Por meio de que, ao perseguir esse ritmo de vaivém ele-próprio aprenderá bem simplesmente a escandir a medida, forma de sugestão que vale tanto quanto uma outra, isto é, que como em todas as outras não se sabe quem dá a marca. O procedimento é reconhecido como bastante seguro quando se trata de ir ao buraco[39].

A meio-caminho desse extremo, a questão é colocada: a psicanálise permanece uma relação dialética onde o não-agir do analista guia o discurso do sujeito em direção à realização de sua verdade, ou se reduzirá a uma relação phantasista onde "dois abismos se roçam" sem se tocarem até o esgotamento da gama das regressões imaginárias, – numa sorte de *bundling*[40], levado a seus limites supremos em matéria de prova psicológica?

De fato, essa ilusão que nos impele a procurar a realidade do sujeito para além do muro da linguagem é a mesmo pela qual o sujeito crê que sua verdade é em nós já dada, que a conhecemos de antemão, e é igualmente por lá que ele é hiante a nossa intervenção objetivante.

Sem dúvida ele não tem, quanto a si, de responder por esse erro subjetivo que, confesso ou não em seu discurso, é

39. Dois parágrafos reescritos (1966).
40. Designa-se, sob esse termo, o costume de origem celta e ainda em uso em certas seitas bíblicas na América, que permite aos noivos, e mesmo ao hóspede de passagem aparentado à moça da casa, dormirem juntos na mesma cama, com a condição de que eles conservem suas roupas. A palavra toma seu sentido de que a jovem é ordinariamente empacotada nos lençóis. (Quincey cita o fato. Cf. também o livro de Aurand o Jovem sobre essa prática na seita dos amish.) Assim o mito de Tristão e Isolda, e mesmo o complexo que ele representa, apadrinharia doravante o psicanalista em sua procura da alma prometida aos esponsais mistificantes pela via de extenuação de suas phantasias instintivas.

imanente ao fato de que ele entrou na análise, e que concluiu seu pacto principial. E se poderia menos ainda negligenciar a subjetividade desse momento quanto aí encontramos a razão do que se pode chamar os efeitos constituintes da transferência enquanto se distinguem por um índice de realidade dos efeitos constituídos que lhes sucedem[41].

Freud, recordemo-lo, tocando os sentimentos que se traz na transferência, insistia na necessidade de aí distinguir um fator de realidade, e seria, concluía ele, abusar da docilidade do sujeito o querer persuadi-lo em todos os casos que esses sentimentos são uma simples repetição transferencial da neurose. Desde então, como esses sentimentos reais se manifestam como primários e como o charme próprio de nossas pessoas permanece um fator aleatório, pode parecer que haja lá algum mistério.

Mas esse mistério se esclarece ao encararmo-lo na fenomenologia do sujeito, na medida em que o sujeito se constitui na procura da verdade. Basta recorrer aos dados tradicionais que os budistas nos fornecerão, se não são os únicos, para reconhecermos nessa forma da transferência o erro próprio da existência, e sob três égides cuja síntese eles fazem assim; o amor, o ódio e a ignorância. É pois como contra efeito do movimento analítico que compreenderemos sua equivalência no que se chama uma transferência positiva na origem, – cada um podendo esclarecer-se pelos dois outros sob esse aspecto existencial, se não excetuarmos o terceiro geralmente omitido por sua proximidade ao sujeito.

Evocamos aqui a invectiva que nos tomava em testemunho da incontinência de que dava provas um certo trabalho (já demasiado citado por nós) em sua objetivação insensata do jogo dos instintos na análise, alguém, cuja dívida se reconhecerá para conosco pelo uso conforme que ele aí fazia do termo *real*. É nessas palavras, com efeito que ele "livrava", como se diz, "seu coração": "É tempo de terminar com essa malandragem que tende a fazer acreditar que se passa no tratamento o que quer que seja de real". Deixemos de lado o que resultou disso, pois desgraça! se a análise não curou o

---

41. Encontra-se portanto lá definido o que designamos na continuação como o suporte da transferência: notadamente o sujeito-suposto-saber (1966).

173

vício oral do cão de que fala a Escritura, seu estado é pior do que antes: é o vômito dos outros que ela engole.

Pois esse chiste não estava mal orientado, procurando, com efeito, a distinção, jamais produzida ainda na análise, desses registros elementares de que desde então colocamos o fundamento nos termos: simbólico, imaginário e real.

A realidade, com efeito, na experiência analítica permanece frequentemente velada sob formas negativas, mas não é demasiado difícil situá-la.

Ela se encontra, por exemplo, no que reprovamos habitualmente como intervenções ativas; mas seria um erro definir por aí o limite.

Pois é claro, por outro lado, que a abstenção do analista, sua recusa em responder, é um elemento da realidade na análise. Mais exatamente, é nessa negatividade enquanto pura, isto é, desligada de todo motivo particular, que reside a junção entre o simbólico e o real. O que se compreende no fato de que esse não-agir se funda sobre nosso saber afirmado do princípio que tudo o que é real é racional, e sobre o motivo que disso decorre de que é ao sujeito que cabe reencontrar sua medida.

Permanece que essa abstenção não é sustentada indefinidamente; quando a questão do sujeito tomou forma de verdadeira fala, sancionamo-la com nossa resposta, mas também mostramos que uma verdadeira fala contém já sua resposta e que somente redobramos com nosso poemeto sua antífona. Que quer dizer? Senão que não fazemos mais do que dar à fala do sujeito sua pontuação dialética.

Vê-se desde então o outro momento onde o simbólico e o real se conjugam, e já o tínhamos marcado teoricamente: na função do tempo, e isso vale que nos detenhamos um momento sobre os efeitos técnicos do tempo.

O tempo desempenha seu papel na técnica sob várias incidências.

Ele se apresenta primeiro na duração total da análise, e implica o sentido a dar ao término da análise, que é a questão anterior àquela dos signos de seu fim. Tocaremos no problema da fixação de seu término. Mas desde agora, é claro que essa duração não pode ser antecipada para o sujeito senão como indefinida.

Isso por duas razões, que só se pode distinguir na perspectiva dialética:

– uma que provém dos limites de nosso campo e que confirma nosso propósito sobre a definição de seus confins: não podemos prever do sujeito qual será seu *tempo para compreender*, na medida em que inclui um fator psicológico que nos escapa como tal;

– a outra que é propriamente do sujeito e por onde a fixação de um termo equivale a uma projeção especializante, onde ele se encontra doravante alienado de si próprio: a partir do momento em que o prazo de sua verdade pode ser previsto, aconteça o que acontecer na intersubjetividade intervalar, é que a verdade está já lá, isto é, que restabelecemos no sujeito sua miragem original na medida em que ele coloca em nós sua verdade e em que ao sancioná-lo por nossa autoridade, instalamos sua análise em uma aberração, que será impossível corrigir em seus resultados.

É exatamente o que ocorreu no caso célebre do homem dos lobos, cuja importância exemplar foi tão bem compreendida por Freud que ele aí retoma apoio em seu artigo sobre a análise finda ou indefinida[42].

A fixação antecipada de um termo, primeira forma de intervenção ativa, inaugurada (*proh pudor!*) pelo próprio Freud, qualquer que seja a segurança divinatória (no sentido próprio do termo)[43], de que possa dar provas o analista ao seguir seu exemplo, deixará sempre o sujeito na alienação de sua verdade.

Da mesma maneira encontramos a confirmação em dois fatos do caso de Freud:

42. Pois é essa a tradução correta dos dois termos que se traduziu, com essa infalibilidade no contrassenso que já assinalamos, por "análise terminável e análise interminável".

43. Cf. Aulo Gélio, *Noites Áticas*, II, 4: "Num processo, quando se trata de quem será encarregado da acusação, e quando duas ou várias pessoas pedem para serem inscritas para este ministério, o julgamento pelo qual o tribunal nomeia o acusador se chama adivinhação... Essa palavra provém de que o acusador e o acusado sendo duas coisas correlativas, e que não podem subsistir uma sem a outra, e a espécie de julgamento de que se trata aqui apresentando um acusado sem acusador, é preciso recorrer à adivinhação para encontrar o que a causa não dá, o que ela deixa ainda desconhecido, isto é, o acusador".

Primeiramente, o homem dos lobos – apesar de todo o feixe de provas demonstrando a historicidade da cena primitiva, apesar da convicção que manifesta para com ele, imperturbável diante das dúvidas metódicas cuja prova Freud lhe impõe – jamais consegue entretanto integrar sua rememoração em sua história.

Em segundo lugar, o homem dos lobos demonstra ulteriormente sua alienação da maneira mais categórica, sob uma forma paranoide.

É verdade que aqui se imiscui um outro fator, por onde a realidade intervém na análise, a saber o dom de dinheiro de cujo valor simbólico reservamo-nos o tratamento mais adiante, mas cujo alcance já se indica no que evocamos do vínculo da fala com o dom constituinte da troca primitiva. Ora, aqui o dom de dinheiro é desequilibrado por uma iniciativa de Freud onde podemos reconhecer, tanto quanto sua insistência em voltar sobre o caso, a subjetivação não resolvida nele dos problemas que esse caso deixa em suspenso. E ninguém duvida que esteja aí um fator provocando a psicose, de resto sem saber dizer exatamente por quê.

Não se compreende, entretanto, que admitir um sujeito a ser mantido às custas do pritaneu da psicanálise (pois é de uma coleta do grupo que tirava sua pensão) a título do serviço à ciência prestado por ele enquanto caso, é também instituí-lo decisivamente na alienação de sua verdade?

Os materiais do suplemento de análise onde o doente é confiado a Ruth Mac Brunswick ilustram a responsabilidade do tratamento anterior, demonstrando nossos propósitos sobre os lugares respectivos da fala e da linguagem na mediação psicanalítica.

Bem mais, é em sua perspectiva que se pode apreender como Ruth Mac Brunswick no final das contas se reconheceu bastante bem em sua posição delicada em relação à transferência. (Lembrar-se-á do muro mesmo de nossa metáfora enquanto figura num dos sonhos, os lobos do sonho-chave aí se mostrando ávidos em rodeá-lo...) Nosso seminário sabe tudo isso e os outros poderão aí se exercer[44].

44. Dois parágrafos reescritos (1966).

Queremos com efeito tocar num outro aspecto particularmente palpitante na atualidade, da função do tempo na técnica. Queremos falar da duração da sessão.

Aqui se trata ainda de um elemento que pertence manifestamente à realidade, visto que representa nosso tempo de trabalho, e sob este ângulo, faz parte de uma regulamentação profissional que pode ser considerada como prevalecente.

Mas suas incidências subjetivas não são menos importantes. E primeiro para o analista. O caráter tabu sob o qual se o apresentou em recentes debates prova suficientemente que a subjetividade do grupo é bem pouco liberada em relação a isso, e o caráter escrupuloso, para não dizer obsessivo, que toma para alguns, senão para a maioria, a observação de um *standard* cujas variações históricas e geográficas não parecem de resto inquietar ninguém, é bem o signo da existência de um problema que se é tanto menos disposto a abordar quanto se sente que ele levaria muito longe no questionamento da função do analista.

Para o sujeito em análise, por outro lado, não se saberia desconhecer a importância. O inconsciente, profere-se num tom tanto mais entendido quanto se é menos capaz de justificar o que se quer dizer, o inconsciente exige tempo para revelar-se. Estamos bem de acordo com isso. Mas perguntamos qual é sua medida? É aquela do universo da precisão, para empregarmos a expressão de Alexandre Koyré? Sem dúvida vivemos nesse universo, mas seu advento para o homem é de data recente, visto que remonta exatamente ao relógio de Huyghens, ou seja ao ano de 1659, e o mal-estar do homem moderno não indica precisamente que essa precisão seja para ele um fator de liberação. Esse tempo da queda dos graves é sagrado por responder ao tempo dos astros enquanto colocado no eterno por Deus que, como Lichtenberg no-lo disse, dá corda nos nossos quadrantes solares? Talvez teremos uma qualquer melhor ideia ao compararmos o tempo da criação de um objeto simbólico e o momento de descuido em que o deixamos cair?

Seja como for, se o trabalho de nossa função durante esse tempo permanece problemático, cremos ter posto suficientemente em evidência a função do trabalho no que aí realiza o paciente.

Mas a realidade, qualquer que seja, desse tempo toma disso desde então um valor local, o de uma recepção do produto desse trabalho.

Desempenhamos um papel de registro, assumindo a função, fundamental em toda troca simbólica, de recolher o que *do kamo*, o homem em sua autenticidade, chama a fala que dura.

Testemunha tomada da sinceridade do sujeito, depositário do auto de seu discurso, referência de sua exatidão, garante de sua direiteza, guarda de seu testamento, tabelião de seus codicilos, o analista faz a parte do escriba.

Mas permanece o mestre da verdade de que esse discurso é o progresso. É ele, antes de tudo, que pontua, dissemo-lo, sua dialética. E aqui, ele é apreendido como juiz do preço desse discurso. Isso comporta duas consequências.

A suspensão da sessão não pode ser sentida pelo sujeito como uma pontuação em seu progresso. Sabemos como ele calcula seu término para articulá-lo a seus próprios prazos, e mesmo as suas escapatórias, como o antecipa sopesando-o à maneira de uma arma, espiando-o como um abrigo.

É um fato que se constata muito na prática dos textos das escrituras simbólicas, quer se trate da Bíblia ou dos canônicos chineses: a ausência de pontuação aí é fonte de ambiguidade, a pontuação colocada fixa o sentido, sua mudança o renova ou o perturba, e, errônea, ela equivale a alterá-lo.

A indiferença com a qual o corte do *timing* interrompe os momentos de pressa no sujeito, pode ser fatal à conclusão em direção a que se precipitava seu discurso, e mesmo aí fixar um mal-entendido, quando não dar pretexto a uma astúcia retorsiva.

Os debutantes parecem mais tocados pelos efeitos dessa incidência, o que dos outros faz pensar que suportam a rotina.

É certo que a neutralidade que manifestamos ao aplicarmos estritamente essa regra mantém a via de nosso não-agir.

Mas esse não-agir tem seu limite, ou então não haveria intervenção: e por que torná-la impossível nesse ponto, assim privilegiado?

O perigo que esse ponto tome valor obsessivo no analista é simplesmente que ele se preste à conivência do sujeito: não somente aberta ao obsessivo, mas nele tomando vigor especial, justamente de seu sentimento do trabalho. Sabe-se a nota de trabalho forçado que no sujeito envolve até seus lazeres.

Esse sentido é sustentado por sua relação subjetiva com o senhor na medida que é sua morte que ele espera.

O obsessivo manifesta com efeito uma das atitudes que Hegel não desenvolveu em sua dialética do senhor e do escravo. O escravo esquivou-se diante do risco da morte, onde a ocasião do domínio lhe era oferecida numa luta de puro prestígio. Mas visto que ele sabe que é mortal, sabe também que o senhor pode morrer. Desde então, pode aceitar trabalhar para o senhor e renunciar ao gozo entrementes: e, na incerteza do momento em que chegará a morte do senhor, ele espera.

Tal é a razão intersubjetiva tanto da dúvida quanto da procrastinação que são traços de caráter no obsessivo.

Entretanto todo seu trabalho se opera sob a chefia dessa intenção, e torna-se por essa chefia absolutamente alienante. Pois não somente a obra do sujeito lhe é furtada por um outro, o que é a relação constituinte de todo trabalho, mas o reconhecimento pelo sujeito de sua própria essência em sua obra onde esse trabalho encontra sua razão, não deixa de escapar-lhe, pois ele próprio "aí não está", ele está no momento antecipado da morte do senhor, a partir de que ele viverá, mas na espera de que se identifica a ele como morto, e isso por esse meio e ele próprio já está morto.

No entanto esforça-se em enganar o senhor pela demonstração das boas intenções manifestas em seu trabalho. É o que as boas crianças do catecismo analítico exprimem em sua rude linguagem ao dizerem que o *Ego* do sujeito procura seduzir seu *Superego*.

Essa formulação intra-subjetiva se desmistifica imediatamente ao compreendê-la na relação analítica, onde o *working trough* do sujeito é com efeito utilizado para a sedução do analista.

Não é por acaso tampouco que, desde que o progresso dialético se aproxima do questionamento das intenções do *Ego* em nossos sujeitos, a phantasia da morte do analista, frequentemente experimentada sob a forma de um temor, e mesmo de uma angústia, não deixa nunca de se produzir.

E o sujeito parte novamente numa elaboração ainda mais demonstrativa de sua "boa vontade"*.

Como duvidar, desde então, do efeito de algum desdém marcado pelo senhor para o produto de um tal trabalho? A resistência do sujeito pode encontrar-se absolutamente desconcertada com isso.

Desse momento, seu álibi até então inconsciente começa a descobrir-se para ele, e vemo-lo procurar apaixonadamente a razão de tantos esforços.

Não diríamos tanto se não estivéssemos convencidos de que ao experimentar em um momento, vindo à sua conclusão, de nossa experiência, p que se chamou de nossas sessões curtas, pudemos fazer nascer em tal sujeito macho, phantasias de gravidez anal com o sonho de sua resolução por cesariana, num prazo em que de outra maneira teríamos ainda chegado até a escutar suas especulações sobre a arte de Dostoievski.

De resto não estamos aqui para defender esse procedimento, mas para mostrar que ele tem um sentido dialético preciso em sua aplicação técnica[45].

E não somos o único a ter feito a observação que ele se aproxima, em último caso, da técnica que se designa sob o nome de *zen*, e que é aplicada como meio de revelação do sujeito na ascese tradicional de certas escolas extremo-orientais.

Sem chegar aos extremos em que se leva essa técnica, visto que seriam contrários a certas limitações que a nossa se impõe, uma aplicação discreta de seu princípio na análise nos parece muito mais admissível do que certos modos ditos de análise das resistências, na medida em que ela não comporta em si mesma perigo algum de alienação do sujeito.

Pois ela só quebra o discurso para dar luz à fala.

Eis-nos portanto ao pé do muro, ao pé do muro da linguagem. Aí estamos em nosso lugar, isto é, do mesmo lado que o paciente, e é sobre esse muro, que é o mesmo para ele e para nós, que vamos tentar responder ao eco de sua fala.

Para além desse muro, não há nada que não seja para nós trevas exteriores. Quer dizer que somos inteiramente

---

* Entre aspas no original (N. da T.)

45. Pedra de refugo ou pedra de toque, nosso forte é não ter cedido sobre esse ponto (1966).

senhores da situação? Certamente que não, e Freud sobre isso legou-nos seu testamento sobre a reação terapêutica negativa.

A chave desse mistério, dizem, está na instância de um masoquismo primordial, ou seja numa manifestação em estado puro desse instinto de morte de que Freud nos propôs o enigma no apogeu de sua experiência.

Não podemos confiar nele, mais do que não poderemos aqui adiar seu exame.

Pois observaremos que se conjugam numa mesma recusa desse acabamento da doutrina, aqueles que levam a análise em torno de uma concepção do *Ego* cujo erro denunciamos, e aqueles que, como Reich, vão tão longe no princípio de ir buscar para além da fala a inefável expressão orgânica, que para, como ele, libertá-la de sua armadura, poderiam, como ele, simbolizar na superposição das duas formas vermiculares de que se pode ver em seu livro *da análise do caráter* o espantoso esquema, a indução orgásmica que esperam como ele da análise.

Conjunção que nos deixará sem dúvida augurar favoravelmente sobre o rigor das formações do espírito, quando teremos mostrado a relação profunda que une a noção do instinto de morte aos problemas da fala.

A noção do instinto de morte, por menos que se a considere, se propõe como irônica, seu sentido devendo ser procurado na conjunção de dois termos contrários: o instinto em efeito em sua acepção mais compreensiva é a lei que regula em sua sucessão um ciclo de comportamento para a realização de uma função vital, e a morte aparece primeiramente como a destruição da vida.

Entretanto a definição que Bichat, na orla da biologia, deu da vida como do conjunto das forças que resistem à morte, não menos que a concepção mais moderna que encontramos em um Cannon na noção da homeostase, como função de um sistema mantendo seu próprio equilíbrio, – estão aí para nos recordar que vida e morte se compõem em uma relação polar, no seio mesmo de fenômenos, que se relaciona com a vida.

Desde então a congruência dos termos contrastados do instinto de morte aos fenômenos de repetição aos quais a explicação de Freud os relaciona em efeito sob a qualificação do automatismo, não deveria apresentar dificuldades, se se tratasse lá de uma noção biológica.

Todo mundo sabe que não é nada disso, e é isso que faz tropeçar muitos de nós sobre seu problema. O fato de que muitos se detêm na incompatibilidade aparente desses termos pode mesmo reter nossa atenção no que ele manifesta uma inocência dialética que desconcertaria sem dúvida o problema classicamente colocado à semântica no enunciado determinativo: uma aldeia sobre o Ganges, através do que a estética hindu ilustra a segunda forma das ressonâncias da linguagem[46].

É preciso abordar com efeito essa noção por suas ressonâncias no que chamaremos a poética da obra freudiana, primeira via de acesso para penetrar no seu sentido, e dimensão essencial ao compreender sua repercussão dialética das origens da obra no apogeu que ela aí marca. É preciso lembrar-se, por exemplo, que Freud nos testemunha ter encontrado sua vocação médica no apelo escutado em uma leitura pública do famoso *Hino à natureza* de Goethe, ou seja, nesse texto reencontrado por um amigo onde o poeta no declínio de sua vida aceitou reconhecer um filho putativo das mais jovens efusões de sua pluma.

No outro extremo da vida de Freud, encontramos no artigo sobre a análise enquanto finda e indefinida, a referência expressa de sua nova concepção ao conflito dos dois princípios aos quais Empédocles de Agrigento, no século V antes de Cristo, ou seja na indistinção pré-socrática da natureza e do espírito, submetia às alternâncias da vida universal.

Esses dois fatos nos são uma suficiente indicação de que se trata aí de um mito da díade cuja promoção em Platão é de resto evocada em *Para além do princípio do prazer*, mito que não pode se compreender na subjetividade do homem moderno senão ao elevá-lo à negatividade do julgamento em que se inscreve.

Isto é, que da mesma forma que o automatismo de repetição que se desconhece com a mesma intensidade ao querer dividir seus termos, não visa outra coisa senão a temporalidade historizante da experiência da transferência, igualmente o instinto de morte exprime essencialmente o

46. É a forma chamada Laksanalaksana.

182

limite da função histórica do sujeito. Esse limite é a morte, não como término eventual da vida do indivíduo, nem como certeza empírica do sujeito, mas segundo a fórmula que lhe dá Heidegger, como "possibilidade absolutamente própria, incondicional, insuperável, segura e como tal indeterminada do sujeito", entendamo-lo do sujeito definido por sua historicidade.

Com efeito esse limite está a cada instante presente no que essa história tem de acabado. Ela representa o passado sob sua forma real, isto é, não o passado físico cuja existência é abolida, nem o passado épico tal como ele se perfez na obra da memória, nem o passado histórico onde o homem encontra a garantia de seu porvir, mas o passado que se manifesta reviravoltado na repetição[47].

Tal é o morto de que a subjetividade faz seu parceiro na tríade que sua mediação institui no conflito universal de *Philia*, o amor, e de *Neikos*, a discórdia.

Não é mais necessário desde então recorrer à noção caduca do masoquismo primordial para compreender a razão dos jogos repetitivos onde a subjetividade fomenta tudo junto o domínio de sua derrelição e o nascimento do símbolo.

São esses jogos de ocultação que Freud, em uma intuição genial, produziu para nós para que aí reconheçamos que o momento em que o desejo se humaniza é também aquele em que a criança nasce para a linguagem.

Podemos agora aí apreender que o sujeito não domina somente sua privação ao assumi-la, mas que ele aí eleva seu desejo a uma potência segunda. Pois sua ação destrói o objeto que ela faz aparecer e desaparecer na *provocação* antecipante de sua ausência e de sua presença. Ela negativiza assim o campo de forças do desejo para tornar-se, ela própria, seu próprio objeto. E esse objeto tomando logo corpo no par simbólico de duas jaculações elementares, anuncia no sujeito a integração diacrônica da dicotomia dos fonemas, de que a linguagem existente oferece a estrutura sincrônica à sua assimilação; igualmente a criança começa a se engajar no sistema do discurso concreto do ambiente, reproduzindo

---

47. Essas quatro palavras onde se inscreve nossa última formulação da repetição (1966) substituíram um recurso impróprio ao "eterno retorno", que era tudo o que podíamos fazer ouvir então.

183

mais ou menos aproximadamente em seu *Fort!* e em seu *Da!* os vocábulos que recebe dele.

Fort! Da! É bem já em sua solidão que o desejo do homenzinho se tornou o desejo de um outro, de um *alter ego* que o domine e cujo objeto de desejo é doravante sua própria pena.

Que a criança se dirige agora a um parceiro imaginário ou real, ela o verá obedecer igualmente à negatividade de seu discurso, e seu apelo tendo por efeito o fazê-lo esquivar-se, procurará numa intimação desterrante a provocação do retorno que o reconduz a seu desejo.

Assim o símbolo se manifesta primeiro como assassínio da coisa, e essa morte constitui no sujeito a eternização de seu desejo.

O primeiro símbolo em que reconhecemos a humanidade em seus vestígios, é a sepultura, e o porta-voz da morte se reconhece em toda relação em que o homem vem à vida de sua história.

Única vida que perdura e que seja verdadeira, visto que se transmite sem se perder na tradição perpetuada de sujeito a sujeito. Como não ver de que altura ela transcende essa vida herdada pelo animal e onde o indivíduo se desvanece na espécie, posto que nenhum memorial distingue sua efêmera aparição daquela que a reproduzirá na invariabilidade do tipo. Postas de lado, com efeito, essas mutações hipotéticas do *phylum* que deve integrar uma subjetividade que o homem não alcança ainda senão de fora, – nada, senão as experiências em que o homem a associa, distingue um rato do rato, um cavalo do cavalo, nada senão essa passagem inconsistente da vida à morte, – enquanto que Empédocles se precipitando no Etna, deixa para sempre presente na memória dos homens esse ato simbólico de seu ser-para-a-morte.

A liberdade do homem se inscreve toda no triângulo constituinte da renúncia que ele impõe ao desejo do outro pela ameaça da morte para o gozo dos frutos de sua servidão, – do sacrifício consentido de sua vida para as razões que dão à vida humana sua medida, – e da renúncia suicida do vencido frustrando com sua vitória o senhor que abandona à sua desumana solidão.

Dessas figuras da morte, a terceira é o supremo desvio por onde a particularidade imediata do desejo, reconquistando sua forma inefável, reencontra na denegação um triunfo último. E é-nos preciso reconhecer seu sentido, pois com ela nos defrontamos. Ela não é com efeito uma perversão do instinto mas essa afirmação desesperada da vida que é a forma mais pura onde reconheçamos o instinto de morte.

O sujeito diz: "Não!" a esse jogo de furão da intersubjetividade em que o desejo só se faz reconhecer um momento para perder-se num querer que é querer do outro. Pacientemente, ele subtrai sua vida precária às onduladas agregações do Eros do símbolo para afirmá-la enfim em uma maldição sem fala.

Igualmente quando queremos atingir no sujeito o que estava antes dos jogos seriais da fala, e o que é primordial ao nascimento dos símbolos, encontramo-lo na morte, de onde sua existência toma tudo o que tem de sentido. É como desejo de morte, com efeito, que ele se afirma para os outros; se ele se identifica ao outro, é fixando-o na metamorfose de sua imagem essencial, e todo ser por ele não é jamais evocado senão entre as sombras da morte.

Dizer que esse sentido mortal revela na fala um centro exterior à linguagem, é mais do que uma metáfora e manifesta uma estrutura. Essa estrutura é diferente da espacialização da circunferência ou da esfera em que se compraz a esquematizar os limites do vivente e de seu meio: ela responde antes a esse grupo relacional que a lógica simbólica designa topologicamente como um anel.

Ao querer dar dela uma representação intuitiva, parece que mais do que à superficialidade de uma zona, é à forma tridimensional de um toro que seria preciso recorrer, na medida em que sua exterioridade periférica e sua exterioridade central não constituem mais do que uma única região[48].

Esse esquema satisfaz à circularidade sem fim do processo dialético que se produz quando o sujeito realiza sua solidão, seja na ambiguidade vital do desejo imediato, seja na plena assunção de seu ser-para-a-morte.

Mas aí se pode apreender ao mesmo tempo que a dialética não é individual, e que a questão da terminação da análise é a do momento em que a satisfação do sujeito chega a se realizar na satisfação de cada um, isto é, de todos aqueles a

48. Premissas da topologia que colocamos em exercício há cinco anos (1966).

que ela se associa numa obra humana. De todas as que se propõem no século, a obra do psicanalista é talvez a mais alta porque ela aí opera como mediadora entre o homem da preocupação e o sujeito do saber absoluto. É também porque ela exige uma longa ascese subjetiva, e que não será jamais interrompida, o fim da própria análise didática não sendo separável do engajamento do sujeito na sua prática.

Que a ela renuncie portanto de preferência aquele que não pode unir a seu horizonte a subjetividade de sua época. Pois como poderia fazer de seu ser o eixo de tantas vidas, aquele que não saberia nada da dialética que o engaja com essas vidas num movimento simbólico. Que conheça bem a espiral onde sua época o arrasta na obra continuada de Babel, e que conheça sua função de intérprete na discórdia das linguagens. Quanto às trevas do *mundus* em torno de que se enrola a torre imensa, que ele deixa à visão mística o cuidado de aí ver elevar-se sobre uma floresta eterna a serpente apodrecedora da vida.

Que se nos deixe rir se acusarem esses propósitos de desviar o sentido da obra de Freud das bases biológicas que ele teria desejado em direção às referências culturais que a percorrem. Não queremos aqui pregar a doutrina nem do fator b, porque se designariam umas, nem do fator c, em que se reconheceriam as outras. Quisemos somente recordar-lhes o a, b, c, desconhecido da estrutura da linguagem, e fazê-los soletrar novamente o b-a, ba, esquecido, da fala.

Pois, que receita os guiaria numa técnica que se compõe de uma e tira seus efeitos da outra, se os senhores não reconhecessem de uma e de outra o campo e a função.

A experiência psicanalítica reencontrou no homem o imperativo do verbo como a lei que o formou à sua imagem. Ela manipula a função poética da linguagem para dar a seu desejo sua mediação simbólica. Que ela os faça compreender enfim que é no dom da fala[49] que reside toda a realidade de seus efeitos; pois é pela via desse dom que toda realidade veio ao homem e por seu ato continuado que, ele a mantém.

---

49. Entende-se bem que não se trata aqui desses "dons" que são sempre supostos faltar aos noviços, mas de um tom que lhes falta com efeito mais frequentemente do que na vez deles.

Se o domínio que define esse dom da fala deve bastar à sua ação assim como a seu saber, bastará também a sua devoção. Pois ele lhe oferece um campo privilegiado.

Quando os Devas, os homens e os Asuras, lemos no primeiro Brâhmana da quinta lição do Bhrad-âranyaka Upanishad, terminavam seu noviciado com Prajapâti, eles lhe fizeram essa súplica: "Fala-nos".

"*Da*, diz Prajapâti, o deus do trovão. Me ouviram?" E os Devas responderam: "Você nos disse: *Damyata*, domem-se", – o texto sagrado querendo dizer que as potências das alturas se submetem à lei da fala.

"*Da*, diz Prajapâti, o deus do trovão. Me ouviram?" E os homens responderam: "Você nos disse: *Datta*, deem", – o texto sagrado querendo dizer que os homens se reconhecem pelo dom da fala.

"*Da*, diz Prajapâti, o deus do trovão. Me ouviram?" E os Asuras responderam: "Você nos disse: *Dayadhvam*, façam graça", – o texto sagrado querendo dizer que as potências de baixo ressoam à invocação da fala[50].

É isso, retoma o texto, o que a voz divina faz ouvir no trovão: submissão, dom, graça. *Da da da.*

Pois Prajapâti a todos responde: "Ouviram-me".

---

50. Ponge escreve isto: *réson* (1966).

5. SITUAÇÃO DA PSICANÁLISE E FORMAÇÃO DO PSICANALISTA EM 1956

Pour quelques-uns ...et "à d'autres".*

É raro celebrar o centenário de um nascimento. Ele supõe da obra uma continuação do homem que evoca a sobrevivência. É bem disso que viremos denunciar as aparências em nosso duplo assunto**.

Psicanalista nós mesmo e durante muito tempo confinado em nossa experiência, vimos que ela se esclarecia ao fazer dos termos em que Freud a definiu o uso não de preceitos, mas de conceitos que lhe convêm.

Comprometido por isso no limite do possível, e sem dúvida para além de nosso desígnio, na história em ação da psicanálise, diremos aqui coisas que não parecerão ousadas senão por confundirem *parti-pris* e relevo.

*Para alguns... e "a outros'". (N. da T.)
**Sujet em francês. (N. da T.)

Igualmente, a redação de nosso título é de natureza, nós o sabemos, a impedir aqueles que essas coisas poderiam tocar, a irem mais longe. Que nos perdoem essa malícia: o que nos ocorreu tratar nesses termos, é a situação verdadeira, da formação válida. Aqui é da situação real, da formação dada que gostaríamos de dar conta, e para uma audiência mais ampla.

Que a afluência unânime não se obteria ao colapsarmos psicanálise e formação para anunciar o estudo da situação do psicanalista? E quão edificante seria impeli-la até os efeitos de seu estilo de vida? Não faremos mais do que tocar um instante em sua relação com o mundo, para introduzirmos nosso assunto.

Conhece-se o "como é possível ser psicanalista?" que nos faz fazer ainda, em dados momentos, sobre lábios mundanos, figura de Persa, e ao qual encadeia-se logo um "eu não gostaria de viver com um psicanalista", de que a querida pensativa nos reconforta pelo aspecto do que a sorte nos poupa.

Esta reverência ambígua não fica tão longe como parece do crédito, mais grave sem dúvida, que a ciência nos outorga. Pois se notamos aí com prazer a pertinência de tal fato que é tido como sendo de nossa alçada, é do *exterior*, e sob reserva da estranheza, que no-lo passam, de nossos costumes mentais.

Como não seríamos satisfeitos, como do fruto da distância que mantemos do incomunicável de nossa experiência, desse efeito de segregação intelectual?

Pena que ele contrarie uma necessidade de reforço, por demais manifesto ao ir quase não importa onde, e do qual se pode medir em nossa desencorajante literatura de quão pouco ele se contenta. Aqui bastará que eu evoque o estremecimento de bem-estar que percorreu a fileira dos mais velhos quando um discípulo da Escola[1], se tendo ungido para a conjuntura de pavlovismo, veio a dar-lhes seu *licet*. E o prestígio do reflexo condicionado, e mesmo da neurose animal, não cessou desde então de fazer das suas em nossos devaneios... Que o rumor no entanto venha a alguns, do que se chama de ciências humanas, eles acorrem à voz, e zelotes sobre o estrado igualar-se-ão aos mandamentos da figuração inteligente.

Certamente esse gesto da mão estendida, mas jamais fechada, tem apenas razão interna: entendemos por aí que a

---

1. Queremos dizer um tomista.

190

explicação deve ser procurada na situação da psicanálise mais do que na dos psicanalistas. Pois se pudemos definir ironicamente a psicanálise como o tratamento que se espera de um psicanalista, é bem no entanto a primeira que decide da qualidade do segundo.

Dissemo-lo, há na análise uma situação real que se indica ao aproximar o clichê mais frequente a se produzir nela, a saber que nenhuma noção nova não foi aí introduzida desde Freud, e o recurso tão obrigado a aí servir de explicação a todos os fins que se tornou até trivial, seja a noção de frustração. Ora, procurar-se-ia em vão em toda a obra de Freud, desse termo o menor vestígio: pois aí encontraríamos somente a ocasião de retificá-lo por *Versagung*, o qual implica renúncia, e se distingue portanto de toda a diferença do simbólico com o real, diferença da qual pedimos a nossos leitores a bondade de considerar como aceita, mas da qual pode-se dizer que a obra de Freud se resume a dar-lhe o peso de uma nova instância.

Hérnia central a ser aqui apontada com o dedo, de uma discordância difusa, e tal que em realidade os termos freudianos sendo, por assim dizer, e veremos que não é uma bagatela, deixados como estão, é para cada um quando se o utiliza, algo diferente que se designa.

Nada em realidade que satisfaça melhor às exigências do conceito que esses termos, isto é, que seja mais idêntico à estrutura de uma relação, notadamente a analítica, e à coisa que aí se apreende, notadamente o significante. É dizer que esses conceitos, entre si poderosamente articulados, não correspondem a nada que se dê imediatamente à intuição. Ora, é precisamente isso que lhes é ponto por ponto substituído por uma aproximação que não pode ser senão grosseira, e tal que se pode compará-la ao que a ideia da força ou aquela da onda é para alguém que não tem nenhuma noção da física.

É assim que a transferência, tenha o que se tiver e o que cada um professe a respeito, permanece com a força de adesão de um comum consentimento identificado com um sentimento ou a uma constelação de sentimentos experimentados pelo paciente: enquanto que somente ao defini-la pelo efeito de reprodução relativo à análise, resulta que o mais claro dela deve passar despercebido ao sujeito.

Do mesmo modo, e de maneira ainda mais insidiosa, a resistência é assimilada à atitude de oposição que a palavra evoca em seu emprego vulgar: quando Freud não poderia prestar a equívocos, a aí ordenar como ele o faz os acontecimentos mais acidentais da vida do sujeito na medida do obstáculo que eles fazem à análise, não fosse somente ao obviar a presença física deles.

Essas evocações triviais, bem entendido, permanecem opacas sob essa forma. Para saber o que é a transferência, é preciso saber o que se passa na análise. Para saber o que se passa na análise, é preciso saber de onde vem a fala. Para saber o que é a resistência, é preciso saber o que faz tela ao advento da fala: e não é tal disposição individual, mas uma interposição imaginária que ultrapassa a individualidade do sujeito, no que ela estrutura sua individualização especificada na relação dual.

Que nos perdoem uma fórmula tão abstrata para orientar o espírito, igualmente ela não faz mais do que, do mesmo modo que a fórmula geral da gravitação num texto de história das ciências, indicar as bases da investigação. E não se poderia exigir da vulgarização psicanalítica que ela se abstenha de toda referência similar.

Não, em realidade, que o rigor conceitual e a elaboração técnica não se encontrem nos trabalhos psicanalíticos. Se eles aí permanecem esporádicos e mesmo ineficazes, é por um vício mais profundo e ao qual os preceitos da prática conduziram por uma confusão singular.

Conhece-se a atitude assistemática que é colocada no princípio, tanto da regra dita analítica que é imposta ao paciente de nada esquecer do que lhe vem ao espírito e de renunciar para este fim a toda crítica e a toda escolha, quanto da atenção dita flutuante que Freud indica expressamente ao psicanalista para não ser nada mais que a atitude que corresponde a essa regra.

Esses dois preceitos entre os quais se estende, de certa maneira, o estofo da experiência, colocam, me parece, valorizam suficientemente o papel fundamental do discurso do sujeito e de sua escuta.

É bem a isso que se dedicaram, e não sem fruto, os psicanalistas na idade de ouro da psicanálise. Se a colheita que eles obtiveram tanto das divagações jamais tão permitidas na saída de uma boca quanto dos lapsos jamais tão oferecidos à abertura de uma orelha foi tão fecunda, não foi sem razão.

Mas essa mesma riqueza de dados, fontes de conhecimento, conduziram-nos rapidamente a um nó que eles souberam transformar em um impasse. Podiam, esses dados obtidos, se impedir de se orientarem sobre eles através do que ouviam desde então? Na verdade, o problema não se lhes colocou senão a partir do momento em que o paciente chegado rapidamente tanto ao fato desse saber quanto eles próprios, lhes serviu preparada a interpretação que era tarefa deles, o que, convém dizê-lo, é bem o turno mais deplorável que se possa fazer a um augure.

Não acreditando mais em suas duas orelhas, eles quiseram reencontrar o para-além que tinha tido, com efeito, sempre o discurso, mas sem saber o que era. Eis por que eles inventaram uma terceira, que se presumia percebê-lo sem intermediário. E para designar essa imediatez do transcendente, nada foi poupado das metáforas do compacto: o afeto, o vivido, a atitude, a descarga, a necessidade de amor, a agressividade latente, a armadura do caráter e o ferrolho da defesa, deixemos a cartola e passemos ao coelho, cujo reconhecimento não era mais, desde então acessível senão a esse não sei que do qual um estalar de língua é a provação suprema e que introduz no ensino uma exigência inédita: a do inarticulado.

A partir daí, as "fantasias"* psicológicas puderam se dar livre curso. Não é aqui o lugar de fazer a história, na análise, das variações da moda. Elas são pouco notadas por seus adeptos, sempre atraídos pela última: a exaustão das phantasias, a regressão instintiva, o "drible" da defesa o "esponjamento" da angústia a libertação da agressividade, a identificação com o ego forte do analista, a manducação imaginária de seus atributos, a dinâmica, ah! a dinâmica em que se reconstrói a relação de objeto, e aos ecos supremos o objetivo onde uma disciplina fundada sobre a história do sujeito vem a culminar: essa díade do *hic et nunc*, cujo coaxar gêmeo não é apenas irônico ao fazer os cornos em nosso latim perdido, mas ao recender um humanismo de melhor qualidade ressuscitando as gralhas** às quais

---

* *Fantaisies* em francês. (N. da T.)
** *Corneilles* em francês. (N. da T.)

eis-nos mais uma vez boquiabertos, sem mais ter para tirar nossos auspícios da chalaça de seu esvoaçar oblíquo e das persianas zombeteiras de sua piscada, do que os pruridos de nossa contratransferência.

Esse domínio de nossas errâncias não é entretanto pura fumaça: seu labirinto é bem aquele cujo fio nos foi dado, mas por um caso estranho esse fio perdido dissipou em reflexos suas muralhas, e nos fazendo saltar pela sua rachadura vinte séculos de mitologia, transformou os corredores de Dédalo nesse palácio de Ariosto no qual da amada e do rival que os desafiam, tudo não passa de logro.

Freud, aí como em toda a parte, é gritante: todo seu esforço de 1897 a 1914[2], foi o de estabelecer os domínios do imaginário e do real nos mecanismos do inconsciente. É singular que isto tenha levado os psicanalistas em duas etapas, primeiro a fazer do imaginário um outro real, e em nossos dias a encontrar aí a norma do real.

Sem dúvida o imaginário não é ilusório e dá matéria à ideia. Mas o que permitiu a Freud de aí efetuar a descida ao tesouro com o qual seus seguidores foram enriquecidos, é a determinação simbólica em que a função imaginária se subordina, e que em Freud é sempre relembrada poderosamente, quer se trate do mecanismo do esquecimento verbal ou da estrutura do fetichismo.

E pode-se dizer que insistindo para que a análise da neurose fosse sempre reconduzida ao nó do Édipo, ele não visava nada mais do que assegurar o imaginário em sua concatenação simbólica, pois a ordem simbólica exige três termos ao menos, o que impõe ao analista a não esquecer o Outro presente, entre os dois que por estarem lá, não englobam aquele que fala.

Mas, malgrado o que Freud acrescenta a essa advertência pela sua teoria da miragem narcisista, o psicanalista se engaja cada vez mais adiante na relação dual, sem que o surpreenda a extravagância da "introjeção do bom objeto", pela qual, jovem pelicano ele se oferece, felizmente sob espécies phantasistas, ao apetite do consumidor, nem que o retenham nos textos celebrando essa concepção da análise, as dúvidas que

---

2. Da carta a Fliess de 21 de setembro até a redação de o *Homem dos lobos* (ver a nota liminar da observação).

aí apanharão nossos sobrinhos ao se interrogarem sobre as obscenidades de irmãos obscurantinos que encontravam favor e fé em nosso *novecento*.

Para dizer a verdade, a noção mesma de análise pré--edipiana resume essa debandada do colar em que é diante das pérolas que se ativa os porcos. Curiosamente as formas do ritual técnico se valorizam na medida da degradação dos objetivos. A coerência desse duplo processo na nova psicanálise é sentida pelos seus zelotes. E um desses que, das páginas de Michelet que fazem pavonear-se a cadeira perfurada sobre os costumes do Grande Século, encontrava água para seu moinho e matéria a levantar o tom até essa profissão sem circunlóquios: a beleza será estercorária ou não será, não tomava aí menos coragem ao preconizar como um milagre as condições em que essa verdade suprema tinha se produzido, e sua insistência em não mudar uma linha: assim a contagem dos minutos que passa o analista sobre sua cadeira e onde o inconsciente do sujeito pode reger seus hábitos.

Ter-se-ia podido prever as saídas em que o imaginário, para se encontrar com o real, deve encontrar a *no man's land* que ao apagar sua fronteira, lhe abre o acesso. Os sensórios não espacializantes as indicam, onde a própria alucinação presta dificuldade em seu limite. Mas o cálculo do homem é sempre precedido pelo seu jorro inventivo, e é para a surpresa feliz de todos que um noviço, num trabalho do qual diremos qual foi para ele o sucesso, veio uma vez, em algumas páginas modestas e sem floreios, nos trazer esta solução elegante de um caso rebelde: "Após tantos anos de análise, meu paciente não conseguia me suportar; um dia enfim minha insistência não menos paciente se acabou: ele sentiu meu cheiro. A cura estava lá".

Não haveria razão para se recusar essas audácias, elas têm suas letras de nobreza. E "o engenhoso Doutor Swift" aqui não nos pouparia seu patronato. A prova, esse *Grande Mistério ou a arte de meditar sobre o guarda-roupa renovado e desvelado*, do qual citaremos somente em uma tradução da época (Haia, em Jean Van Duren, 1729) para aí não alterarmos nada, a página 18, onde ele gaba as luzes que se pode tirar da "matéria fecal, que, enquanto ela ainda está fresca ... exala partículas, que subindo através dos nervos ópticos e dos nervos olfatórios de quem se mantenha em face, excitam nele por simpatia as mesmas afecções que ao Autor do excremento, e, se se é bem instruído desse profundo mistério, é o bastante para aprender tudo o que se quiser de seu temperamento, de seus pensamentos, de suas ações mesmo, e do estado de sua fortuna".

"Eis por que eu me felicito que meus superiores" (veremos, p. 23, que são Doutores e Membros da Sociedade Real reunidos em uma Associação zelosa de seu segredo) "não me criticarão se no fim deste Tratado, proponho confiar a inspeção das Privadas a Pessoas que tenham mais ciência e julgamento, que aqueles que fazem atualmente esse ofício. Quanto à dignidade destes... não mais brilharia se ela fosse somente outorgada a Filósofos e a Ministros, que pelo gosto, pelo odor, pela coloração, pela substância das evacuações do corpo natural, saberiam descobrir qual é a constituição do corpo político, e advertir o Estado dos complôs secretos que preparam pessoas inquietas e ambiciosas".

Ser-nos-ia vão o comprazer-nos no humor cínico do *Deão* no declínio de sua vida, senão de seu pensamento: mas, rapidamente queremos lembrar de um modo sensível mesmo aos entendimentos olfativos, a diferença de um materialismo naturalista e do materialismo freudiano, o qual, longe de nos despojar de nossa história, nos assegura sua permanência sob a forma simbólica, fora dos caprichos de nosso consentimento.

Isso não é pouca coisa, se representa propriamente os traços do inconsciente, que Freud, longe de arredondá-los, firmou cada vez mais. Desde então, por que eludir as questões que o inconsciente provoca?

Se a associação dita livre nos dá acesso a elas, será por uma liberação que se compara à dos automatismos neurológicos?

Se as pulsões que aí se descobrem são do nível diencefálico, e mesmo do rinencéfalo, como conceber que elas se estruturem em termos de linguagem.

Pois se desde a origem é na linguagem que se fizeram conhecer seus efeitos. – suas astúcias que aprendemos desde então a reconhecer, não denotam menos, em sua trivialidade assim como em suas finezas, um procedimento linguageiro.

As pulsões que nos sonhos se jogam em trocadilhos de almanaque, recendem igualmente esse ar de *Witz* que, à leitura da *Traumdeutung*, toca os mais ingênuos. Pois são as mesmas pulsões cuja presença distancia o chiste do cômico, que aí se afirmam sob uma altaneira alteridade[3].

Mas a defesa ela mesma cuja denegação basta para indicar a ambiguidade inconsciente, não utiliza formas menos retóricas. E seus modos se concebem mal sem recurso aos tropos e às figuras, estas de palavras e de ditos tão verdadeiramente quanto em Quintiliano[4], e que vão do accismo e da metonímia à catacrese e à antífrase, ao hipalágio, e mesmo à litote (reconhecível no que descreve o Sr. Fenichel), e isso se impõe a nós cada vez mais na medida em que a defesa nos aparece mais inconsciente.

Isso nos obriga a concluir que não há forma por mais elaborada do estilo em que o inconsciente não abunde, sem excetuar as eruditas, as *concertistas* e as preciosas, que ele não desdenha mais do que não o faz o autor destas linhas, o Góngora da psicanálise, pelo que dizem, para servi-los.

Se isso é de natureza a nos desencorajar a reencontrá-lo no peristaltismo de um cão por mais pavlovizado que se o suponha, tampouco não é para obrigar os analistas a tomarem banhos de poesia macarrônica, nem as lições de solfa das artes da corte, com as quais seus debates porém se aprazariam de maneira feliz. Pudéssemos ainda impor-lhes um rudimento que os formasse na problemática da linguagem, o suficiente para permitir-lhes distinguir o simbolismo da analogia natural com a qual eles o confundem habitualmente.

Esse rudimento é a distinção entre o significante e o significado nela anal se honra justamente Ferdinand de Saussure, no que por seu ensino ela seja atualmente inscrita no fundamento das ciências humanas. Notemos somente que, mesma menção feita de precursores como Baudouin de

---

3. Que se entenda bem que isto não é um canto de bravura, mas uma observação técnica que a leitura do *Witz* de Freud coloca ao alcance de todos. É verdade que poucos psicanalistas leem esta obra, o que não é mais para esconder depois que um dos mais dignos nos confessou como uma simples lacuna, o não ter jamais aberto a *Psicopatologia da vida quotidiana*.

4. *Seminarium aut verborum*. Cf. Quintilliano, *Oratória institutio*, Lib. IX, Caps. 2 e 3.

Courtenay, esta distinção era perfeitamente clara para os antigos, e atestada em Quintiliano e Santo Agostinho.

A primazia do significante sobre o significado aí aparece já impossível a eludir de todo discurso sobre a linguagem, não sem que ela desconcerte por demais o pensamento por ter podido, mesmo em nossos dias, ser enfrentada pelos linguistas.

Somente a psicanálise está em condições de *impor ao pensamento* esta primazia demonstrando que o significante dispensa toda cogitação, não fossem as menos reflexivas, por exercer reagrupamentos não duvidosos nas significações que subjugam o sujeito, bem mais: para se manifestar nele por esta intrusão alienante da qual a noção de *sintoma* em análi- se toma um sentido emergente: o sentido do significante une conota a relação do sujeito com o significante.

Igualmente diríamos que a descoberta de Freud é essa verdade que a verdade não perde jamais seus direitos, e que ao refugiar seus credos até no domínio voltado à imediatez dos instintos, somente seu registro permite conceber esta duração inextinguível do desejo cujo traço não é o menos paradoxal a ser sublinhado do inconsciente, como Freud o faz sem jamais ceder.

Mas para afastar todo mal-entendido, é preciso articular que esse registro da verdade é para se tomar *ao pé da letra**, isto é, que a determinação simbólica, ou o que Freud chama de sobredeterminação****, deve ser considerado primeiramen- te como fato de sintaxe, se quisermos apreender seus efeitos de analogia. Pois esses efeitos se exercem do texto ao sentido, longe de impor seu sentido ao texto. Como se vê nos desejos propriamente insensatos que desses efeitos são os menos tortuosos.

Dessa determinação simbólica, a lógica combinatória nos dá a forma mais radical, e é preciso saber renunciar à exigên- cia ingênua que quereria submeter sua origem às vicissitudes da organização cerebral que a reflete ocasionalmente.

Retificação salubre, malgrado alguma ofensa que ela traga ao preconceito psicológico. E não parece demais para sustentá-la, o recordar todos os lugares onde a ordem sim- bólica encontra seu veículo, nem que seja no silêncio povo-

---

* *à la lettre* – cf. observação sobre *la lettre* (*volée*). (N. da T.)
**ou "determinação múltipla", cf. *Voe. de la Psych.* (N. da T.)

ado do universo surgido da física. A indústria humana que esta ordem determina mais do que o serve, não está somente aí para conservá-lo, mas já visivelmente o prorroga para além do que o homem domina, e os dois quilos de linguagem cuja presença podemos apontar sobre esta mesa, são menos inertes ao encontrá-los correndo sobre as ondas cruzadas de nossas emissões, para abrir a orelha mesmo dos surdos à verdade do que Rabelais soube encerrar em seu apólogo das palavras geladas.

Um psicanalista deve se assegurar nessa evidência de que o homem é, desde antes de seu nascimento e para além de sua morte, preso na cadeia simbólica, a qual fundou a linhagem antes que aí se bordasse a história, – se habituar a esta ideia de que é em seu ser mesmo, em sua personalidade total como se exprime comicamente, que ele é na verdade tomado como um todo, mas à maneira de um peão, no jogo do significante, e isto desde antes que as regras lhe sejam transmitidas, se é que ele acabe por surpreendê-las, – esta ordem de prioridades devendo ser entendida como uma ordem lógica, isto é, sempre atual.

Desta heteronomia do simbólico, pré-história alguma não nos permite apagar o corte. Bem ao contrário tudo o que ela nos mostra não faz mais do que aprofundá-lo: instrumentos cuja forma serial nos dirige mais ao ritual de sua fabricação do que aos usos aos quais eles tenham sido adaptados, – amontoamentos que não mostram nada mais que o símbolo antecipante da entrada do simbólico no mundo, – sepulturas que, para além de toda motivação que possamos lhes imaginar, são edifícios que desconhece a natureza.

Esta exterioridade do simbólico em relação ao homem é a própria noção do inconsciente. E Freud provou constantemente que ele fazia tanta questão dela quanto do próprio princípio de sua experiência.

Testemunha o ponto em que ele rompe claramente com Jung, isto é, quando este último publica suas "metamorfoses da libido". Pois o arquétipo, é fazer do símbolo o florescimento da alma, e tudo está lá: o fato de que o inconsciente seja individual e coletivo importando pouco para o homem que, explicitamente em seu *Moisés*, implicitamente em *Totem e Tabu*, admite que um drama esquecido atravessa no inconsciente as épocas. Mas o que é preciso dizer, isso conformemente a Aristóteles, é que não é a alma que fala, mas o homem que fala com sua alma, com a condição de acrescentar que essa linguagem ele a recebe, e que para suportá-la ele aí submerge bem mais do que sua alma: seus instintos mesmos cujo fundo não ressoa em profundidade senão ao repercutir o eco do significante. Igualmente quando este eco se eleva, o orador se extasia e aí eleva o louvor de romantismo eterno. *Spricht die Seele, so spricht...* Ela fala, a alma, ouve... *ach! schon die Seele nicht mehr*[5]... Podeis escutá-la; a ilusão não durará muito tempo. Interrogai de preferência Sr. Jones sobre a questão, um dos raros discípulos a ter tentado articular alguma coisa sobre o simbolismo que se sustenta: ele vos dirá que fim teve a Comissão especial instaurada para dar corpo a seu estudo no Congresso de 1910[6].

Se se considera por outro lado a preferência que Freud manteve por seu *Totem e Tabu*, e a recusa obstinada que ele opôs a toda relativização do assassínio do pai considerado corno drama inaugural da humanidade, concebe-se que o que ele defende com isso é a primordialidade desse significante que representa a paternidade para além dos tributos que ela aglutina e do qual o liame da geração não é senão uma parte. Esse alcance de significante aparece sem equívoco na afirmação assim produzida que o verdadeiro pai, o pai simbólico, é o pai morto. E a conexão da paternidade com a morte, que Freud aponta explicitamente em vários relatos clínicos, deixa ver de onde esse significante toma sua posição primordial.

Tantos efeitos de massa para restabelecer uma perspectiva não fornecerão, entretanto, ao psicanalista os meios mentais para operar no campo que ele cinge. Não se trata de nível mental, bem entendido, mas do fato de que a ordem simbólica não é abordável senão por seu próprio aparelho. Far-se-á álgebra sem saber escrever? Da mesma forma não se pode tratar do menor efeito de significante, não mais do

---

5. Segundo verso do célebre dístico de Schiller cujo primeiro verso questiona assim: *Warum kann der lebendige Geist dem Geist nicht erscheinen?* e do qual é a resposta. Este dístico tem um título: *Sprache.*
6. Cf. E. Jones. *Sigmund Freud, Life and Work*, t. II, p. 76.

que interceptá-lo, sem suspeitar pelo menos o que implica um fato de escrita.

Teriam sido, as vistas daqueles que a *Traumdeutung*[7]* levou à análise, tão curtas, ou teriam sido os cabelos tão longos da cabeça de Medusa que ela lhes apresentava? Que é esta nova interpretação dos sonhos senão a remessa do orinomante somente ao fundamento, porém irrefragável, de toda mântica**, a saber da bateria de seu material? Não queremos dizer a matéria da dita bateria, mas sua finitude ordinal. Bastonetes jogados ao solo ou lâminas ilustres do tarô***, simples jogo de par ou ímpar ou *kwa* supremos do Yi-king, em vós todo destino possível, toda dívida concebível pode se resumir, pois nada em vós conta senão a combinatória, onde o gigante da linguagem retoma sua estatura de ser repentinamente liberto dos laços guliverescos da significação. Se o sonho aí convém melhor ainda, é que essa elaboração que reproduzem vossos jogos aí está agindo em seu desenvolvimento: "Somente a elaboração do sonho nos interessa", diz Freud, e ainda: "O sonho é um enigma". O que teria sido necessário que ele acrescentasse, para que não esperássemos as palavras da alma? As frases de um enigma jamais tiveram o menor sentido, e seu interesse, aquele que tomamos em seu deciframento, não provém de que a significação manifesta em suas imagens está caduca, tendo tido como único alcance o fazer ouvir o significante que aí se camufla?

Isso mereceria mesmo estender uma volta de luz sobre as fontes com a qual nos iluminamos aqui, incitando os linguistas a riscar de seus papéis a ilusória locução que, de resto pleonasticamente, leva a falar de escrita "ideográfica". Uma escrita, como o sonho ele mesmo, pode ser figurativa, ela é sempre como a linguagem articulada simbolicamente, ou seja como ela *fonemática*, e fonética de fato, desde que se a leia.

7. Em francês: *La science des rêves*, (A ciência dos sonhos), como Freud designou sua obra capital.
* Em português: *Interpretação dos sonhos*. (N. da T.)
**Arte da adivinhação. (N. da T.)
***Cartas de jogar mais longas, com figuras diferentes, utilizadas sobretudo em cartomancia. (N. da T.)

O lapso enfim nos fará apreender em seu despojamento o que quer dizer que ele tolera ser resumido na fórmula: que o discurso vem a aí superar a significação fingida?

Chegaremos por aí a arrancar o augure a seu desejo de entranhas e a conduzi-lo ao cabo dessa atenção flutuante da qual, desde as poucas cinquenta milhões de horas de analistas que aí encontraram seus bem e mal-estares, parece que ninguém se perguntou qual é?

Pois se Freud deu esse tipo de atenção como a contrapartida[8] (*Gegenstück*) da associação livre, o termo de flutuante não implica sua flutuação, mas bem ao contrário a igualdade de seu nível, o que acentua o termo alemão: *gleichschwebende*.

Notemos por outro lado que a terceira orelha da qual nos servimos para negar sua existência para os aléns incertos de um sentido oculto, não é tampouco de fato a invenção de um autor, Reik (Theodor), mais sensato em sua tendência a se acomodar sobre um para aquém da fala.

Mas que necessidade pode ter o analista de uma orelha a mais, quando parece que ele tenha duas de sobra por vezes ao engajar-se a plenas velas no mal-entendido fundamental da relação de compreensão? Nós o repetimos a nossos alunos: "Evitem compreender!" e deixem essa categoria nauseabunda a Mrs. Jaspers e consortes. Que uma das orelhas se ensurdeça, tanto quanto a outra deve ser aguda. E é àquela que devem prestar à escuta dos sons ou fonemas, das palavras, das locuções, das sentenças, sem aí omitir pausas, escansões, cortes, períodos e paralelismos, pois é lá que se prepara palavra por palavra da versão, sem o que a intuição analítica fica sem suporte e sem objeto.

É assim que a fala que se oferece a vossa adesão em um lugar comum, e com uma evidência tão capciosa quão é atraente sua verdade por se livrar somente no segundo tempo, como: o número dois se regozija de ser ímpar (e ele tem razão, o número dois, de se regozijar de sê-lo, mas ele não tem razão de não ser capaz de dizer por que[9]) – encontrará ao nível do

---

8. E não o pendente (*pendant*), como se se exprime em uma tradução que uma cabeça de pêndula ideal certamente inspirou.

9. "*Die cur hic* (a outra Escola)", epígrafe de um *Tratado da contingência*, publicado em 1895 (Paris, Librarie de l'Art indépendent, 11, rue de la Chaussée d'Antin), onde a dialética desse exemplo é discutida (p. 41). Obra de um jovem chamado André Gide do qual não se pode senão lastimar que

inconsciente seu alcance mais significativo, purificado de seus equívocos, ao se traduzir por: os números, são dois, que não têm semelhantes, esperam Godot*.

Pensamos nos fazer entender, – e que o interesse que mostramos aqui pela mântica não é para aprovar o estilo da quiromante, que na teoria dos instintos dá o tom.

Bem ao contrário o estudo da determinação simbólica permitiria reduzir, senão ao mesmo tempo destacar, o que a experiência psicanalítica livra de dados positivos: e não é pouca coisa.

A teoria do narcisismo e aquela do *Ego* tal como Freud a orientou em sua segunda tópica, são dados que prolongam as investigações mais modernas da etologia natural (precisamente sob a égide da teoria dos instintos).

Mas mesmo a sua solidariedade, onde elas se fundam, é mal conhecida, e a teoria do *Ego* não passa de um enorme contrassenso: o retorno ao que a própria psicologia intuitiva vomitou.

Pois a ausência teórica que apontamos na doutrina, nos põe em discordância com o ensino, que reciprocamente a isso responde. Ou seja no segundo tema de nosso trabalho para o qual passamos desde há pouco.

A técnica da psicanálise se exercendo sobre a relação do sujeito com o significante, o que ela conquistou como conhecimento só se situa ao se ordenar em torno.

Isso lhe confere seu lugar no reagrupamento que se afirma como ordem das ciências conjecturais.

Pois a conjectura não é o improvável: a estratégia pode ordená-la em certeza. Da mesma forma, o subjetivo não é o valor de sentimento com o qual se o confunde: as leis da intersubjetividade são matemáticas.

É nessa ordem que se edificam as noções de estrutura, sem o que a visão por dentro das neuroses e a tentativa de contato das psicoses permanecem em pane.

A perspectiva de uma tal investigação exige uma formação que aí reserva à linguagem seu papel substancial. E o que

ele se tenha desviado prematuramente dos problemas lógicos para os quais esse ensaio o mostrava tão dotado. O *nonsense* sobre a qual depois dele especulamos aqui, retoma, necessário é recordá-lo, a tradução burlesca que se dá aos colegiais, do latim: *número Deus impare gaudet.*

* "Tradução" possível em francês onde *gaudet* se lê "godê". (N. da T.)

Freud formula expressamente no programa de um Instituto ideal, o que não será de espantar após o que afirmamos, que ele desenvolva o conjunto mesmo dos estudos biológicos[10].

Podemos aqui, como nas páginas anteriores, partir de um contraste brutal, notando que nada em nenhum dos Institutos se reclamando de uma filiação que reivindica sua autoridade foi jamais sequer esboçado nesse sentido.

A ordem do dia sendo aqui o legado de Freud, procuraremos ver o que ele se torna no estado atual das coisas.

A história nos mostra em Freud a preocupação que o guia na organização da A.I.P. ou Associação Internacional da Psicanálise, e especialmente a partir de 1912 quando ele aí patrocina a forma de autoridade que prevalecerá, determinando com o detalhe das instituições o modo de exercício e de transmissão dos poderes: é a preocupação claramente reconhecida em sua correspondência, a de assegurar a manutenção de seu pensamento em sua completitude, quando ele não estiver mais lá para defendê-lo. Manutenção da qual a defecção de Jung, mais dolorosa que todas aquelas às quais ela sucede, se torna desta vez um problema angustiante. Para afrontá-lo, Freud aceita o que se lhe oferece nesse momento: a saber a ideia vinda a uma espécie de jovem guarda, aspirando ao veteranato, de velar a dita manutenção no seio da A.I.P., não somente por uma solidariedade secreta mas por uma ação desconhecida.

A carta branca que Freud outorga a esse projeto[11], a segurança que obtém dele e que o tranquiliza[12] – são atestadas pelos documentos de seu biógrafo, ele próprio último sobrevivente desse Comitê, dito dos Sete Anéis, cuja existência tinha sido

10. Cf. Freud. *Ges. Werke* v. XIV, pp. 281 e 283.
11. Na verdade é de Freud que a ação do "Comitê" toma seu caráter com suas instruções. "This committee would have to be *strictly secret* (sublinhado no texto de Jones) *in its existence and its action*" (sublinhado por nós.) Carta de Freud a E. Jones do 1º de agosto de 1912, que devia ser seguida de uma viagem de Freud para fixar com Jones, Ferenczi e Rank a base desse "plano". E. Jones, *Sigmund Freud, Life and Work*, v. II, p. 173.
12. "The secret of this Committee is that it has taken from me my most burdensome care for the future, so that I can calmly follow my path to the end", e "Since then I have felt more light-hearted and carefree about how long my life will last". Carta de Freud a Eitingon de 23 de nov. 1919, ou seja sete anos após (durante os quais, portanto, mesmo a alguém de seu grau, a existência do Comitê tinha permanecido ignorada), para propor-lhe a entrada no Comitê. Mesma obra, p. 174.

publicada pelo falecido Hans Sachs. Seu alcance de princípio e suas consequências de fato não poderiam ser veladas pela qualificação divertida de romantismo[13] com qual Freud quer dourar a pílula, e o incidente picante que aos outros o Dr. Jones[14] se apressa em impingir: a carta escrita a Freud por Ferenczi, às costas de Jones nesses termos: "Jones, por não ser judeu, não será jamais suficientemente livre para estar seguro nesse reduto. É preciso não deixá-lo escapar e ficar de olho nele".

A história secreta da A.I.P. nem foi feita, nem está por fazer. Seus efeitos são sem interesse perto daqueles do segredo da história. E o segredo da história não deve ser confundido com os conflitos, as violências e as aberrações que constituem sua fábula. A questão que Freud colocou de saber se os analistas no conjunto, satisfazem ao *standard* de normalidade que eles exigem de seus pacientes, fornece, por ser regularmente citada a esse propósito, a ocasião aos analistas de mostrarem sua bravura. Espanta que os autores desses remoques não vejam eles próprios a astúcia: a anedota aqui como lá dissimula a estrutura.

As características mais visíveis desta última são aquelas mesmas que a tornam invisível, e não somente para aqueles que aí mergulharam: tal qual o iniciatismo que marca seu acesso e que, por ser em nosso tempo "bastante único", como se diz, se mostra mais ainda, ou ainda o kominternismo cujos traços seu estilo interior mostra e cujo prestígio mais comum não é aí desaprovado.

E o volante mais ou menos pesado de temporalidade, da qual ela sobre o governo, é um fato de realidade que não tem em si que encontrar remédio, e do qual somente a extraterritorialidade espiritual à qual ele dá corpo, merece uma sanção. O paradoxo da ideia que tivemos sobre isso ficará melhor ao ser dito mais adiante[15].

Deve-se partir para nossa visada da observação, jamais feita que se saiba, que Freud criou a A.I.P. dez anos antes, de, em *Análise do Ego e psicologia das massas*, se interessar, a respeito da Igreja e do Exército, pelos mecanismos pelos quais

13. "I know there is boyish and perhaps romantic element too in this conception..." Carta citada de Freud a Jones.
14. Jones, *Sigmund Freud*, 7, II, p. 173.
15. Os dois parágrafos precedentes não constam da redação publicada nos *Estudos filosóficos*, a versão presente tendo sido reservada para uma tiragem à parte.

um grupo orgânico participa da multidão, exploração cuja parcialidade Segura se justifica pela descoberta fundamental da identificação do *Ego* de cada indivíduo a uma mesma imagem ideal da qual a personalidade do chefe sustenta a miragem. Descoberta sensacional, por antecipar de pouco as organizações fascistas que a tornaram patente.

Atentando mais cedo para esses efeitos[16], Freud sem dúvida se interrogaria sobre o campo deixado à dominância da função do *boss* ou do alcaide, em uma organização que, por sustentar seu próprio discurso, certamente podia como seus modelos se equilibrar por um recurso ao laço simbólico, isto é, por uma tradição, por uma disciplina, mas não de maneira equivalente, posto que tradição e disciplina aí colocavam como objeto a questionar seu princípio, com a relação do homem com a fala.

De fato não se trata lá de nada menos que o problema das relações do *Ego* com a verdade. Pois é à estrutura do *Ego* em sua maior generalidade que se reduz esse efeito de identificação imaginária (pelo que se mede, de passagem, a distância em que permanecem os usos obsoletos em que a noção do *Ego* é rebaixada na análise). E Freud nos fornece aqui o impulso positivo do momento da consciência cuja estrutura dialética Hegel deduziu como fenômeno da enfatuidade.

Eis por que daremos o nome de *Suficiência* ao grau, ao grau único da hierarquia psicanalítica. Pois contrariamente ao que uma multidão frívola se imagina sobre as aparências, esta hierarquia só apresenta um grau e é nisso que ela é fundada a se dizer democrática, pelo menos ao tomar esse termo no sentido que ele tem na cidade antiga: onde a democracia só conhece senhores.

A Suficiência portanto se situa em si própria para além de toda prova. Ela não tem que ser suficiente para nada, posto que ela se basta.

Para se transmitir, na falta de dispor da lei do sangue que implica a geração, ou mesmo a da adoção que supõe a aliança, resta-lhe a via da reprodução imaginária que por um modo de fac-símile análogo à impressão, permite, se se pode

16. A versão publicada é diferente a partir deste parágrafo. Nós a acrescentamos em anexo.

dizer, a tiragem em um certo número de exemplares, em que o único se pluraliza.

Esse modo de multiplicação não vai sem encontrar na situação afinidades favoráveis. Pois não esqueçamos que a entrada na comunidade é submetida à condição da psicanálise didática, e há bem alguma razão para que seja no círculo dos didáticos que a teoria que faz da identificação com o *Ego* do analista o fim da análise, tenha sido dada à luz.

Mas desde o momento em que as Suficiências se constituíram em Sociedade e que sua escolha é cooptativa, a noção de classe se impõe e não pode aparecer naquela em que se exerce a escolha senão ao envolvê-la em alguma oposição à sua.

A oposição da insuficiência, que sugere um puro formalismo, é insustentável dialeticamente. A menor assunção da suficiência ejeta a insuficiência de seu campo, mas igualmente o pensamento da insuficiência como de uma categoria do ser exclui radicalmente de todas as outras a Suficiência. É uma *ou* outra, incompativelmente.

É-nos preciso uma categoria que, sem implicar a indignidade, indica que estar fora da suficiência, é lá seu lugar, e que se qualifica para ocupá-lo e aí permanecer. Por onde a denominação de *Pedrinhas nos Sapatos**, para aqueles que aí se colocam, nos parece boa. Pois além de fazer imagem o suficiente para que em uma assembleia os distingamos facilmente, ela define-os por este estado: eles têm sempre uma "pedrinha no sapato", e no fato de que eles se acomodam, manifestam uma suficiência velada de sua oposição à Suficiência.

Entre a posição assim marcada e a Suficiência, resta entretanto um hiato que nenhuma transição pode preencher. E o grau que a simula na hierarquia não passa aí de ilusão de óptica.

Pois por pouco que se pense, nisso, ver-se-á que não há Suficiência menor ou maior. E ou não se é suficiente; já é verdade quando se trata de ser suficiente para isto ou aquilo, mas quão mais quando se é preciso ser suficiente para a su-

---

* Em francês *les Petit Souliers*, Cf. a expressão: *être dans ses petits souliers*, estar numa situação difícil, incômoda; nossa sugestão: "Pedrinhas no sapato" visa a conservar uma certa homologia semântica com o termo original. (N. da T.)

ficiência. Assim a Suficiência não pode ser atingida nem de fato, nem de direito, mesmo que aí já se esteja. Que aí se chegue é entretanto uma necessidade: e isso mesmo nos dá a categoria intermediária.

Mas é uma categoria que permanecerá vazia. Ela não poderia com efeito ser preenchida, mas somente habitada: estação onde se joga as vezes as Necessidades*, da qual se pode dizer mesmo que no conjunto se faz aí o necessário, mas da qual essas próprias locuções traem o irredutível limite ao qual está votada sua aproximação. É esta aproximação que conotaremos com um índice ao chamarmos aqueles que a ocupam: não os necessários, mas os *Bem-Necessários*.

Para que servem os Bem-Necessários na organização? Para assinalar o uso da fala, da qual, como se constata, ainda não falamos: é que com efeito deixamos de lado até aqui esse paradoxo, difícil de conceber de uma comunidade cuja carga é manter um certo discurso, que em suas classes fundamentais, Suficiências e "Pedrinhas nos Sapatos", o silêncio reine soberano e que seu templo repouse sobre duas colunas taciturnas.

Que poderiam dizer com efeito as "Pedrinhas nos Sapatos"? Fazer perguntas? Eles não fazem nada por três razões das quais duas eles conhecem.

A primeira razão é que eles são analisados e que um bom analisado não faz perguntas, – fórmula que se deve entender no mesmo nível de peremptório do qual o provérbio: não há pequenas economias, encerra a réplica a um pedido de contas considerado como importuno num pastiche célebre de Claudel.

A segunda razão é que é estritamente impossível na linguagem em uso na comunidade, fazer uma pergunta sensata, e que seria preciso ter a vergonha tomada do Hurão ou a cara-de-pau monstra do menino para quem o Rei está nu, para fazer esta observação, somente sésamo entretanto para permitir a uma conversa de aí se abrir.

A terceira razão é desconhecida das "Pedrinhas nos Sapatos" nas condições comuns e só aparecerá no fim de nosso trabalho.

Para as Suficiências, que têm elas a fazer senão falar? Sendo suficientes, elas não têm nada a se dizer, e o silêncio

---

* *Necessité* no original. Traduzimos por Necessidade visando diferenciar de *besoin* que está traduzido como necessidade. (N. da T.)

das "Pedrinhas nos Sapatos" elas não têm ninguém a quem responderem.

Eis por que se deixa aos Bem-Necessários o apelar a esse silêncio povoando-o com o discurso deles. Eles não se fazem de rogados, e tanto menos que esse discurso uma vez impulsionado, nada pode mais entravado. Desligado, como o dissemos, de sua própria lógica, o que aí se encontra não se abala, o que aí atravessa não se ofende, o que aí se exclui não se resolve. O sim tem aí com o não uma compatibilidade que não é de equilíbrio, mas de superfetação. Antes dizer que um não vai sem o outro, ou melhor, posto que isso é evidente, antes não dizê-lo.

Esta dialética é da veia da prosa do burguês gentil-homem, dialético sem sabê-lo, mas que responde a uma aspiração, a do prestidigitador inquieto por ser aplaudido por ter tirado do chapéu um coelho que ele é o primeiro a se surpreender em aí encontrá-lo. Ele se pergunta *por que* foi bem sucedido em seu passe, e procurando-o nas razões a dar da presença do coelho, as acha igualmente próprias para responder a isso e as deixa passar todas, em uma indiferença nascida do pressentimento de que elas não tocam o que o interessa que é saber *em que* seu passe é bem sucedido.

Assim o discurso Bem-Necessário não basta para tornar as questões supérfluas, mas ele se manifesta supérfluo ao bastar para.

Esse supérfluo em que se traduz o para aquém da suficiência não pode chegar ao âmago de seu defeito, se a própria Suficiência não vem a lhe responder pelo supérfluo de seu excesso.

É esta a função dos membros da organização que chamaremos *Beatitudes*, emprestando esse nome das seitas estoica e epicurista das quais sabe-se que elas tinham como fim o de atingir a satisfação da suficiência.

As Beatitudes são os porta-vozes das Suficiências, e o fato dessa delegação merece que voltemos sobre o silêncio das Suficiências, com as quais ficamos quites um pouco rapidamente.

As Suficiências, dissemos sem insistir, nada têm a se dizer. Isto merece ser motivado.

O ideal da suficiência nos agrupamentos que ele ordena não é nada propício à fala, mas aí traz uma sujeição cujos efeitos são uniformes[17]. Contrariamente ao que se imagina, na identificação coletiva é por via individual que os sujeitos são informados; esta informação só é comum porque na fonte ela é idêntica. Freud colocou o acento sobre o fato de que se trata da identidade que leva em si a idealização narcisista, e nos permite assim completar com um traço de esquematismo a imagem que aí faz função de objeto.

Mas pode-se prever o modo de relação sobre o qual vai repousar um tal grupo, aos efeitos que produz a identificação narcisista no casal, ciúme fraternal ou acrimônia conjugai. Na conquista do poder, utilizou-se largamente a *Schadenfreude* que satisfaz no oprimido a identificação com o *Führer*. Numa procura de saber, uma certa recusa que se mede no ser, para além do objeto, será o sentimento que soldará mais fortemente o grupo: esse sentimento é conhecimento, sob uma forma patética, nele comunga-se sem comunicar, e ele se chama ódio.

Sem dúvida um *bom objeto*, conforme se diz, pode ser promovido a essas funções de sujeição, mas esta imagem que faz os cães fiéis, torna os homens tirânicos, – pois é o Eros do qual Platão mostrou a verdadeira figura no fasma que estende suas asas sobre a cidade destruída e cuja alma acuada desatina.

Para trazer esse propósito a suas proporções presentes, tomaremos a mão que Valéry dá a Freud quando falando desses "únicos" que povoam o que ele chama de as *profissões delirantes*[18], ele tece a metáfora dos dois elétrons cuja edificante música ele ouve zumbir no átomo de sua unicidade: um que canta: "Só existe eu, eu, eu", o outro que grita: "mas existe fulano, beltrano … e tal Outro". Pois, acrescenta o autor, o nome muda bastante frequentemente.

É assim que os *number one* que aqui pululam, se mostram a um olhar especialista serem de preferência números dois.

---

17. É o que o *euphuísmo** *em uso* no meio concernindo o que o toca, designa preciosamente por: o *narcisismo das pequenas diferenças.*
* De *Euphues*, romance do inglês J. Lyly, 1580. (N. da T.)
18. Citamos esse trecho inteiro em nossa tese: *Da psicose paranoica em suas relações com a personalidade*, Paris, Le François, 1932, nas páginas 283 (n. I), e 284. Vê-se que nosso interesse por esse assunto não data da última década.

É dizer que o embuste no qual eles se mostrarão como tais e cuja esquisitice evocávamos acima, vai se encontrar aqui levado a um grau de exultação que não se fará mais convincente por ser geral, mas onde talvez ele se iluminará de sua repercussão.

Que o número dois se regozije de ser ímpar, onde isso vai levá-lo nessa reunião, – que não podemos sem abuso ordenar em uma fileira única pela única condição de aí ligar cabo a rabo cada um ao outro que o precede?

Salta aos olhos que é preciso que o número três desça como Deus da máquina para engendrar a alternância que partirá do ímpar, antes que este último possa exercer suas seduções sobre o número dois.

Essa observação mostra já o nervo da coisa, mas o veremos melhor sob uma forma desenvolvida.

Na série assim constituída, pode-se dizer com efeito que um lugar ímpar é ocupado pela metade dos números dois, mas como a série não tem cabeça, visto que ela se fecha em coroa, nada nem ninguém pode designar qual é essa metade, e portanto os números dois, cada um por si e Deus por todos, estão em direito de se pretenderem ímpares, embora cada um esteja seguro de que a metade dentre eles não pode sê-lo. Mas é forçosamente verdadeiro? Não, pois basta que a metade *mais um* desses números dois possa se dizer ser de fila ímpar, para que passado o marco (segundo a forte expressão do Sr. Fenouillard) não haja mais limites, e que todos os números dois, qualquer que seja aquele do qual faça parte a série, sejam incontestavelmente tomados no ímpar enumerado.

Vê-se aqui a função do *Um A Mais*, mas também que é preciso que ele seja um *Um Sem Mais*, pois *Um Ainda* seria *Um Demais*, que faria recair todos os números dois numa presunção que permanece sem remissão por se conhecer como sem remédio.

Este *Um A Mais* estava já no número três, condição preliminar da série em que ele se mostrou melhor a nós. E isso demonstra que a alegria do número dois da Suficiência exige que sua dualidade se exceda nesse *Um A Mais*: e que portanto a Beatitude, por ser o excesso da Suficiência, tem seu lugar fora dela.

Mas este *Um A Mais* que é desde então cada uma das Beatitudes, não podendo ser mais que um *Um Sem Mais*, é destinado, por posição, ao monólogo. E é porque, ao contrário das Suficiências que nada têm a dizer-se, as Beatitudes *se falam*, mas não para se dizer algo a mais.

Pois esse *Um A Mais* em que o número três se reúne, é seguramente a mediação da Fala, mas por manter-se no Outro, do qual ele deveria se desligar para retornar ao Mesmo, não forma em sua boca senão esta forma que cala a boca: o O de um Oráculo, que somente o apetite dos Bem-Necessários pode entabular até fazerem o U de um Veredicto.

Mas as duas superfluidades que aqui se conjugam, pela conivência do defeito do Discurso Inconsistente com o excesso do Discurso Imotivado, não é por esta razão que elas se respondem. Não mais que jamais todas as bilhas que aí se coloque, não farão um passador mais próprio para servir a sopa.

É a razão pela qual da enorme quantidade de experiência que atravessou a análise (pois aqui não se pode dizer que não se tirou nada do bode a ordenhar), seu ensinamento não pôde quase nada reter em sua peneira[19]. Observação da qual quem quer que seja que a conheceu, não dará, em seu foro íntimo, quitação, tivesse ele mesmo que procurar contra nossa diatribe o refúgio do qual uma dessas naturezas que a sua vilania ensina tanto quanto os conduz, deixava escapar, um dia diante de nós a conclusão suprema nesses termos: "Não existe domínio onde a gente *se exponha* mais totalmente do que falando da análise".

Eis pois a organização que constrange a Fala a caminhar entre dois muros de silêncio, para aí contrair as núpcias da confusão com o arbitrário. Ela se adapta a isso para suas funções de avanço: as Suficiências regulam a entrada das Pedrinhas nos Sapatos no seu lá-fora, e as Beatitudes lhes designam aqueles que serão os Bem-Necessários; em sentido inverso,

19. Para aqueles que não conheceriam a metáfora da peneira oferecida à ordenha de um bode, cf. Kant, *Crítica da razão pura*, na *Introdução à lógica transcedental*. III: *Da divisão da lógica geral em analítica e dialética*, 1952, ed. Meiner, p. 100. Freud a recorda em *O caso Schreber*. Não vai sem consequência constatar que ele a reteve no ponto preciso em que Kant submete à sua crítica a questão: que é a verdade?

é ao se dirigirem às Beatitudes que esses últimos irão à Suficiência, e as Suficiências lhes responderão tirando do seio Beatitudes novas.

Uma observação atenta enumeraria aqui todas as formas do tiro indireto ou desse encaminhamento chamado trapaça, melhor dizer aquelas que provocam o atacante jogando com a invisibilidade.

É bem isso a falha do sistema como meio de escolha dos sujeitos e se conjugando à insonoridade que ele opõe à fala, não se surpreenderá de alguns resultados paradoxais, dos quais assinalaremos apenas dois, um de efeito permanente, o outro feito de casos singulares.

1) Que os programas que se aí impõe ao ensino magistral tomam essencialmente objeto do que chamaremos de *matérias à ficção*, não se encontrando aí de positivo senão um ensinamento médico, que por não passar aí de forro, faz com o ensino público um duplo emprego, o qual espanta que seja tolerado;

2) Que uma política de silêncio tenaz devendo encontrar seu caminho em direção à Beatitude, o analfabetismo em seu estado congenital não fica sem esperança de aí vencer[20].

Mas é-nos ainda preciso indicar o que a conjunção desses dois efeitos pode produzir em certas ocasiões, pois aí veremos a maneira pela qual o sistema ao se fechar, consegue aí se reforçar.

Ocorreu que uma Beatitude do tipo 2 se acreditou intimada pelas circunstâncias a dar suas provas em um ensinamento do tipo 1, cuja promoção devia ser-lhe de um grande lustro.

Foi uma bela estória. Alguns clamaram pela licenciatura, à licenciatura de psicologia, entenda-se, da qual, no dizer deles, a Beatitude aqui em questão não teria sido capaz de passar o exame.

Mas os outros, mais avisados, souberam tirar seu proveito da grande lição que lhes era assim oferecida e onde

---

20. Ele pode também aí ser levado por seus méritos próprios. Testemunha o inventor da técnica de subodoração mencionada acima, a quem esta descoberta valeu ser recebida entre as Suficiências sem estágio aprobatório entre os Bem-Necessários onde ele fizera maravilhas entretanto, e ser em seguida levantado ao céu das Beatitudes.

subitamente eles podiam ler a Lei suprema, Lei não escrita, sobre a qual a associação se funda – onde cada um em seu seio encontrará preparados seu prato intelectual e sua moral costumeira, – ao que o longo prazo de observação do qual ele foi o objeto devia antes de tudo mostrá-lo apto, – e do qual ele ouvirá em si nos momentos graves o mandamento simples e seguro: não se deve perturbar as Beatitudes.

Pois tal é a razão, desconhecida para Pedrinhas nos Sapatos, ainda que eles a pressintam, do seu próprio silêncio, e uma nova geração, por ter visto rasgar-se o seu véu, saiu de lá temperada mais forte, e se cerrou em torno daquele que lhes a revelara.

Mas quem pensa, em tudo isso, na sorte das próprias Beatitudes?

Imagina-se a desgraça de uma Beatitude solitária, quando ela chega a se aperceber de que se os propósitos dos Bem--Necessários são supérfluos em sua maioria, os dos Felizes são infelizes em geral... e em que nessa infelicidade pode transformar sua Beata Solidão? Sua suficiência de justiça soprar--lhe-á que ela não passa ela própria de um Mal Necessário?

Ah! que as Pedrinhas nos Sapatos sejam preservadas desta angústia! Pelo menos que as preparemos para esses perigos. Mas respondemos: nós que, enquanto Beatitude, pudemos durante anos, na cerimônia dita da Segunda Voltinha, ouvir da própria boca das Pedrinhas nos Sapatos o benefício que elas tiraram de sua análise pessoal, diremos aqui o mais frequente e o maior a aparecer na homenagem que eles prestavam a seu didata; ele cabe em uma palavra: desintelectualização.

Ah! como se sentiam enfim libertas, as caras crianças, elas, que quase todas atribuíam seu engajamento na psiquiatria aos tormentos insaciados desse ano maldito que o ciclo dos estudos franceses vos inflige na companhia das ideias! Não, não era isso, eles o sabiam agora, que os tinha guiado: que alívio e que proveito o de estarem quites por tão pouco, pois uma vez este erro dissipado e substituído pela convicção que o prurido, era bem isso com efeito o que se chama por esse nome danado: o intelectualismo, como o caminho é reto enfim, quão facilmente o pensamento encontra seu caminho em direção à natureza, e os movimentos de nossas vísceras não estão lá para nos convencer?

É o que faz com que um bom aluno analista dessa espécie se distinga de cara para todo aquele que uma vez viu um desses: por esse ar interior, e mesmo posterior, que o mostra como apoiado sobre o feto macerado de suas resistências.

Desintelectualização, essa palavra não indica que cada um se torne idiota por causa disso: bem ao contrário dos receios, ou mesmo das esperanças, vulgares, a análise é bem incapaz de não mudar nada nesta matéria.

O estudo da inteligência do qual a psicologia behaviorista acreditou poder superpor o grau à medida do que o animal sabe englobar na conduta de desvio, nos pareceu frequentemente poder encontrar vantagem, pelo menos para o homem, em uma referência mais ampla: e notadamente no que chamaríamos a conduta do rastro.

Não há uma vez em que conduzimos nosso cãozinho a seu passeio de Necessidade, sem que nos impressione o proveito que se poderia tirar de seus passos para a análise das capacidades que fazem o sucesso do homem na sociedade, assim como dessas virtudes em que os antigos aplicavam sua meditação sob a égide do Meio-de-Conseguir. Que pelo menos aqui essa digressão dissipe o mal-entendido cuja oportunidade poderíamos ter dado a alguns: de nos imputar a doutrina de uma descontinuidade entre psicologia animal e psicologia humana que está bem longe de nosso pensamento.

Simplesmente quisemos sustentar que para operar corretamente nesses efeitos que a análise distingue no homem como sintomas, e que, por se prolongarem tão diretamente em seu destino, e até em sua vocação, parecem cair com eles sob o mesmo corte: o da linguagem, é preferível sem dúvida não permanecermos completamente iletrados, ou mais modestamente que todo erro possível não é para afastar o esforço que se faria para aí se aplicar.

Mas, sem dúvida, outras necessidades são mais importantes, e o fardo das Beatitudes, semelhante àquele do homem branco, não poderia estar ao alcance do julgamento de um só.

Nós o ouvimos, e todos puderam ouvi-lo, da boca de uma Suficiência em um momento fecundo da instituição psicanalítica em França: "Queremos, declarou ela, cem psicanalistas medíocres". Em que não se afirmava a modéstia de um programa, mas a reivindicação, mesmo ambiciosa, dessa mutação da qualidade, que o forte pensamento de Marx mostrou definitivamente enraizar-se na quantidade.

E as estatísticas publicadas até hoje mostram que a empresa vencendo soberbamente[21] todos os obstáculos, está em vias de um sucesso em que ela bate seus próprios estalões.

Seguramente estamos longe ainda do que é atingido fora daqui, e as poucas treze páginas in-quarto em duas colunas que mal bastam para conter a lista dos psicanalistas da Associação americana, colocam no devido lugar as duas páginas e meia onde os praticantes da França e da Inglaterra podem se alojar.

Que se julgue a responsabilidade que incumbe à *diáspora* alemã que forneceu lá embaixo os quadros mais altos da Beatitude, e o que representa o cargo que ela toma de todos esses dentistas, para empregar o termo impregnado de um paternalismo afetuoso que se usa, para designar o *rank and file*, entre essas Beatitudes supremas.

Como se compreende que seja entre Elas que apareceu a teoria do *ego autônomo*[22], e como não admirar a força daqueles que dão seu *élan* à grande obra de desintelectualização, que se estendendo cada vez mais perto representa um desses *challenges* entre os mais fecundos em que uma civilização possa afirmar sua força, aqueles que ela se forja nela mesma? A aí vigiarem, onde encontram eles o tempo, posto que em curso de anos eles se consagram a abaixar os *Egos* fortes, a elevar os *Egos* fracos? – Sem dúvida durante os meses sem r*.

Seguramente um Estado policiado achará com o tempo o que censurar do fato de que prebendas, na medida dos investimentos consideráveis que desloca uma tal comunidade, sejam deixadas à discrição de um poder espiritual do qual notamos a extraterritorialidade singular.

---

21. Foi o próprio termo empregado pelo Dr. Ernest Jones e reproduzido no jornal oficial da Associação psicanalítica anglófona: *super-bly*, para prestar homenagem ao sucesso da dita empresa (1966).
22. Cf. nota 23 do anexo que segue.
* Referência humorística aos meses em que segundo o dito popular, não se deve comer ostras, a saber, de maio a agosto. (N. da T.)

Mas a solução seria fácil de obter: um pequeno território na medida dos Estados filatélicos (Ellis Island para fixar as ideias) poderia ser cedido por um voto do Congresso dos EUA os mais interessados no negócio, para que o I.P.A. aí instale seus serviços com suas Congregações do Index, das Missões e da Propaganda, e os decretos que ela emitiria para o mundo inteiro, por serem datados e promulgados deste território, tornariam a situação mais definida diplomaticamente: saber--se-ia, além do mais, claramente se a função do *Ego autônomo*, por exemplo, é um artigo do símbolo da doutrina ecumênica, ou somente um artigo a recomendar para o Natal das "Pedrinhas nos Sapatos".

Paremos aqui para terminar com uma nota roborativa. Se não tivemos medo de mostrar as forças de dissociação às quais é submetida a herança freudiana, citemos a notável persistência da qual a instituição psicanalítica deu provas.

Aí teremos tanto menos mérito quanto não encontramos em lugar algum confirmação mais brilhante da virtude que concedemos ao significante puro. Pois na utilização que aí se faz dos conceitos freudianos, como não ver que sua significação não entra para nada? E entretanto não é a nada mais do que à sua presença que se pode atribuir o fato de que a associação não se tenha ainda rompido para se dispersar na confusão de Babel.

Assim a coerência mantida deste grande corpo nos faz pensar na imaginação singular que o gênio de Poe propõe à nossa reflexão na estória extraordinária do *Caso do Sr. Valdemar*.

É um homem que, por ter ficado sob a hipnose durante o tempo de sua agonia, se vê morrer sem que seu cadáver cesse por isso de se manter, sob a ação do hipnotizador, não somente em uma aparente imunidade à dissolução física, mas na capacidade de testemunhar pela fala sobre seu atroz estado.

Tal metaforicamente, em seu ser coletivo, a associação criada por Freud sobreviveria, mas aqui é a voz que a sustenta, que vem de um morto.

É verdade que Freud chegou até a nos fazer reconhecer o Eros por onde a vida consegue prolongar seu gozo na prorrogação de seu apodrecimento.

Em um tal caso entretanto a operação do despertar, levada com as palavras retomadas do Senhor em um retorno à vida de sua Fala, pode vir a se confundir com os cuidados de uma sepultura decente.

(Pommersfelden – Guitrancourt, set.-out., 1956.)

ANEXO

A versão publicada em seu tempo foi, a partir do parágrafo designado em nota de página anterior, redigida nesses termos:

Tornando-se mais cedo mais atento a esses efeitos, Freud se interrogaria de mais perto sobre as vias particulares que a transmissão de sua doutrina exigia da instituição que devia assegurá-la. Somente a organização de uma comunidade não lhe teria parecido garantir essa transmissão contra a insuficiência do próprio *team* dos fiéis, dos quais algumas confidencias que se atesta dele mostram que ele tinha o sentimento amargo[23].

A afinidade lhe apareceu em sua raiz, que reúne as simplificações sempre psicologizantes contra as quais a experiência o advertia, à função de desconhecimento própria ao *Ego* do indivíduo como tal.

Ele teria visto o declive que oferecia a essa incidência a particularidade da prova de que esta comunidade deve impor a seu limiar: notadamente da psicanálise para a qual o uso consagra o título de didática, e que a menor flexão sobre o sentido do que ela procura se transforma em uma experiência de identificação dual.

Não somos nós aqui que vamos emitir um julgamento; é nos círculos dos didáticos que se confessou e se professa a teoria que dá por fim à análise a identificação com o *Ego* do analista.

Ora a qualquer grau que se suponha que um *Ego* consiga igualar-se à realidade da qual ele deva tomar a medida, a sujeição psicológica sobre a qual alinha-se assim o acabamento da experiência é, se formos bem lido, o que há de mais contrário à verdade que ela deve tornar patente: a saber a estranheza dos efeitos inconscientes, porque é rebatida a

23. Cf. "So, haben Sie jetzt dièse Bande gesehen?", diz a Binswanger na saída de uma das reuniões hebdomadárias que se passavam em sua casa no início de 1907. Em *Ludwig Binswanger: Erinnerungen an Sigmund Freud*.

pretensão à autonomia da qual o *Ego* faz seu ideal; nada também de mais contrário ao benefício que se espera dessa experiência: a saber a restituição que aí se opera para o sujeito do significante que motiva esses efeitos, procedendo de uma mediação que justamente denuncia o que da repetição se precipita no modelo.

Que a via dual assim escolhida ao oposto para a mira da experiência, fracassa ao realizar a normalização da qual ela poderia justificar-se ao mais baixo, é o que, dissemo-lo, é reconhecido como comum, mas sem que se tire disso a lição de um erro nas premissas, contente que se está de atribuir seu resultado às fraquezas repercutidas cujo acidente não é na verdade senão por demais visível.

De qualquer maneira, só o fato de que os fins da formação se afirmem em postulados psicológicos, introduz no agrupamento uma forma de autoridade sem igual em toda a ciência: forma que somente o termo de suficiência permite qualificar.

É com efeito somente a dialética hegeliana da enfatuação que dá conta do fenômeno a rigor. Sem o que é à sátira, se seu sabor não devia repugnar aqueles que não são íntimos desse meio, que seria preciso recorrer para dar uma justa ideia da maneira pela qual aí se se faz valer.

Só se pode aqui citar resultados aparentes.

Em primeiro lugar a curiosa posição de extraterritorialidade científica por onde começamos nossas observações, e o tom de magistério com o qual os analistas a sustentam a partir do momento em que eles têm de responder ao interesse que sua disciplina suscita nos domínios circunvizinhos.

Se por outro lado as variações que mostramos nos trabalhos teóricos da psicanálise, dão a impressão exterior de uma progressão conquistadora sempre na fronteira de campos novos, é mais impressionante ainda de constatar quão é estacionário o que se articula de ensinável para a utilização interna dos analistas em comparação à enorme quantidade de experiência que, com perdão de palavra, passou pelas mãos deles.

Resultou disso, bem ao contrário das aberturas com as quais, como o indicamos, Freud formulou o projeto universitário, o estabelecimento de uma rotina do programa teórico, do qual designar-se-ia bastante bem o que ele cobre pelo termo de *matérias à ficção*.

No entanto na negligência em que um método entretanto revolucionário na abordagem dos fenômenos, deixou a nosografia psiquiátrica, não se sabe se é preciso se espantar que seu ensino nesse domínio se limite a bordar sobre a sintomatologia clássica, ou que ela venha assim a bordar no forro do ensino oficial.

Por pouco enfim que se se restrinja a seguir uma literatura pouco apetitosa, cumpre-se dizer, ver-se-á aí a parte que aí toma uma ignorância em que não pretendemos designar a douta ignorância ou ignorância formada, mas a ignorância crassa, aquela cuja espessura não foi jamais nem mesmo roçada pela foice de uma crítica de suas fontes.

Esses fenômenos de esterilização, bem mais patentes ainda do interior, não podem ser sem relação com os efeitos de identificação imaginária e da qual Freud revelou a instância fundamental nas massas e nos agrupamentos. O mínimo que se possa dizer disso, é que esses efeitos não são favoráveis à discussão, princípio de todo progresso científico. A identificação com a imagem que dá ao agrupamento seu ideal, aqui, aquela da suficiência encarnada, funda é certo, como Freud o mostrou em um esquema decisivo, a comunhão do grupo, mas é precisamente em detrimento de toda comunicação articulada. A tensão hostil aí é mesmo constituinte da relação de indivíduo a indivíduo. É lá o que o euphuísmo, em uso nesses meios reconhece bem validamente sob o termo de *narcisismo das pequenas diferenças*: que traduziremos em termos mais diretos por: terror conformista.

Aqueles a quem o itinerário da *Fenomenologia do espírito* é familiar, se reencontrarão melhor nesse desobstruir, e se espantarão menos com a paciência que parece adiar nesse meio toda excursão interrogante. Ainda a retenção das indagações não se limita aos impetrantes, e não é um noviço que tomava instrução de sua coragem quando ele o motivava assim: "Não há domínio onde a gente se *exponha* a si mesmo mais totalmente, do que ao falar da análise".

Sem dúvida um *bom objeto*, como se diz, pode presidir a essa sujeição coletiva, mas essa imagem que faz os cães fiéis, torna os homens tirânicos, pois é o Eros mesmo do qual Platão nos mostra o fasmo espalhado sobre a cidade destruída e cuja alma acuada desatina.

Igualmente essa experiência vem a suscitar sua própria ideologia, mas sob a forma do desconhecimento próprio à presunção do *Ego*: ressuscitando uma teoria do *Ego autônomo*, carregada de todas as petições de princípio de que a psicologia tinha sem esperar a psicanálise feito justiça, mas que mostra sem ambiguidade a figura dos ideais de seus promotores[24].

Seguramente esse psicologismo analítico não vai sem encontrar resistências. O interessante é que, ao tratá-las como tais, ele se encontra favorecido por várias desordens aparecidas nos modos de vida culturais importantes, contanto que a demanda aí se manifeste de *patterns* que ele não está inapto para fornecer[25].

Encontra-se aí a união por onde a psicanálise se dobra em direção a um *behaviorismo*, cada vez mais dominante em suas "tendências atuais". Esse movimento é sustentado, vê-se, por condições sociológicas que extravasam o conhecimento analítico como tal. O que não se pode não dizer aqui, é que Freud, prevendo notadamente essa colisão com o *behaviorismo*, denunciou-o de antemão como a mais contrária a seu caminho[26].

Qualquer que deva ser para a análise a saída da singular gestão espiritual em que ela parece assim se engajar, a responsabilidade de seus defensores permanece inteira para com os sujeitos dos quais eles tomam a carga. E é aqui que se deveria alarmar-se com certos ideais que parecem prevalecer em sua formação: como aquele que denuncia suficientemente, de que ele tenha adquirido direito cívico, o termo de *desintelectualização*.

24. Sabe-se que é esta a teoria na medida de que os Srs. H. Hartmann, E. Kris e R. Loewenstein pretendem reduzir a prática da análise e "sincronizar" (é o termo deles) o pensamento de Freud, sem dúvida um pouco vacilante para o gosto deles, senão para o seu olhar. 1966: por essa vara se mede o acesso à sociedade de Nova York.

25. O que nos é pedido domina a tal ponto nossa profissão presente que ela não tem mais nada a fazer com a psicanálise (Propósito a nós dirigido por um psicanalista, no encerramento de nossa recente estadia nos EUA, 1966).

26. Freud. *Ges. Werke*. XIV, pp. 78-79.

Como se não fosse já temível que o sucesso da profissão analítica lhe atraísse tantos adeptos incultos, conviria considerar como um resultado maior tanto quanto benéfico da análise didática, que até a sombra de um pensamento seja proscrita daqueles que não considerariam como bastante toda a reflexão humana para aparar as intempestividades de todas as sortes às quais os expõem suas melhores intenções?

Igualmente o plano de produzir, para esse país mesmo, "cem psicanalistas medíocres", foi proferido em circunstâncias notórias, e não como o propósito de uma modéstia avisada, mas como a promessa ambiciosa dessa passagem da quantidade à qualidade que Marx ilustrou. Os promotores desse plano anunciam mesmo nos últimos ecos que se está batendo aí soberbamente seus próprios estalões.

Ninguém duvida na verdade da importância do número dos trabalhadores para o avanço de uma ciência. Mas é preciso que a discordância aí não exploda de todas as partes sobre o sentido a Mar à experiência que a funda. É, nós o dissemos, a situação da psicanálise.

Ao menos essa situação nos parecerá exemplar por trazer uma prova a mais à preeminência que atribuímos, a partir da descoberta freudiana, na estrutura da relação intersubjetiva, ao significante.

À medida efetivamente que a comunidade analítica deixa mais se dissipar a inspiração de Freud, o que, senão a letra de sua doutrina, a faria ainda se manter em um corpo?

6. A INSTÂNCIA DA LETRA NO INCONSCIENTE OU A RAZÃO DESDE FREUD

Crianças enfaixadas

O' cidades do mar, vejo em vós, vossos cidadãos, homens e mulheres, braços e pernas estreitamente atados em sólidos laços por pessoas que não entenderão jamais vossa linguagem e não podereis exalar senão para vós mesmos, por lástimas chorosas, lamentos e suspiros, vossas dores e vossa tristeza da liberdade perdida. Pois aqueles que vos têm atados não compreenderão vossa língua, assim como tampouco as compreendereis. (*Cadernos* de Leonardo Da Vinci[1].)

Se o tema desse volume 3 de *La Psychanalyse*[2] me solicitava esta contribuição, devo essa deferência conforme aqui se descobrirá, ao fato de introduzi-la situando-a entre o escrito e a fala: ela ficará a meio caminho.

O escrito se distingue na verdade por uma prevalência do *texto*, no sentido que se verá tomar aqui a esse fator do

---

1. Códice Atlântico 145. r.a., trad. Louise Servicem, Gallimard, t. II p. 400.
2. *Psychanalyse et sciences de l'homme.*

223

discurso, – o que nele permite esse estreitamento que a meu juízo não deve deixar ao leitor outra saída senão sua entrada, que eu prefiro difícil. Não se tratará, portanto, aqui de um escrito em meu sentido.

A propriedade que eu concedo em nutrir minhas lições de seminário de uma contribuição cada vez inédita, impediu-me até hoje de fornecer um semelhante texto, senão para uma delas, comum de resto em sua continuidade, e à qual não vale a pena aqui referir-se senão devido à escala de sua tópica.

Pois a urgência de que agora faço pretexto para aqui deixar esse ponto de vista, não faz mais do que recobrir a dificuldade que, sustentando-o na escala em que eu devo aqui apresentar meu ensinamento, ele não passe longe demais da fala, cujas medidas diferentes são essenciais para o efeito de formação que eu procuro.

Eis por que tomei o viés de uma palestra que me foi solicitada neste instante pelo grupo de filosofia da Federação dos Estudantes de Letras[3], para aí buscar acomodar propiciamente à minha exposição: sua generalidade necessária harmonizando-se ao caráter extraordinário de sua audiência, mas seu objeto único encontrando a conivência de sua qualificação comum, a literária, que meu título homenageia.

Como esquecer, com efeito, que Freud manteve constantemente e até o seu fim a exigência primeira dessa qualificação para a formação dos analistas, e que ele designou na *universitas litterarum* de sempre o lugar ideal para sua instituição?[4]

Assim o recurso ao movimento restituído ao vivo desse discurso marcava por acréscimo, por aqueles a quem eu o destino, aqueles a quem ele não se dirige.

Quero dizer: nenhum daqueles que, para qualquer que seja o fim na psicanálise, toleram que sua disciplina se prevaleça de alguma falsa identidade.

Vício do hábito e tal em seu efeito mental que mesmo a verdade possa aí parecer um álibi entre outros, do qual espera-se pelo menos que o redobramento requintado não escape aos mais sutis.

---

3. Realizou-se no dia 9 de maio de 1957 no anfiteatro Descartes, na Sorbonne, e a discussão prosseguiu num bar.
4. *Die Frage der Laienanalyse*, G. W., XIV, pp. 281-283.

É desse modo que se observa com curiosidade a viravolta que se anuncia no tocante à simbolização e à linguagem no *Int. J. Psichoanal.**, com grandes reforços de dedos úmidos remexendo os fólios de Sapir e de Jespersen. Esses exercícios são ainda noviços, mas é principalmente o tom que neles não existe. Uma certa seriedade faz sorrir ao entrar no verídico.

E como mesmo um psicanalista de hoje não se sentiria chegando a isso a tocar a fala, quando sua experiência recebe dela seu instrumento, seu marco, seu material e até mesmo o zum-zum de suas incertezas?

I. O sentido da letra

Nosso título dá a entender que, para além desta fala, é toda a estrutura da linguagem que a experiência psicanalítica descobre no inconsciente. Alertando desde o início o espírito prevenido, quanto ao fato de que pode ter que reconsiderar a ideia de que o inconsciente não passa da sede dos instintos.

Mas esta letra, como se deve considerá-la aqui? Muito simplesmente, ao pé da letra.

Nós designamos por letra esse suporte material que o discurso concreto empresta à linguagem**.

Esta simples definição supõe que a linguagem não se confunde com as diversas funções somáticas e psíquicas que a produzem no sujeito falante.

Pela razão primordial que a linguagem com sua estrutura preexiste à entrada que nela faz cada sujeito a um dado momento de seu desenvolvimento mental.

Notemos que as afasias, causadas por lesões puramente anatômicas dos aparelhos cerebrais, que dão a essas funções seu centro mental, mostram no seu conjunto, repartir suas deficiências pelas duas vertentes do efeito significante do que

---

* *International Journal of Psychoanalysis* (N. da T.)
** É curioso notar que já em Aristóteles a *letra* significa a unidade fônica indivisível que contribui à formação de um som composto. A utilização do termo pelo autor (enquanto que para a linguística moderna se trata do som e mesmo do fonema) lhe permite uma transição "confortável" entre a palavra--mensagem (que se opõe à língua-código) e a palavra-fala (que se opõe à escrita, cuja definição ele apresenta na introdução). (N. da T.)

nós chamamos aqui a letra, na criação da significação[5]. Indicação que se esclarecerá com o que segue.

Da mesma maneira, o sujeito, se parece servo da linguagem, ele o é mais ainda de um discurso em cujo movimento universal seu lugar já está inscrito desde seu nascimento, ainda que seja apenas sob a forma de seu nome próprio.

A referência à experiência da comunidade, assim como à substância desse discurso, nada resolve. Pois esta experiência toma sua dimensão essencial na tradição que instaura esse discurso. Essa tradição, muito antes que o drama histórico aí se inscreva, funda as estruturas elementares da cultura. E, essas mesmas estruturas, revelam uma ordenação das trocas que, ainda que inconsciente, é inconcebível fora das permutações que autoriza a linguagem.

Daí resulta que a dualidade etnográfica da natureza e da cultura, está em vias de ser substituída por uma concepção ternária – natureza, sociedade e cultura – da condição humana, cujo último termo seria possivelmente redutível à linguagem, ou seja, ao que distingue essencialmente a sociedade humana das sociedades naturais.

Mas não tomaremos aqui nem partido nem ponto de partida, deixando em suas trevas as relações originais do significante e do trabalho. Contentando-nos, para ficarmos quites, em um ponto com a função geral *da práxis* na gênese da história, em salientar que mesmo a sociedade que tivesse restaurado em seu direito político com o privilégio dos produtores desde a hierarquia causadora das relações de produção até as superestruturas ideológicas, nem por isso engendrou um esperanto cujas relações com o real socialista poriam, desde a raiz, fora de debate toda possibilidade de formalismo literário[6].

---

5. Este aspecto, muito sugestivo ao inverter a perspectiva da "função psicológica" que obscurece tudo nesta matéria, revela-se luminoso na análise puramente linguística das duas grandes formas da afasia que um dos líderes da linguística moderna, Roman Jakobson, pôde ordenar. Cf. na mais acessível de suas obras, *Fundamentais of Language* (com Morris Halle), Mouton and Co., 'S-Gravenhage, os capítulos I a IV da Segunda Parte, assim como na coletânea de traduções que devemos aos cuidados de Nicolas Ruwet, publicada pelas Editions de Minuit sob o título: *Essais de Linguistique Générale*.
6. Convém lembrarmos que a necessidade do advento de uma nova linguagem na sociedade comunista foi realmente discutida, e que Stalin, para alívio daqueles que confiavam em sua filosofia, a resolveu nesses termos: a linguagem não é uma superestrutura.

Quanto a nós, não nos fiaremos senão nas únicas premissas que viram seu valor se confirmar em virtude de a linguagem, por elas, ter efetivamente conquistado na experiência seu estatuto de objeto científico.

Pois aí está o fato pelo qual a linguística[7] se apresenta em posição piloto nesse domínio em torno do qual uma reclassificação das ciências assinala, como é de regra, uma revolução do conhecimento: somente as necessidades da comunicação no-lo fazendo inscrever no frontispício deste volume sob o título de "ciências do homem", apesar da confusão que por ele se pode dissimular.

Para assinalar a emergência da disciplina linguística, diremos que ela se origina, como é o caso de toda ciência no sentido moderno, no momento constituinte de um algoritmo que a funda. Esse algoritmo é o seguinte:

$$\frac{S}{s}$$

que se lê: significante sobre significado, o sobre correspondendo à barra que separa as duas etapas.

O signo assim escrito, merece ser atribuído a Ferdinand de Saussure, embora ele não se reduza estritamente a essa forma em nenhum dos numerosos esquemas sob os quais ele aparece na impressão das lições diversas dos três cursos dos anos 1906-07, 1908-09, 1910-11, que a devoção de um grupo de discípulos seus reuniu sob o título de *Curso de Linguística Geral*: publicação primordial para transmitir um ensinamento digno desse nome, isto é, que não se pode deter senão no seu próprio movimento.

Eis por que é legítimo que se lhe presta homenagem pela formalização $\frac{S}{(s)}$ na qual se caracteriza, na diversidade das escolas, a etapa moderna da linguística.

A temática desta ciência fica, efetivamente, desde então, suspensa à posição primordial do significante e do significa-

---

7. A linguística, dizemos nós, isto é, o estudo das línguas existentes em suas estruturas e nas leis que nelas se revelam, – o que exclui a teoria dos códigos abstratos impropriamente incluída na rubrica da teoria da comunicação, a teoria, de constituição física, dita da informação, e até mesmo toda semiologia mais ou menos hipoteticamente generalizada.

do, como ordens distintas e separadas inicialmente por uma barreira resistente à significação.

É isso que tornará possível um estudo exato das ligações próprias ao significante e da amplitude da sua função na gênese do significado.

Pois esta distinção primordial vai muito além do debate concernente ao arbitrário do signo, tal como elaborou-se desde a reflexão antiga, e até do impasse, sentido desde a mesma época, que se opõe à correspondência biunívoca da palavra à coisa, mesmo no ato da denominação. Isso contrariamente às aparências que nos dá o papel imputado ao indicador apontando um objeto no aprendizado pelo sujeito *infans* de sua língua materna ou no emprego dos métodos escolares ditos concretos para o estudo das línguas estrangeiras.

Por esse caminho as coisas não podem ir além da demonstração[8] de que não existe significação alguma que se mantenha senão pela remessa a uma outra significação: atingindo, no extremo, a observação de que não há nenhuma língua existente, para a qual se coloque a questão de sua insuficiência em cobrir o campo do significado, sendo um efeito de sua existência como língua o responder ela a todas as necessidades desse campo. Se formos encerrar na linguagem a constituição do objeto, não poderemos deixar de aí constatar que ela se encontra somente ao nível do conceito, bem diferente de todo nominativo, e que a *coisa*, ao se reduzir evidentemente ao nome, se quebra no duplo raio divergente da causa onde ela se abrigou em nossa língua e do nada a que ela abandonou sua veste latina (*rem*).

Essas considerações, por mais existentes que elas sejam para o filósofo, desviam-nos do lugar de onde a linguagem nos interroga sobre sua natureza. E fracassaremos ao sustentarmos a questão, enquanto não nos libertarmos da ilusão de que o significante responde à função de representar o significado, ou melhor: que o significante tenha que responder por sua existência ao título de uma significação qualquer, seja ela qual for.

Pois, mesmo ao se reduzir a esta última fórmula, a heresia é a mesma. É ela que conduz o lógico-positivismo à bus-

---

8. Cf. o *De magistro* de Santo Agostinho, cujo capítulo "De significatione locutionis" comentei em meu seminário de 23 de junho de 1954.

ca do sentido do sentido, do *meaning of meaning* como se denomina, na língua onde seus devotos se esfalfam, o objetivo. De onde se constata que o texto mais carregado de sentido se resolve por essa análise em bagatelas insignificantes, à qual somente resistem os algoritmos matemáticos, que são justamente, desprovidos de qualquer sentido[9].

Resta que o algoritmo $\frac{S}{s}$, se dele não podíamos extrair mais do que a noção do paralelismo de seus termos superior e inferior, cada um tomado somente em sua globalidade, permaneceria o signo enigmático de um mistério total. O que, bem entendido, não é o caso. Para apreender sua função, começarei por produzir a ilustração defeituosa pela qual costuma-se introduzir classicamente seu uso. Ei-la:

ÁRVORE

onde se vê o favor que ela concede à direção precedentemente indicada como errônea.

Eu a substituí para meus ouvintes por uma outra, que só podia ser considerada como mais correta senão por exagerar

---

9. Assim, o sr. Richards, autor precisamente de uma obra sobre os procedimentos apropriados para este objetivo, nos mostra, em uma outra, sua aplicação. Para isto ele escolhe uma página de Mong-tsé, Mencius para os Jesuítas: *Mencius on the mind*, é o título, visto o objeto desta peça. As garantias trazidas à pureza da experiência não perdem nada ao luxo das abordagens utilizadas. E o letrado *"expert"* no Cânon tradicional onde se inscreve o texto, se vê transportado a Pequim para onde a máquina enxugadora em demonstração foi transportada sem atenção aos gastos.

Mas nós não seremos menos, e por menos caros, igualmente transportados, ao ver se operar a transformação de um bronze que produz um toque de sino ao menor contacto do pensamento em uma espécie de pano de chão que limpa o quadro-negro do mais consternante psicologismo inglês. Não sem, depressa demais, infelizmente identificá-lo à própria méninge do autor, o único resto que subsiste de seu objeto e dele mesmo, após a exaustão efetuada do sentido de um, e do bom senso do outro.

na dimensão incongruente à qual o psicanalista não renunciou ainda completamente, no sentimento justificado de que seu conformismo só tem valor a partir dela. Eis esta outra:

HOMENS   SENHORAS

onde se vê que, sem estender muito o alcance do significante interessado na experiência, ou seja, redobrando somente a espécie nominal pela simples justaposição de dois termos cujo sentido complementar parece dever consolidar-se assim, produz-se a surpresa de uma precipitação inesperada do sentido: na imagem de duas portas gêmeas que simbolizam com a cabine oferecida ao homem ocidental para satisfazer suas necessidades naturais fora de casa, o imperativo que ele parece partilhar com a grande maioria das comunidades primitivas e que submete sua vida pública às leis da segregação urinaria.

Isto não é somente para chocar por meio de um golpe baixo o debate nominalista, mas para mostrar como o significante entra de fato no significado; a saber, sob uma forma que, por não ser imaterial, coloca a questão de seu lugar na realidade. Pois, ao ter de se aproximar das pequenas placas esmaltadas que o suportam, o olhar pestanejante de um míope teria talvez razão em inquirir se é bem lá que se deve ver o significante, cujo significado no caso receberia da dupla e solene procissão da nave superior as honras derradeiras.

Mas nenhum exemplo construído poderia igualar o relevo que se encontra na vivência da verdade. Pelo que não tenho razões de estar descontente por ter forjado este: visto que ele despertou na pessoa mais digna de minha confiança essa recordação de sua infância que, felizmente assim vindo a meu alcance, se insere perfeitamente aqui.

Um trem chega à estação. Um menino e uma menina, irmão e irmã, em um compartimento estão sentados um em frente ao outro do lado onde a janela, dando para o exterior, deixa desenrolar-se a vista dos edifícios da plataforma ao longo da qual o trem estaciona: "Olha, diz o irmão, chegamos em Senhoras! – Imbecil! responde a irmã, não vê que chegamos em Homens!"

Além de que, efetivamente, os trilhos nessa estória materializam a barra do algoritmo saussuriano sob uma forma bem feita para sugerir que sua resistência possa ser não dialética; seria preciso, – é bem a imagem que convém –, não ter os olhos em frente dos buracos para se enganar quanto ao lugar respectivo do significante e do significado e não seguir de que centro irradiante o primeiro vem a refletir sua luz na treva das significações inacabadas.

Pois ele vai trazer o Dissídio, somente animal e votado ao esquecimento das brumas naturais, à potência desmesurada, implacável para com as famílias e impiedoso para com os deuses, da guerra ideológica. Homens e Senhoras serão desde então para essas crianças duas pátrias para as quais suas almas se atirarão cada qual com uma asa divergente, e sobre as quais ser-lhes-á tanto mais impossível pactuar, quanto é na verdade a mesma; ninguém poderia ceder quanto à primazia de uma sem atentar à glória da outra.

Paremos por aqui. Dir-se-ia a história da França. Mais humana, como é devido, para se evocar aqui, do que a da Inglaterra, condenada a precipitar-se da Grossa e Fina extremidade do ovo do Deão Swift.

Resta por conceber que degrau e que corredor o S do significante, visível aqui nos plurais cujos acolhimentos ele centra para além da janela, do trem deve transpor para chegar às canalizações por onde, como o ar quente e o ar frio, a indignação e o desprezo chegam a soprar para aquém.

Uma coisa é certa; é que este acesso em todo caso não deve comportar significação alguma, se o algoritmo $\frac{S}{s}$ lhe convém com sua barra. Pois o algoritmo, na medida em que não passa, ele próprio, de pura função do significante, só pode revelar uma estrutura de significante para essa transferência.

Ora, a estrutura do significante está, como se diz comumente da linguagem, em que ele seja articulado.

Isso significa que suas unidades, de onde quer que se parta para desenhar suas imbricações recíprocas e seus englobamentos crescentes, são submetidas à dupla condição de

231

se reduzirem a elementos diferenciais últimos e de os comporem de acordo com as leis de uma ordem fechada.

Esses elementos, descoberta decisiva da linguística, são os *fonemas* onde não se deve procurar nenhuma constância *fonética* na variabilidade modulatória em que se aplica o termo, mas sim, o sistema sincrônico dos acoplamentos diferenciais, necessários ao discernimento dos vocábulos numa língua dada. Vê-se por aí que um elemento essencial na própria palavra estava predestinado a fluir nos caracteres móveis que, Didots ou Garamonds* prensando em caixa baixa, presentificam validamente o que chamamos de letra, a saber, a estrutura essencialmente localizada do significante.

Com a segunda propriedade do significante, de se compor segundo as leis de uma ordem fechada, se afirma a necessidade do substrato topológico cujo termo 'cadeia significante' que eu utilizo normalmente dá uma aproximação: anéis formando um colar que se enlaça no anel de um outro colar feito de anéis.

Tais são as condições de estrutura que determinam – como gramática – a ordem das imbricações constituintes do significante até à unidade imediatamente superior à frase, – como léxico, a ordem dos englobamentos constituintes do significante até a locução verbal.

É fácil, nos limites em que se detêm esses dois empreendimentos de apreensão do uso de uma língua, percebermos que somente as correlações do significante ao significante lhes dão o padrão de toda busca de significação, como o assinala a noção de *emprego* de um taxiema ou de um semantema, a qual remete a contextos de grau imediatamente superior às unidades interessadas.

Mas não é porque os empreendimentos da gramática e do léxico se esgotam a um certo limite que se deve pensar que a significação reina para além de modo absoluto. Seria um erro.

Pois o significante, por sua própria natureza, antecipa sempre o sentido desenrolando de algum modo, diante de si sua dimensão. Como se pode ver no nível da frase quando ela se interrompe antes do termo significativo: Por nada deste mundo eu..., O fato é que..., Talvez ainda... Nem por isso

---

* Tipos de caráteres tipográficos. (N. da T.)

a frase tem menos sentido, e ele é tanto mais constrangedor quanto suficiente na expectativa que cria[10].

Mas não é diferente o fenômeno que, ao fazê-la aparecer, pelo simples recuo de um *mas*, bela como a Sulamita, tão virtuosa quanto a "Rosière"*, afeita e enfeita a mulher negra para as núpcias e a mulher pobre para a hasta.

De onde o poder-se dizer que é na cadeia do significante que o sentido *insiste*; mas que nenhum dos elementos da cadeia *consiste* na significação da qual ele é capaz no momento mesmo.

A noção de um deslizamento incessante do significado sob o significante se impõe portanto – que F. de Saussure ilustra com uma imagem que se assemelha às duas sinuosidades das Águas superiores e inferiores nas miniaturas dos manuscritos da Gênese. Duplo fluxo onde a referência parece tênue dos finos riscos de chuva, que aí desenham os pontilhados verticais que se supõe como aí limitando segmentos de correspondência.

Contra isso vai toda a experiência, que me fez falar, num dado momento de meu seminário, sobre as psicoses, do "estofo" (*point de capiton*) requerido por este esquema a fim de dar conta da dominância da letra na transformação dramática que o diálogo pode operar no sujeito[11].

---

10. Pelo que a alucinação verbal, ao revestir esta forma, por vezes nos abre uma porta de comunicação, até aqui perdida por ter sido despercebida, com a estrutura freudiana da psicose (Seminário do ano 1955-56).

* Assim se designava antigamente à moça ganhadora de uma rosa com que se premiava nas aldeias à mais virtuosa (nota extraída da tradução mexicana *Lectura estructuralista de Freud*, Siglo Veintuno, p. 188). (N. da T.)

11. Nós o fizemos no dia 6 de junho de 1956 sobre o exemplo da primeira cena de. *Athalie*, à qual reconhecemos, não foi estranha uma alusão lançada de passagem no *New Statesman and Nation de* um crítico *high brow* à "alta putaria" das heroínas de Racine, incitando-nos a renunciar à referência aos dramas selvagens de Shakespeare, que se tornou compulsiva nos meios analíticos onde ela desempenha o papel de *savonnette à vilain***** do filistinismo.

**Literalmente, "sabonete de aldeão". Desde ao séc. XVII os burgueses adquiriam títulos, rendas, para si e seus descendentes a fim de acederem à nobreza; daí a expressão (recobrindo o fato) do sabonete que "lava superficialmente sem eliminar as verdadeiras impurezas, ou seja, as verdadeiras origens sociais". (N. da T.)

Mas a linearidade que F. de Saussure considera como constituinte da cadeia do discurso, conforme-mente a sua emissão por uma única voz e na horizontal, onde se inscreve em nossa escrita, se ela é necessária com efeito, não é suficiente. Ela se impõe à cadeia do discurso apenas na direção em que é orientada no tempo, sendo mesmo aí tomada como fator significante em todas as línguas em que: [Pedro agride Paulo] reverte seu tempo ao inverter seus termos.

Mas basta escutar a poesia, o que era sem dúvida o caso de F. de Saussure[12], para que aí se faça ouvir uma polifonia, e ver que todo discurso mostre alinhar-se sobre as diversas pautas de uma partitura.

Não há, com efeito, nenhuma cadeia significante que não sustente como pendendo na pontuação de cada uma de suas unidades tudo o que se articule de contextos atestados, na vertical, por assim dizer, desse ponto.

É assim que para retomarmos nossa palavra: "árvore", não mais no seu isolamento nominal, mas no termo de uma dessas pontuações, veremos que não é somente pelo fato de que a palavra "barra" é seu anagrama, que ela transpõe à barra do algoritmo saussuriano.

Pois, decomposta no duplo espectro de suas vogais e de suas consoantes, ela atrai, com o carvalho e o plátano, as significações das quais ela é carregada em nossa flora, de força e de majestade. Drenando todos os contextos simbólicos em que ela se encontra no hebreu da Bíblia, ela ergue sobre um outeiro sem folhagem a sombra da cruz. Em seguida, reduz-se ao Y maiúsculo do signo da dicotomia que, sem a imagem historiante do armorial, nada deveria à árvore, por mais genealógica que ela se diga. Arvore circulatória, árvore de vida do cerebelo, árvore de Saturno ou de Diana, cristais precipitados em uma árvore condutora do raio, será a vossa figura que traça nosso destino no casco chamuscado da tartaruga, ou vosso clarão que faz surgir de uma inominável noite essa lenta mutação do ser na "Εν πὰγτα" da linguagem:

---

12. A publicação, por Jean Starobinski, no *Mercure de France* de fevereiro 1964, das notas deixadas por Ferdinand de Saussure sobre os anagramas e sua utilização hipogramática, desde os versos saturnianos até os textos de Cícero, nos dá a certeza que nos faltava então (1966).

> Não! diz a Árvore, ela diz: Não! no cintilar
> De sua cabeça soberba

versos que consideramos tão legitimamente audíveis nos harmônicos da árvore quanto seu reverso:

> Que a tempestade trata universalmente
> Como ela faria com a erva*.

Pois essa estrofe moderna se ordena segundo a mesma lei do paralelismo do significante, cujo concerto rege o primitivo gesto eslavo e a poesia chinesa a mais requintada.

Como se vê no modo comum do ente onde são escolhidas a árvore e a erva, para que aí advenham os signos de contradição do: dizer "Não!" e do: tratar como, e para que, através do contraste categórico do particularismo da *soberba* à *universalmente* de sua redução, se realize na condensação da cabeça e da tempestade o indiscernível cintilar do instante eterno.

Mas todo este significante, dir-se-á, só pode operar ao estar presente no sujeito. É a isso mesmo que eu respondo ao supor que ele passou para o plano do significado.

Pois o que importa não é que o sujeito oculte sobre ele mais ou menos. (HOMENS e SENHORAS poderiam estar escritos em uma língua desconhecida ao menino e à menina e a discussão deles seria mais exclusivamente ainda uma discussão de palavras, mas, nem por isso, menos pronta à carregar-se de significação.)

O que essa estrutura da cadeia significante descobre, é a possibilidade que eu tenho – justamente na medida em que sua língua é comum a mim e a outros sujeitos, isto é, na medida em que essa língua existe, – de me servir dela para significar *algo totalmente diferente* do que ela diz. Função mais digna de ser sublinhada na fala que a de disfarçar o pensamento (a maioria das vezes indefinível) do sujeito: a saber, a função de indicar o lugar desse sujeito na busca da verdade.

* Em francês no texto:
> *Non! dit l'Arbre, il dit: Non! dans l'étincellement*
> *De sa tête superbe*
> *Que la tempête traite universellement*
> *Comme elle fait une herbe.* (N. da T.)

Basta-me, com efeito, plantar minha árvore na locução: trepar na árvore, ou mesmo projetar nela a iluminação maliciosa que um contexto de descrição confere à palavra: arvorar, para não me deixar aprisionar num *comunicado* qualquer dos fatos, por mais oficial que ele seja, e, se eu conheço a verdade, fazê-la ouvir apesar de todas as censuras *entre as linhas*, apenas pelo único significante que minhas acrobacias podem constituir através dos ramos da árvore, provocantes até ao burlesco ou somente sensíveis a um olho experimentado, conforme eu queira ser ouvido pela multidão ou só por alguns.

A função propriamente significante que se desenha assim na linguagem tem um nome. Esse nome, nós o aprendemos em nossa gramática infantil na página final, onde a sombra de Quintiliano, relegada a um fantasma de capítulo para fazer ouvir umas derradeiras considerações sobre o estilo, parecia precipitar sua voz sob a ameaça da garra.

É entre as figuras de estilo ou tropos, de onde nos vem o verbo: trovar*, que esse nome se encontra, com efeito. Esse nome é *metonímia*.

Da qual reteremos somente o exemplo que ali se dava: trinta velas. Pois a inquietude que ele provocava em nós pelo fato de a palavra barco aí se ocultar, pareceria desdobrar sua presença por ter podido, no próprio repisar desse exemplo, tomar seu sentido figurado, – velava menos essas ilustres velas que a definição que elas deviam ilustrar.

A parte tomada pelo todo, dizíamos nós, com efeito, se a coisa deve ser tida como real, não nos dá a mínima ideia do que se deve entender como importância da frota que essas trinta velas entretanto deveriam deixar avaliar: que um navio possua apenas uma vela é com efeito o caso menos comum.

Pelo que se vê que a conexão do navio e da vela não está em outro lugar senão no significante, e que é na palavra por palavra** dessa conexão que se apoia a metonímia[13].

---

* Em francês: "trouver": achar encontrar. (N. da T.)
** Em francês: "Mot à mot". (N. da T.)
13. Prestamos homenagem aqui ao que devemos desta formulação a Roman Jakobson, a saber, a seus trabalhos onde um psicanalista encontra a todo momento com o que estruturar sua experiência e que tornam supérfluas as "comunicações pessoais" sobre as quais qualquer um pode ter uma opinião.

Temos designado assim a primeira vertente do campo efetivo que o significante constitui, para que o sentido aí tome lugar.

Digamos a outra. É a *metáfora*. E logo em seguida vamos ilustrá-la: o dicionário Quillet me pareceu próprio para fornecer exemplos não suspeitos de seleção, e não tive de ir mais longe para encontrar a farsa que é o bem conhecido verso de Victor Hugo:

Seu feixe não era nem avaro nem odioso...*

sob o aspecto do qual eu apresentei a metáfora no momento de meu seminário sobre as psicoses.

Digamos que a poesia moderna e a escola surrealista nos fizeram aqui dar um grande passo, demonstrando que toda conjunção de dois significantes seria equivalente para constituir a metáfora, se a condição da maior disparidade das imagens significadas não fosse exigida para a produção da centelha poética, em outras palavras, para que a criação metafórica se realize.

Reconhecemos com efeito, nessa forma oblíqua de fidelidade, o estilo desse duo imortal: Rosencrantz e Guildenstern, cuja separação é impossível, que seja pela imperfeição de seus destinos comuns, pois ele subsiste pelo mesmo procedimento que o punhal de Jeannot, e pela razão mesma pela qual Goethe louvava Shakespeare por ter apresentado a personagem nessa forma dupla: eles são, sozinhos, a *Gesellschaft* inteira, a Sociedade em suma (*Wilhelm Meisters Lehrjahre*, Ed. Trunz, Christian Wegner Verlag, Hamburg, V, 5, p. 299) (a), refiro-me ao I.P.A.

Que me saibam grato nesse contexto ao autor das "some remarks on the role of speech in psycho-analytic technique" (I.J.P., nov-dez. 1956, XXXVII, 6, p. 467), por ter tido o cuidado de sublinhar que elas são "baseadas sobre" um trabalho de 1952. Explica-se assim com efeito que nada ai seja assimilado dos trabalhos publicados em seguida e que o autor entretanto não ignora visto que me cita como o editor deles (*sic*. E eu sei o que significa "editor").

(a) Dever-se-ia destilar toda a citação de Goethe: *Dieses leise Auftreten, dieses Schmiegen und Biegen, dies Jasagen, Streicheln und Schmeicheln, dieze Behendigkeit, dies Schwànzein, diese Allheit und Leerheit, diese rechtliche Schurkerei, diese Unfähigkeit, wie kann sie durch einen Menschen ausgedruckt werden? Es sollten ihrer wenigstens ein Dutzend sein, wenn man sei haben kSnnte; denn sie bloss in Gessellschaft etwas, sie sind die Gesellschaft...*

* Em francês: "*Sa gerbe n'était pas avare ni haineuse*" (Booz Endormi)

É certo que essa posição radical se funda sobre uma experiência dita da escrita automática, que não teria sido tentada sem a caução que seus pioneiros recebiam da descoberta freudiana. Mas ela permanece marcada de confusão porque é falsa a sua doutrina.

A centelha criadora da metáfora não jorra da apresentação de duas imagens, isto é, de dois significantes igualmente atualizados. Ela jorra entre dois significantes dos quais um substituiu o outro tomando-lhe o lugar na cadeia significante, o significante oculto permanecendo presente pela sua conexão (metonímica) com o resto da cadeia.

Uma palavra por outra, eis a fórmula da metáfora, e se sois poeta, produzireis, se fizerdes disso um jogo, um jato contínuo e até mesmo um tecido brilhante de metáforas. Além do que não se obterá disso o efeito de inebriamento do diálogo que Jean Tardieu compôs sob esse título, senão da demonstração que aí se opera da superfluidade radical de toda significação para uma representação perfeitamente convincente da comédia burguesa.

No verso de Hugo, é manifesto que não jorra a menor luz da afirmação que um feixe não é nem avaro nem tenha ódio, pela simples razão e que não se trata para o feixe de merecer ou de desmerecer esses atributos, um e outro sendo juntamente com ele propriedades de Booz que os exerce ao dispor do feixe sem lhe comunicar seus sentimentos.

Se o feixe remete a Booz, como é entretanto realmente o caso, é por substituí-lo na cadeia significante, no próprio lugar que o esperava para ser elevado de um grau pela remoção da avareza e do ódio. Mas desde então, é de Booz que o feixe tomou esse nítido lugar, rejeitado doravante às trevas do exterior onde a avareza e o ódio o acolhem no vazio de sua negação.

Mas uma vez que *seu* feixe usurpou assim seu lugar, Booz não poderia retomá-lo, o tênue fio do pequeno *seu* que aí o prende constituindo um obstáculo a mais, a vincular esse retorno a um título de posse que o reteria ao seio da avareza e do ódio. Sua generosidade afirmada se vê reduzida a *menos que nada* pela munificência do feixe que, por ser tirado da natureza, desconhece nossa reserva e nossas rejeições, e mesmo em sua acumulação permanece pródigo para nosso côvado.

Mas se nessa profusão o doador desapareceu com o dom, é para ressurgir no que contorna a figura onde ele se aniquilou. Pois é a irradiação da fecundidade, – que anuncia a surpresa que o poema celebra, a saber, a promessa, que o ancião vai receber em um contexto sagrado, de seu acesso à paternidade.

É portanto entre o significante do nome próprio de um homem e aquele que o abole metaforicamente que se produz a centelha poética, aqui tanto mais eficaz em realizar a significação da paternidade quanto ela reproduz o acontecimento mítico onde Freud reconstruiu o curso, no inconsciente de todo homem, do mistério paternal.

A metáfora moderna não tem outra estrutura. Daí que essa jaculação:

O amor é uma pedrinha rindo ao sol*

recria o amor numa dimensão que eu pude dizer parecer-me sustentável, contra seu deslizamento sempre iminente na miragem de um altruísmo narcisista.

Vê-se que a metáfora se situa no ponto preciso em que o sentido se produz no sem-sentido, isto é, nessa passagem da qual Freud descobriu que, transposta ao contrário, ela dá lugar a essa palavra que em francês é "a palavra**" por excelência, a palavra que não tem aí outro patrocínio senão o significante do chiste[14], e em que se vê que é seu próprio destino que o homem desafia pela derrisão do significante.

Mas para voltar atrás, que encontra o homem na metonímia, para além do poder de contornar os obstáculos da censura social? Essa forma que dá seu campo à verdade na opressão, não manifestará uma certa servidão inerente a sua apresentação?

---

* Em francês: "*L'amour est un caillou riant dans le soleil*". (N. da T.)
** No original: "le mot". (N. da T.)
14. É bem o equivalente do termo alemão *Witz* com o qual Freud marcou o objetivo de sua 3ª obra fundamental sobre o inconsciente. A dificuldade bem maior para encontrar o equivalente em inglês é instrutiva: o *wit*, carregado pela discussão que vai de Davenant e de Hobbes a Pope e a Adison, perdendo nelas suas virtudes essenciais de *humor* que é diferente. Resta o *pun*, estreito demais, porém. [Em português, *witz* é convencionalmente traduzido por chiste. (N. da T.)]

Ler-se-á com proveito o livro em que Léo Strauss, da terra clássica em oferecer seu asilo àqueles que escolheram a liberdade, medita sobre as relações entre a arte de escrever e a perseguição[15]. Analisando de perto a espécie de conaturalidade que liga esta arte a tal condição, ele deixa entrever esse algo que impõe aqui sua forma, no efeito da verdade sobre o desejo.

Mas não sentimos nós, desde há pouco, que, por ter seguido os caminhos da letra para atingir a verdade freudiana, ardemos em seu fogo que nos assalta de todo lado?

É verdade que a letra mata, como-se-diz, quando o espírito vivifica. Não discordamos disso, tendo já a saudar por aqui uma nobre vítima do erro de procurar na letra, mas perguntamo-nos igualmente como sem a letra o espírito viveria. As pretensões do espírito permaneceriam no entanto irredutíveis, se a letra não tivesse dado provas de que ela produz todos seus efeitos de verdade no homem sem que o espírito tenha de interferir, à mínima.

Essa revelação é a Freud que ela se fez, e sua descoberta, ele a chamou de o inconsciente.

II. A letra no inconsciente.

A obra completa de Freud nos apresenta para cada três páginas, uma com referências filológicas, para cada duas, uma com inferências lógicas, por toda a parte uma apreensão dialética da experiência, a analítica linguageira aí reforçando ainda suas proporções na medida em que o inconsciente vai sendo mais diretamente implicado.

É assim que em *A Ciência dos Sonhos**, não se trata em todas as páginas senão do que nós chamamos de a letra do discurso, em sua textura, em seus empregos, em sua imanência à matéria em causa. Pois esse trabalho abre com a obra sua rota real ao inconsciente. E disso nos adverte Freud, cuja confidencia surpreendida quando ele lança esse livro em

---

15. *Persecution and the art of Writing*, by Léo Strauss, The Free Press, Glencoë, Illinois.

* Em português este trabalho foi traduzido com o nome "A Interpretação dos Sonhos". ("*Traumdeutung*" em alemão). (N. da T.)

nossa direção nos primeiros dias deste século[16], só faz confirmar o que ele proclamou até o fim: nesse jogar-se todo de sua mensagem está o todo de sua descoberta.

A primeira cláusula articulada desde o capítulo liminar, porque a exposição não pode tolerar o atraso, é que o sonho é um enigma em imagens. E Freud ao estipular que é preciso entendê-lo como eu disse mais acima, ao pé da letra. O que depende da instância no sonho dessa mesma estrutura literante (em outros termos fonemática) onde se articula e se analisa o significante no discurso. Tais as figuras não naturais do barco sobre o teto ou do homem de cabeça de vírgula expressamente evocadas por Freud, as imagens de sonho só devem ser consideradas pelo seu valor de significante, isto é, por aquilo que elas permitem soletrar do "provérbio" proposto pelo enigma do sonho. Essa estrutura de linguagem que torna possível a operação da leitura está na origem da *significância do sonho*, da *Traumdeutung*.

Freud exemplifica de todas as maneiras que esse valor de significante da imagem nada tem a ver com sua significação, pondo em jogo os hieróglifos do Egito onde seria burlesco deduzir da frequência do abutre, que ele é um *aleph* ou do pintinho, que ele é um *vau*, a assinalarem uma forma do verbo ser e os plurais, que ao texto interesse muito pouco que se trate de tais espécimes ornitológicos. Freud consegue se orientar em certos empregos do significante nesta escrita, que se apagam na nossa, como o emprego de determinativo, acrescentando o exponente de uma figura categórica à figuração literal de um termo verbal, mas é para melhor nos conduzir ao fato de que nós nos encontramos na escrita onde mesmo o pretenso "ideograma" é uma letra.

Mas não há necessidade da confusão corrente sobre esse termo para que, no espírito do psicanalista que não possui nenhuma formação linguística, prevaleça o preconceito de um simbolismo que deriva da analogia natural, e mesmo da imagem coaptativa do instinto. De tal maneira que, fora da escola francesa que o remedia, é sobre a linha – ver nas marcas das xícaras de café não é ler nos hieróglifos – que devo

---

16. Cf. a correspondência, principalmente os n. 107 e 119, das cartas escolhidas pelos seus editores.

conduzir a seus princípios uma técnica cujas vias não seriam justificáveis fora da mira do inconsciente.

É preciso dizer que isso se aceita penosamente e que o vício mental denunciado acima goza de um tal prestígio que pode-se esperar que o psicanalista de hoje admita que ele decodifica, antes de se resolver a fazer com Freud as paradas necessárias (dê a volta ao chegar à estátua de Champollion, diz o guia), para compreender que ele decifra: a distinção é estabelecida pelo fato de que um criptograma só tem todas suas dimensões quando é o de uma língua perdida.

Fazer estas paradas no entanto não é senão continuar na *Traumdeutung*.

A *Entstellung*, traduzida: transposição*, onde Freud mostra a pré-condição geral da função do sonho, é o que designamos acima com Saussure como o deslizamento do significado sob o significante, sempre em ação (inconsciente, notemo-lo) no discurso.

Mas as duas vertentes da incidência do significante sobre o significado aí se reencontram.

A *Verdichtung*, condensação, é a estrutura de sobreimposição dos significantes onde a metáfora se origina, e cujo nome, por condensar em si mesmo a *Dichtung*, indica a conaturalidade do mecanismo com a poesia, até ao ponto de envolver a função propriamente tradicional desta última.

A *Verschiebung* ou deslocamento, é mais perto do termo alemão, essa virada da significação que a metonímia demonstra e que, desde seu aparecimento em Freud, é apresentada como o meio mais eficaz de que dispõe o inconsciente a fim de burlar a censura.

Que é que distingue esses dois mecanismos, que desempenham no trabalho do sonho, *Traumarbeit*, um papel privilegiado, de sua função homóloga no discurso? – Nada, a não ser uma condição imposta ao material significante, dita *Rücksicht auf Darstellbarkeit* que se deve traduzir por: consideração aos meios da encenação (a tradução por: papel da possibilidade de figuração sendo no caso por demais aproximativa). Mas essa condição constitui uma limitação que se exerce no interior do sistema da escrita, e de modo algum o dissolve em

---

* *Entstellung* – comumente traduzido em francês por *déformation* e em português por deformação. (N. da T.)

uma semiologia figurativa onde ele se confundiria com os fenômenos da expressão natural. Poder-se--ia provavelmente explicitar por aí os problemas de certos modos de pictografia, que não estamos autorizados, – pela única razão de que eles tenham sido abandonados como imperfeitos na escrita, – a considerar como fases evolutivas. Digamos que o sonho se assemelha a tal jogo de salão, onde se deve, quando se está na berlinda, fazer adivinhar pelos espectadores um enunciado conhecido ou sua variante somente por meio de uma encenação muda. Que o sonho disponha da fala tanto faz, visto que para o inconsciente ela não passa de um elemento de encenação como os outros. É justamente quando o jogo e, da mesma maneira, o sonho, irão de encontro à falta de material taxiemático para representar as articulações lógicas da causalidade, da contradição, da hipótese, etc., é que eles darão a prova de que um e outro são objetos de escrita e não de pantomima. Os procedimentos sutis que o sonho mostra empregar não obstante essas articulações lógicas, de maneira muito menos artificial do que o jogo o faz ordinariamente, são para Freud o objeto de um estudo especial onde se confirma uma vez mais que o trabalho do sonho obedece às leis do significante.

O resto da elaboração é designado por Freud como secundário, o que toma seu valor conforme o valor daquilo que se trata: phantasias ou sonhos diurnos, *Tagtraum* para empregarmos o termo que Freud prefere utilizar para situá-los em sua função de realização do desejo (*Wunscherfüllung*). Seu traço distintivo visto que essas phantasias podem permanecer inconscientes, é bem sua significação. Ora, destas Freud nos diz que seu lugar no sonho é ou aí serem retomados como elementos significantes para o enunciado do pensamento inconsciente (*Traumgedanke*), – ou de servirem à elaboração secundária aqui em questão, a saber, a uma função, diz ele, que não se deve absolutamente distinguir do pensamento de vigília (*von unserem wachen Denken nicht zu unterscheiden*). A melhor ideia que se pode dar dos efeitos dessa função é a comparação com as placas de argamassa que ao serem coladas aqui e lá ao molde tenderiam a fazer entrar na aparência de um quadro figurativo os clichês antes rebarbativos em si mesmos do enigma ou dos hieróglifos.

Que me desculpem se pareço soletrar eu mesmo o texto de Freud; não o faço somente para mostrar o que se ganha

243

em simplesmente não o truncar. É para poder situar em pontos de referência primordiais e jamais revogados o que se passou na psicanálise.

Desde a origem desconheceu-se o papel constituinte do significante no estatuto que Freud fixava de imediato ao inconsciente e sob os modos formais mais precisos.

Isso por uma dupla razão, de que a menos percebida naturalmente é que essa formalização não bastava, por si só, para fazer reconhecer a instância do significante pois ela estava, na ocasião do aparecimento da *Traumdeutung*, muito avançada em relação às formalizações da linguística às quais poder-se-ia indubitavelmente demonstrar que ela, apenas pelo seu peso de verdade, abriu o caminho.

A segunda razão não é, no fim das contas, senão o reverso da primeira, pois se os psicanalistas foram exclusivamente fascinados pelas significações apreendidas no inconsciente, é porque a atração mais secreta que elas exerciam provinha da dialética que parecia ser-lhes imanente.

Mostrei, em meu seminário, que é na necessidade de ordenar os efeitos que se acelera continuamente, dessa parcialidade onde se compreendem as viragens aparentes, ou melhor, os movimentos de leme que Freud, pelo seu cuidado primeiro de assegurar a sobrevivência de sua descoberta acompanhada das primeiras correções que ela impunha aos conhecimentos, julgou dever dar a sua doutrina, em meio caminho.

Pois, nas circunstâncias em que se encontrava, repito-o, sem ter nada que, correspondendo a seu objeto, estivesse no mesmo nível de maturidade científica, ao menos ele não falhou mantendo esse objeto à altura de sua dignidade ontológica.

O resto foi obra dos deuses e correu de tal forma que a análise toma hoje seus referenciais nas formas imaginárias que eu acabo de mostrar como desenhadas à parte sobre o texto que elas mutilam, – e que é sobre elas que a mira do analista se ajusta: misturando-as na interpretação do sonho à liberação visionária do veleiro hieroglífico, e procurando, mais geralmente, o controle da exaustão da análise em uma espécie de *scanning*[17] dessas formas onde quer que elas apa-

---

17. Sabe-se que é o procedimento pelo qual uma investigação assegura seu resultado pela exploração mecânica da extensão inteira do campo de seu objeto.

reçam, de acordo com a ideia de que elas são os testemunhos da exaustão das regressões tanto quanto da remodelação da "relação de objeto" onde se supõe que o sujeito se tipifica[18].

A técnica que reivindica tais posições, pode ser fértil em efeitos diversos, muito difíceis de criticar por detrás da égide terapêutica. Mas uma crítica interna pode se formular a partir de uma discordância flagrante entre o modo operatório que essa técnica se autoriza – a saber, a regra analítica cujos instrumentos todos, a partir da "livre associação", se justificam com a concepção do inconsciente de seu inventor –, e o desconhecimento completo dessa concepção do inconsciente que aí reina. Fato com o qual os adeptos mais ferrenhos creem ficar quites por meio de uma pirueta: a regra analítica deve ser observada tanto mais religiosamente quanto ela é apenas o fruto de um feliz acaso. Em outras palavras, Freud jamais soube exatamente o que fazia.

O retorno ao texto de Freud mostra ao contrário a coerência absoluta de sua técnica e de sua descoberta, ao mesmo tempo que ela permite colocar seus procedimentos no devido lugar.

Eis por que toda retificação da psicanálise impõe o retorno à verdade dessa descoberta, impossível de ser obscurecida em seu momento original.

Pois na análise do sonho, Freud não pretende dar-nos outra coisa senão as leis do inconsciente em sua extensão mais geral. Uma das razões pelas quais o sonho aí era mais propício, é justamente, Freud no-lo diz, que ele não revela menos essas leis no sujeito normal que no neurótico.

Mas tanto num caso como no outro, a eficiência do inconsciente não se detém no despertar. A experiência psicanalítica não é outra coisa senão o estabelecer que o inconsciente não deixa nenhuma de nossas ações fora de seu campo. Sua presença na ordem psicológica, em outras palavras, nas funções de relação do indivíduo, requer no entanto uma precisão: ela não é absolutamente coextensiva a essa ordem, pois sabemos que, se a motivação inconsciente se manifesta tanto por efeitos psíquicos conscientes como por efeitos psíquicos in-

---

18. A tipologia, por se referir apenas ao desenvolvimento do organismo, desconhece a estrutura em que o sujeito é tomado respectivamente na phantasia, na pulsão, na sublimação; estrutura cuja teoria eu elaboro (1966).

conscientes, inversamente, é uma indicação elementar, fazer observar que, um grande número de efeitos psíquicos que o termo 'inconsciente', em virtude de excluir o caráter de consciência, designa legitimamente, nem por isso deixam de encontrar-se sem nenhuma relação, por sua natureza, com o inconsciente no sentido freudiano. Não é pois senão por um abuso de termo que se confunde psíquico e inconsciente nesse sentido, e que se qualifica assim de psíquico um efeito do inconsciente sobre o somático, por exemplo.

Trata-se portanto de definir a tópica desse inconsciente. Eu digo que é precisamente a mesma que é definida pelo seguinte algoritmo:

$$\frac{S}{s}$$

O que nos permitiu desenvolver a incidência do significante sobre o significado, se acomoda com sua transformação em:

$$f(S)\,\frac{1}{s}$$

É da copresença não somente dos elementos da cadeia significante horizontal, mas de suas contiguidades verticais, no significado, que nós mostramos os efeitos, – repartidos segundo duas estruturas fundamentais na metonímia e na metáfora. Podemos simbolizá-los por:

$$f(S \ldots S')S \cong S(-)\,s,$$

ou seja, a estrutura metonímica, indicando que é a conexão do significante com o significante, que permite a elisão pela qual o significante instala a carência do ser na relação de objeto, servindo-se do valor de remessa da significação para investi-la com o desejo visando essa carência que ele suporta. O signo + colocado entre ( ) manifestando aqui a permanência da barra –, que no algoritmo primeiro marca a irredutibilidade onde se constitui nas relações entre o significante e o significado, a resistência da significação[19]. Eis agora:

19. O signo $\cong$ designa a congruência.

$$f(\frac{S'}{S}) \, S \cong S(+)s,$$

a estrutura metafórica, indicando que é na substituição do significante ao significante que se produz um efeito de significação que é de poesia ou de criação, em outras palavras, de advento da significação em questão[20]. O signo + colocado entre ( ) manifestando aqui a transposição* da barra – e o valor constituinte dessa transposição para a emergência da significação.

Essa transposição exprime a condição de passagem do significante no significado, cujo momento eu assinalei acima, ao confundi-lo provisoriamente com o lugar do sujeito.

É a função do sujeito, assim introduzida, sobre a qual convém nos determos agora, porque ela se situa no ponto crucial de nosso problema.

Penso, logo existo (*cogito ergo sum*), não é somente a fórmula onde se constitui, com o apogeu histórico de uma reflexão sobre as condições da ciência, a ligação à transparência do sujeito transcendental de sua afirmação existencial.

Talvez eu não passe de objeto e mecanismo (e portanto nada além de fenômeno), mas seguramente enquanto eu o penso, eu existo – absolutamente. Sem dúvida os filósofos fizeram a esse respeito importantes correções e notadamente que naquilo que pensa (*cogitans*), nunca faço outra coisa senão constituir-me em objeto (*cogitatum*). Resta que através dessa depuração extrema do sujeito transcendental, minha ligação existencial a seu projeto parece irrefutável, pelo menos sob a forma de sua atualidade e que:

"cogito ergo sum" ubi cogito, ibi sum,

supera a objeção.

Bem entendido, isso me limita a estar presente em meu ser somente na medida em que eu o penso que estou em meu

---

20. S' designando no contexto o termo produtivo do efeito significante (ou significância), vê-se que esse termo é latente na metonímia, patente na metáfora.

* No sentido de "Franchissement". (N. da T.)

pensamento; em que medida eu penso realmente, isso só diz respeito a mim, e, se o digo, não interessa a ninguém[21].

Eludi-lo, entretanto, sob o pretexto de sua aparência filosófica, é simplesmente dar provas de inibição. Pois a noção de sujeito é indispensável à manipulação de uma ciência como a estratégia no sentido moderno, cujos cálculos excluem todo "subjetivismo".

É igualmente se proibir o acesso ao que se pode chamar o universo de Freud, como se fala do universo de Copérnico. É com efeito à revolução dita coperniciana que o próprio Freud comparava sua descoberta, sublinhando que era uma vez mais o caso do lugar que o homem se atribui no centro de um universo.

O lugar que eu ocupo como sujeito de significante será, em relação àquele que eu ocupo como sujeito do significado, concêntrico ou excêntrico? Eis a questão.

Não se trata de saber se eu falo de mim conformemente ao que eu sou, mas se, quando eu o falo de mim, sou o mesmo que aquele de quem eu falo. E não há aqui inconveniente algum em fazer intervir o termo 'pensamento'. Pois Freud designa por este termo os elementos em jogo no inconsciente; isto é nos mecanismos significantes que eu acabo de aí reconhecer.

Nem por isso é menos verdade que o *cogito* filosófico está no centro dessa miragem que torna o homem moderno tão seguro de ser ele mesmo em suas incertezas sobre si próprio, até mesmo através da desconfiança que aprendeu desde há muito a praticar em relação às armadilhas do amor-próprio.

De igual modo, virando contra a nostalgia que ela serve, a arma da metonímia, recuso-me a procurar um sentido qualquer para além da tautologia, e se, em nome de "guerra é guerra" e "um vintém é um vintém", eu me decido a ser somente o que sou, como desprender-me aqui dessa evidência que eu sou nesse mesmo ato?

Tampouco se eu me transportar ao outro polo, metafórico, da busca significante e me consagrar a devir o que eu

21. O caso é totalmente diferente se, formulando por exemplo uma questão como: "Por que filósofos?", faço-me mais cândido que natureza, visto que eu formulo não somente a questão que os filósofos se perguntam desde sempre, mas também aquela pela qual eles talvez mais se interessem.

sou, a vir a ser, – não posso duvidar que mesmo ao perder-me aí, aí sou.

Ora, é sobre esses mesmos pontos, onde a evidência vai ser subvertida pelo empírico, que jaz o fulcro da conversão freudiana.

Esse jogo significante da metonímia e da metáfora, até e incluindo sua ponta ativa que espicaça meu desejo sobre uma recusa do significante ou sobre uma carência do ser e amarra minha sorte à questão de meu destino, esse jogo se joga, até que a partida termine, na inexorável fineza, lá onde eu não sou porque não posso aí situar-me.

Quer dizer que são pouca coisa as palavras com que pude por um instante desconcertar meus auditores: penso onde não existo, portanto existo onde não penso. Palavras que a toda orelha suspensa tornam sensível em que ambiguidade de furão escapa de nossas presas o anel do sentido sobre o fio verbal.

O que cumpre dizer, é: eu não sou, lá onde sou o joguete de meu pensamento; eu penso no que sou, lá onde eu não penso pensar.

Esse mistério a duas faces se liga ao fato de que a verdade não se evoca senão nessa dimensão de álibi pela qual todo "realismo" na criação toma sua virtude da metonímia, assim como ao fato de que o sentido não liberta seu acesso senão à dupla cauda da metáfora, quando se possui sua chave única: o S e os do algoritmo saussuriano não estão no mesmo plano, e o homem se enganaria ao se crer situado em seu eixo comum que não está em parte alguma.

Isto pelo menos até que Freud tivesse feito sua descoberta. Porque se o que Freud descobriu não é isso mesmo, então não é nada.

Os conteúdos do inconsciente não nos entregam, em sua decepcionante ambiguidade, nenhuma realidade mais consistente no sujeito que o imediato; é da verdade que eles tomam sua virtude, e na dimensão do ser: *Kern unseres Wesen*, os termos estão em Freud.

O mecanismo a duplo gatilho da metáfora é precisamente aquele mesmo em que se determina o sintoma no sentido analítico. Entre o significante enigmático do trauma sexual e o termo que ele vem substituir em uma cadeia significante atual, passa a centelha, que fixa num sintoma, – metáfora onde a carne ou a função são tomadas como elemento significance –, a significação inacessível ao sujeito consciente onde ele pode se resolver.

E os enigmas que propõe o desejo a toda "filosofia natural", seu frenesi que imita o abismo do infinito, a colusão íntima em que ele envolve o prazer de saber e de dominar pela fruição, não são devidos a nenhum outro desregramento do instinto senão a terem sido encarrilhados, nos trilhos-eternamente tendidos para o *desejo de outra coisa* –, na metonímia. Donde sua fixação "perversa" no mesmo ponto de suspensão da cadeia significante em que a recordação – encobridora se imobiliza, onde a imagem fascinante do fetiche se estatuifica.

Nenhum outro meio de conceber a indestrutibilidade do desejo inconsciente, – quando não há necessidade que, ao ver-se interditar sua satisfação, não se estiole, no caso extremo pela consumação do próprio organismo. É numa memória, comparável ao que chamamos pelo mesmo nome em nossas modernas máquinas-para-pensar (fundadas numa realização eletrônica da composição significante), que jaz esta cadeia que *insiste* em se reproduzir na transferência, e que é a de um desejo morto.

É a verdade do que esse desejo foi em sua história, que o sujeito grita pelo seu sintoma, como o Cristo disse que teriam feito as pedras se os filhos de Israel lhes tivessem emprestado a voz.

É também a razão pela qual somente a psicanálise permite diferenciar, na memória, a função da rememoração. Enraizada no significante, ela resolve, pelo ascendente da história no homem, as aporias platônicas da reminiscência.

Basta ler os *Três Ensaios sobre a Sexualidade*, recobertos para a multidão por tantas glosas pseudobiológicas, para constatar que Freud faz derivar toda acessão ao objeto, de uma dialética do retorno.

Tendo partido assim do νόστος hölderliniano, é à repetição kierkegaardiana que Freud chegará menos de vinte anos mais tarde, ou seja, que seu pensamento, por ser submetido na sua origem unicamente às humildes mas inflexíveis consequências da *talking cure*, jamais pôde se desprender das vivas servidões que, do princípio real dos Logos, conduziram-no a repensar as mortais antinomias empedoclianas.

E como conceber de outra maneira senão nesta "outra cena" de que ele fala como do lugar do sonho, seu recurso de homem científico a um *Deus ex machina* menos irrisório do que o seria aqui a descoberta pelo espectador de que a máquina rege o próprio regente? Figura obscena e feroz do pai primordial, inesgotável em redimir-se na eterna cegueira de Édipo, como pensar, senão que tivesse de curvar a cabeça sob a força de um testemunho que ultrapassa seus preconceitos, que um sábio do século XIX tenha preferido a tudo o mais na sua obra esse *Totem e Tabu*, diante do qual os etnólogos de hoje se inclinam como diante do crescimento de um mito autêntico?

Da mesma maneira é às mesmas necessidades do que o mito, que responde essa imperiosa proliferação de criações simbólicas particulares, onde se motivam até nos detalhes as compulsões do neurótico, como aquilo que se chama as teorias sexuais da criança.

É assim que para colocar os senhores no ponto preciso em que se desenrola atualmente em meu seminário meu comentário de Freud, o pequeno Hans, abandonado aos cinco anos pelas carências de seu "entourage" simbólico, diante do enigma subitamente atualizado para ele de seu sexo e de sua existência, desenvolve, sob a direção de Freud e de seu pai seu discípulo, em torno do cristal significante de sua fobia, sob uma forma mítica, todas as permutações possíveis de um número limitado de significantes.

Operação onde se demonstra que mesmo no nível individual, a solução do impossível é trazida ao homem pela exaustão de todas as formas possíveis de impossibilidades encontradas no equacionamento significante da solução. Demonstração impressionante por iluminar o labirinto de uma observação da qual não se serviu até agora senão para se extrair dela materiais de demolição. A fazer apreender também que na coextensividade do desenvolvimento do sintoma e de sua resolução curativa, se manifesta a natureza da neurose: fóbica, histérica ou obsessiva, a neurose é uma questão que o ser coloca para o sujeito "de lá onde ele estava antes que o sujeito viesse ao mundo" (esta subordinada é a própria frase da qual se serve Freud explicando ao pequeno Hans o complexo de Édipo).

Trata-se aqui deste ser que aparece apenas no clarão de um instante no vazio do verbo ser, e eu disse que ele coloca sua questão para o sujeito. Que quer isto dizer? Ele não a coloca *diante* do sujeito visto que o sujeito não pode chegar ao lugar onde ele a coloca, mas ele a coloca *no lugar* do sujeito, isto é, que nesse lugar ele coloca a questão *com o* sujeito, como se coloca um problema *com* a caneta e como o homem de Aristóteles pensava *com* sua alma*.

É assim[22] que Freud incorporou o *Ego* em sua doutrina, definindo-o pelas resistências que lhe são próprias. Que elas sejam de natureza imaginária no sentido dos artifícios coaptativos, que a etologia nos demonstre nos comportamentos animais da exibição e do combate, é disso de que eu me ocupei em fazer apreender a que esses artifícios se reduzem no homem seja pela relação narcisista introduzida por Freud, cuja elaboração retomei no *estágio do espelho*. Que Freud ao situar nesse *Ego* a síntese das funções perceptivas onde se integram as seleções sensório-motoras, pareça abundar na delegação que lhe é feita tradicionalmente de responder da realidade, esta realidade mais incluída na suspensão do *Ego*.

Pois, esse *Ego* distinguido primeiramente pelas inércias imaginárias que ele concentra contra a mensagem do inconsciente, não opera senão para acobertar esse deslocamento que é o sujeito, com uma resistência essencial ao discurso como tal.

É esta a razão pela qual uma exaustão dos mecanismos de defesa, mesmo sendo tão refinada quanto a que nos fez um Fenichel em seus problemas de técnica, por ser um prático (ao passo que toda sua redução teórica das neuroses ou das psicoses às anomalias genéticas do desenvolvimento libidinal é a própria platitude), se manifesta, sem que ele dê conta nem que ele se dê conta disso, como o avesso do qual os mecanismos do inconsciente seriam o direito. A perífrase, o hipérbato, a elipse, a suspensão, a antecipação, a retratação, a denegação, a digressão, a ironia, são as figuras de estilo (*figurae sententiarum* de Quintiliano), como a catacrese, a litote, a antonomásia, a hipotipose são os tropos, cujos termos se impõem à caneta

---

* "com": no sentido de "por meio de" (N. da T.)

22. Os dois parágrafos que se seguem são reescritos (dezembro-68) para simplificá-los. [Provavelmente um erro de revisão na edição francesa que data de 1966. (N. da T.)]

como os mais próprios para etiquetar esses mecanismos. Pode--se ver aí apenas uma simples maneira de dizer, quando são as próprias figuras que são em ato na retórica do discurso efetivamente pronunciado pelo analisado?

Ao obstinarem-se em qualificar de uma permanência emocional a natureza da resistência para fazê-la estranha ao discurso, os psicanalistas de hoje mostram somente que eles caem sob o golpe de uma das verdades fundamentais que Freud encontrou através da psicanálise. É que a uma verdade nova, não se pode contentar de dar lugar, pois é de tomar nosso lugar nela que se trata. Ela exige que "nos mexamos". Não seria o caso de conseguir apenas habituarmo-nos a ela. Habituamo-nos ao real. A verdade, recalcamo-la.

Ora, é absolutamente necessário ao sábio, ao mago e até ao mego, que ele seja o único a saber. A ideia que no fundo das almas mais simples, e ainda por cima, doentes, haja algo prestes a eclodir, vá lá! mas alguém que dê a impressão de saber tanto quanto eles sobre o que se deve pensar disso, ... correi em nosso auxílio, ó categorias do pensamento primitivo, pré-lógico, arcaico, e mesmo do pensamento mágico, tão fácil de imputar aos outros. É que não convém que esses miseráveis nos mantenham sem fôlego propondo-nos enigmas que se revelam extremamente maliciosos.

Para interpretar o inconsciente como Freud, seria preciso ser como ele uma enciclopédia das artes e das musas, além de leitor assíduo das *Fliegende Blätter*. E a tarefa de nos colocarmos à mercê de um fio tecido de alusões e de citações, de jogos de palavras e de equívocos, não nos seria mais fácil. Teremos nós que nos ocupar de bagatelas antidotadas?

É preciso decidir-se a isso entretanto. O inconsciente não é o primordial, nem o instintual, e de elementar ele conhece apenas os elementos do significante.

Os livros que podemos considerar como canônicos em matéria de inconsciente – a *Traumdeutung*, a *Psicopatologia da vida quotidiana* e o *Chiste* (*Witz*) *em suas relações com o inconsciente* –, não passam de um tecido de exemplos cujo desenvolvimento se inscreve nas fórmulas de conexão e de substituição (somente levadas ao décuplo por sua complexidade particular, e o quadro nos sendo dado às vezes por Freud fora do texto), que são aquelas que damos do significante em sua função de *transferência*. Pois na *Traumdeutung*, *é* no sentido de uma tal função que é introduzido o termo de *Ubertragung* ou transferência, que dará mais tarde seu nome ao poder operante do laço intersubjetivo entre o analisado e o analista.

Tais diagramas não são somente constituintes na neurose para cada um de seus sintomas, mas eles são os únicos que permitem envolver a temática de seu curso e de sua resolução. Como as grandes observações de análises dadas por Freud, são admiráveis para o demonstrar.

E para atermo-nos a um dado mais reduzido, mas mais manejável oferecendo-nos o último sinete para lacrar nosso propósito, citarei o artigo de 1927 sobre o fetichismo, e o caso que Freud narra de um paciente[23] para quem a satisfação sexual exigia um certo brilhe sobre o nariz (*Glanz auf der Nase*), e cuja análise mostrou que ele o devia ao fato que seus primeiros anos anglófonos tinham deslocado num olhar sobre o nariz (a *glance at the nose*, e não *shine on the nose* na língua "esquecida" da infância do sujeito) a curiosidade ardente que o prendia ao falo de sua mãe, ou seja, a essa carência de ser (*manque-à-être*) eminente de que Freud revelou o significante privilegiado.

Que um pensamento se faça ouvir no abismo, é esse abismo aberto ao pensamento que provocou desde o início a resistência à análise. E não como dizem, a promoção da sexualidade no homem. Esta é o objeto que predomina em grande parte na literatura através dos séculos. E a evolução da psicanálise conseguiu por um passe de magia cômica torná-la uma instância moral, o berço e o lugar de espera da oblatividade e da amância. A moldura platônica da alma, doravante benta e iluminada, vai direto ao paraíso.

O escândalo intolerável, quando a sexualidade freudiana não era ainda santa, era que ela fosse tão "intelectual". Era nisso que ela se mostrava a digna comparsa de todos esses terroristas cujos complôs iriam arruinar a sociedade.

No momento em que os psicanalistas se aplicam em remodelar uma psicanálise bem pensante da qual o poema sociológico do *Ego autônomo* é o coroamento, eu quero dizer àqueles que me ouvem como eles reconhecerão os maus psicanalistas: é pelo termo do qual eles se servem para depreciar

---

23. *Fetichismus*, G. W., XIV, p. 311.

toda investigação técnica e teórica que prossegue a experiência freudiana em sua linha autêntica. É a palavra: *intelectualização*, – execrável em todos aqueles que, vivendo eles mesmos no receio de se verem bebendo o vinho da verdade, cospem no pão dos homens, sem que suas babas, de resto, possam jamais servir de outra coisa além de fermento.

III. O ponto, o onto, o outro*

Aquilo que pensa assim em meu lugar será portanto um outro *Ego*? A descoberta de Freud representará a confirmação no nível da experiência psicológica, do maniqueísmo[24]?

Confusão alguma é possível na realidade: o que a investigação de Freud introduziu, não são casos mais ou menos curiosos de personalidade segunda. Mesmo na época heroica da qual acabamos de falar em que, como os animais no tempo dos contos, a sexualidade falava, jamais a atmosfera diabólica que uma tal orientação tivesse engendrado, se delineou[25].

O fim que propõe ao homem a descoberta de Freud, foi definido por ele no apogeu de seu pensamento em termos comoventes: *Wo Es war, soil Iche werden*. Lá onde era isso**, me é preciso chegar.

Esse fim é de reintegração e de acordo, eu diria, de reconciliação (Wersöhnung).

Mas se se desconhece a excentricidade radical de si a ele mesmo à qual o homem é afrontado, em outras palavras, a

---

* O limite da traductibilidade aparece aqui; no original: "la lettre, l'être et l'autre". (N. da T.)

24. Um de meus colegas chegava a esta ideia ao se interrogar se o *Id* (Es) da doutrina ulterior não era o "mau *Ego*" (*le "mauvai moi*"). (Vê-se com quem tive de trabalhar. 1966).

25. A notar entretanto o tom do qual se pode falar nessa época de traquinagens do inconsciente: *Der Zufall und die Koboldstreiche des Unbewussten*, é um título de Silberere, que seria absolutamente anacrônico no presente ambiente dos "managers" da alma.

** *Ça* em francês. Em português a palavra pode ser traduzida por "isso" e por "id". Lacan joga com os dois sentidos. Escolhemos traduzir por "isso" pensando na tradução latina para "id", e procurando preservar o coloquial do termo "ça" na língua francesa. (N. da T.)

verdade descoberta por Freud, falhar-se-á sobre a ordem e sobre os caminhos da mediação psicanalítica, far-se-á dela a operação de compromisso onde ela chegou efetivamente, a saber, a que repudiem ao máximo o espírito de Freud como a letra de sua obra: pois a noção de compromisso sendo invocada por ele incessantemente como sendo o suporte de todas as misérias que sua análise socorre, pode-se dizer que o recurso ao compromisso, seja ele explícito ou implícito, desorienta toda a ação psicanalítica e a mergulha na noite.

Mas não basta tampouco esfregar-se nas "tartuferias" moralizantes de nosso tempo e ter a boca cheia de "a personalidade total", para ter somente dito alguma coisa de articulado sobre a possibilidade da mediação.

A heteronímia radical, cuja hiância a descoberta de Freud mostrou no homem, não pode mais ser recoberta sem tornar tudo o que aí se emprega de uma profunda desonestidade.

Qual é pois esse outro a quem sou mais ligado que a mim, visto que no seio mais consentido de minha identidade a mim mesmo, é ele quem me agita?

Sua presença não pode ser compreendida senão a um segundo grau da alteridade, que desde então o situa a ele próprio em posição de mediação em relação a meu próprio desdobramento de mim mesmo como de um semelhante.

Se eu digo que o inconsciente é o discurso do Outro com O maiúsculo, é para indicar o para além onde se prende o reconhecimento do desejo ao desejo de reconhecimento.

Em outras palavras, esse outro é o Outro que invoca mesmo minha mentira como garantia da verdade na qual ele subsiste.

Ao que se observa que é com o aparecimento da linguagem que emerge a dimensão da verdade.

Antes desse ponto, na relação psicológica, perfeitamente isolável na observação de um comportamento animal, devemos admitir a existência de sujeitos, não por uma miragem projetiva qualquer cujo combate contínuo ao fantasma é o pão com manteiga do psicólogo, mas em razão da presença manifestada da inter subjetividade. No buraco em que se esconde, na armadilha construída, no fingimento indolente em que um fujão separado de um tropel desnorteia o rapinante, algo a mais emerge do que na ereção fascinante do aparato ou do combate. Nada no entanto ali que transcenda a função do artifício a serviço de uma necessidade, nem que afirme uma presença nesse para-além-do-véu em que a Natureza inteira pode ser questionada sobre seu desígnio.

Para que a própria questão venha a nascer (e sabe-se que Freud aí chegou em *Para além do princípio do prazer*), é preciso que a linguagem seja.

Pois posso ludibriar meu adversário por um movimento que é contrário a meu plano de batalha, esse movimento não exerce seu efeito enganador senão justamente na medida em que eu o produzo realmente, e para meu adversário.

Mas nas proposições pelas quais eu abro com ele uma negociação de paz, é num terceiro lugar, que não é nem minha fala nem meu interlocutor, que o que ela lhe propõe se situa.

Esse lugar não é nada mais que o lugar da convenção significante, como ele se desvela no cômico desta queixa dolorosa do Judeu a seu compadre: "Por que me dizes que vais a Cracóvia para que eu pense que vais a Lemberg, quando na verdade vais realmente à Cracóvia?"

Bem entendido meu movimento de tropas de há pouco pode ser compreendido nesse registro convencional da estratégia de um jogo, onde é em função de uma regra que eu engano meu adversário, mas então meu sucesso é apreciado na conotação da perfídia, isto é, na relação com o Outro, garantia a Boa Fé.

Aqui os problemas são de uma ordem cuja heteronímia é simplesmente desconhecida por ser reduzida a nenhum "sentimento do outrem", seja qual for o modo que se o denomine. Pois "a existência do outro" tendo outrora conseguido atingir as orelhas do Midas psicanalista através do claustro que o separa do conciliábulo fenomenologista, sabe-se que esta notícia corre pelos juncos: "Midas, o rei Midas, é o outro de seu paciente. É ele mesmo quem m'o disse".

Que porta, na realidade, ele lá arrombou? O outro, qual outro?

O jovem André Gide desafiando sua locatária, a quem sua mãe o confiou, a tratá-lo como um ser responsável, abrindo ostensivamente a seus olhos, com uma chave que só é falsa por ser a chave que abre todos os mesmos cadeados, o cadeado que ela própria acredita ser o digno significante de suas intenções educativas, – que outrem visa ele? Aquela que vai intervir, e a quem a criança dirá rindo: "Que fará a senhora com um cadeado ridículo para me fazer obedecer?" Mas por ter somente ficado escondida e ter esperado o anoitecer, para, após a acolhida rígida que convém, passar um sermão no menino, não é somente uma outra de quem esta lhe mostra o rosto irado, é um outro André Gide, que não está mais muito seguro, desde então voltando aí agora, do que ele quis fazer: que se transformou ao interior de sua verdade pela dúvida dirigida contra sua boa-fé.

Talvez esse império da confusão que é simplesmente aquele no qual se desenrola toda a ópera-bufa humana, mereça que o consideremos, para compreendermos as vias pelas quais procede a análise não somente para restaurar aí uma ordem, mas a fim de instalar as condições da possibilidade de restaurá-la.

Kern unseres Wesen, o núcleo de nosso ser, não é tanto isso que Freud nos ordena a visar como tantos outros o fizeram antes dele pelo vão adágio do "Conhece-te a ti mesmo", quanto o são os caminhos que aí conduzem que ele nos dá para revisar.

Ou melhor o que ele nos propõe atingir, não é aquilo que possa ser o objeto de um conhecimento, mas aquilo – não o diz ele? – que faz meu ser e do qual ele nos ensina que eu testemunho tanto e mais em meus caprichos, em minhas aberrações, em minhas fobias e em meus fetiches, do que em meu personagem vagamente policiado.

Loucura, não sois mais o objeto do elogio ambíguo onde o sábio instalou a toca inexpugnável de seu temor. Se ele, apesar dos pesares, não está tão mal instalado aí é porque o agente supremo que escava desde as origens suas galerias e o dédalo, é a própria razão, é o mesmo Logos de que ele é servidor.

Da mesma forma, como conceber que um erudito, tão pouco dotado para os compromissos que o solicitavam em seu tempo, como em qualquer outro, que era Erasmo, tenha ocupado um lugar tão iminente na revolução de uma Reforma onde o homem estava tão interessado em cada homem quanto em todos?

É que ao tocar por pouco que seja na relação do homem com o significante, aqui conversão dos procedimentos da exegese, mudamos o curso de sua história ao modificarmos as amarras de seu ser.

É por aí que o freudismo por mais incompreendido que tenha sido, por mais confusas que sejam suas consequências, aparece a todo olhar capaz de entrever as modificações que vivemos em nossa própria vida, como constituindo uma revolução inapreensível mas radical. Acumular os testemunhos é vão[26]: tudo o que interessa, não somente as ciências humanas, mas o destino do homem, a política, a metafísica, a literatura, as artes, a publicidade, a propaganda, e por meio destas, não tenho dúvidas, a economia, foi por ela afetado.

Haverá aí outra coisa entretanto a mais do que os efeitos discordantes de uma verdade imensa onde Freud traçou uma via pura? É preciso dizer aqui que essa via não foi seguida em toda técnica que se prevalece da categorização psicológica única de seu objeto, como é o caso da psicanálise de hoje exterior a um retorno à descoberta freudiana.

Do mesmo modo a vulgaridade dos conceitos de que sua prática se recomenda, os alinhavos de falsfreudismo que não passam aí de ornamento, não menos do que aquilo que se deve chamar de o descrédito em que ela prospera, testemunham conjuntamente de sua renegação fundamental.

Freud por sua descoberta fez entrar no interior do círculo da ciência essa fronteira entre o objeto e o ser que parecia marcar seu limite.

Que isto seja o sintoma e o prelúdio de um questionamento da situação do homem no ente, tal como o supuseram até o momento todos os postulados do conhecimento, não vos contenteis, por favor, em catalogar o fato de que eu o diga,

---

26. O último em data é o que vem bem simplesmente da pluma de François Mauriac para se desculpar, no *Figaro littéraire* de 25 de maio, de sua recusa em nos "contar sua vida". Se ninguém pode mais se comprometer a isso com o mesmo calor, é. ele no-lo diz porque "há meio século. Freud, pensemos o que pensemos dele" passou por aqui. E, após ter por um instante aceito a ideia corrente de que é para nos submeter à "estória de nosso corpo", ele volta rapidamente àquilo que sua sensibilidade de escritor não pôde deixar passar: seria a confissão mais profunda da alma de todos os que nos são próximos que nosso discurso publicaria ao querer se completar.

como um caso de heideggerianismo, – fosse ele prefixado de um *neo*, que não acrescenta nada a esse estilo de lixo pelo qual é costume o dispensar-se de toda reflexão em um recurso ao *"Ego* alcança *isso"* * de seus escombros mentais.

Quando eu falo de Heidegger, ou melhor, quando eu o traduzo, esforço-me por deixar à palavra que ele profere sua significância soberana.

Se eu falo da letra e do ser (do ponto e do onto), se eu distingo o outro e o Outro, é porque Freud m'os indica como os termos em que se referem esses efeitos de resistência e de transferência, aos quais tive de medir-me de maneira desigual, nos vinte anos que eu exerço essa prática – impossível, todos se comprazem em repeti-lo com ele, da psicanálise. É também porque me é preciso ajudar os outros a aí não se perderem.

É para impedir que não caia aos pedaços o campo que herdaram, e para isso lhes fazer ouvir que se o sintoma é uma metáfora, não é uma metáfora o dizê-lo, não mais do que dizer que o desejo do homem é uma metonímia. Pois o sintoma *é* uma metáfora, que se queira ou não dizê-lo, assim como o desejo *é* uma metonímia, mesmo que o homem zombe disso.

Dessa maneira, para que eu os convide a se indignarem de que após tantos séculos de hipocrisia religiosa e de blefe filosófico, nada tenha sido ainda validamente articulado do que liga a metáfora à questão do ser e a metonímia à sua falta, – seria preciso que, do objeto dessa indignação enquanto promotor e vítima, alguma coisa haja aí para corresponder-lhes: a saber o homem do humanismo e a crença, irremediavelmente protestada, de que ele obteve sobre suas intenções.

T. t. v. m. u. p. t. 14-26 maio, 1957.

* "Ça" no francês (N. da T.)

7. A SIGNIFICAÇÃO DO FALO
Die Bedeutung des Phallus

Apresentamos aqui sem modificação de texto a conferência que pronunciamos em alemão no dia 9 de maio de 1958 no Instituto Max-Planck de Munique onde o professor Paul Matussek nos convidara a falar.

Nela mediremos, com a condição de obtermos algumas indicações sobre os modos mentais que regiam os meios forçosamente inadvertidos na época, a maneira pela qual os termos, que éramos o primeiro a ter extraído de Freud, – "a outra cena" para utilizarmos um deles aqui citados – podiam então ressoar.

Se a posterioridade (Nachtrag), para retomarmos um outro desses termos do domínio do beletrismo onde eles são atualmente corriqueiros, torna este esforço impraticável, saiba-se: eles eram então espantosos.

Sabe-se que o complexo de castração inconsciente tem uma função de núcleo:

1º na estruturação dinâmica dos sintomas, no sentido analítico do termo, isto é, do que é analisável nas neuroses, perversões e psicoses;

2º numa regulação do desenvolvimento que dá sua *ratio* a esse primeiro papel: a saber, a instalação, no sujeito, de uma posição inconsciente sem a qual ele não poderia identificar-se ao tipo ideal de seu sexo, nem mesmo responder sem alguns graves riscos às necessidades de seu parceiro na relação sexual, e mesmo acolher com justeza as da criança que nela se procria.

Existe aí uma antinomia interna à assunção pelo homem (*Mensch*) de seu sexo: por que deve ele assumir seus atributos apenas através de uma ameaça, e mesmo sob o aspecto de uma privação? Sabe-se que Freud, em *O mal-estar na cultura*, chegou mesmo a sugerir um distúrbio não contingente, mas essencial da sexualidade humana e que um de seus últimos artigos trata da irredutibilidade a toda análise finita (*endliche*), das sequelas que resultam do complexo de castração no inconsciente masculino, do *penisneid* no inconsciente da mulher.

Esta aporia não é a única, mas a primeira que a experiência freudiana e a metapsicologia resultante introduziram em nossa experiência do homem. Ela é insolúvel a toda redução a dados biológicos: a própria necessidade do mito subjacente à estruturação do complexo de Édipo o demonstra suficientemente.

Não passa de um artifício o invocar nessa ocasião um dado amnésico hereditário, não somente porque este é discutível por si mesmo, mas porque ele deixa o problema intacto: qual é o liame entre o assassínio do pai e o pacto da lei primordial, se aí se inclui que a castração é a punição do incesto?

É somente sobre a base de fatos clínicos que a discussão pode ser fecunda. Eles demonstram uma relação do sujeito ao falo que se estabelece sem considerar a diferença anatômica dos sexos e que é por esse motivo uma interpretação especialmente dolorosa na mulher e em relação à mulher, principalmente no tocante aos quatro capítulos que seguem:

1º do porquê a menina se considera ela mesma, pelo menos durante um certo tempo, castrada, no que o termo significa: privada do falo, e pelo operar de alguém, que é primeiramente sua mãe, ponto importante, e em seguida seu pai, mas de maneira tal que devemos reconhecer nisso uma transferência no sentido analítico do termo;

2º do porquê mais primordialmente, nos dois sexos, a mãe é considerada provida de falo, como mãe fálica;

3º do porquê correlativamente a significação da castração toma de fato (clinicamente manifesto) seu alcance eficiente quanto à formação de sintomas, apenas a partir de sua descoberta como castração da mãe;

4º esses três problemas culminando na questão da razão, no desenvolvimento, da fase fálica. Sabe-se que Freud especifica sob esse termo a primeira maturação genital: de um lado na medida em que ela se caracteriza pela dominância imaginária do atributo fálico, e pelo gozo masturbatório; de outro lado na medida em que ele localiza esse prazer no clitóris da mulher, promovido por essa razão à função de falo, e que ele parece excluir assim nos dois sexos até o término dessa fase, isto é, até o declínio do Édipo, toda referência instintual da vagina como lugar de penetração genital.

Suspeitamos que essa ignorância é um desconhecimento no sentido técnico do termo, e principalmente porque ela é às vezes desmentida. Não estaria ela de acordo com a fábula onde Longus nos mostra a iniciação de Dafne e Cloê subordinada aos esclarecimentos de uma velha mulher?

É dessa maneira que alguns autores foram conduzidos a considerar a fase fálica como o efeito de um recalque, e a função que aí adquire o objeto fálico como um sintoma. A dificuldade começa quando se trata de saber *qual* sintoma: fobia, diz um, perversão, diz o outro, e às vezes o mesmo. Parece nesse caso que nada mais dá certo: não que não se apresentem transmutações interessantes do objeto de uma fobia em fetiche, mas justamente se elas são interessantes, é pela diferença da posição delas na estrutura. Pedir aos autores que formulem essa diferença nas perspectivas atualmente em vigor sob o título da relação de objeto, seria pretensão vã. Isto nesse assunto, por falta de outra referência além da noção aproximativa de objeto parcial, jamais criticada desde que Karl Abraham a introduziu, infelizmente para as facilidades que ela oferece a nossa época.

Resta que a discussão atualmente abandonada sobre a fase fálica, se relermos os textos subsistentes dos anos 1928-32, nos refresca pelo exemplo de uma paixão doutrinal, à qual a degradação da psicanálise, consecutiva a sua transplantação americana, acrescenta um valor de nostalgia.

Somente em resumindo esse debate, não poderíamos senão alterar a diversidade autêntica das posições tomadas por uma Helena Deutsch, uma Karen Horney, um Ernest Jones, para nos limitarmos aos mais eminentes.

A sucessão dos três artigos que este último consagrou ao assunto é especialmente sugestiva: pelo menos pela mira primeira sobre a qual ele constrói e que é indicada pelo termo *aphanisis* por ele forjado. Pois colocando de maneira muito justa o problema da relação entre a castração e o desejo, ele torna patente sua incapacidade em reconhecer aquilo que entretanto ele cinge de tão perto que o termo que nos dará brevemente a chave do problema, parece aí surgir de sua própria falha.

Diverte-nos sobretudo seu êxito em articular sob a rubrica da própria letra de Freud uma posição que lhe é estritamente oposta: verdadeiro modelo num gênero difícil.

O peixe não se deixa afogar por isto, parecendo ironizar em Jones sua arenga para o restabelecimento da igualdade dos direitos naturais (não o leva ela à conclusão do: Deus os criou homem e mulher, da Bíblia?) Na verdade o que ganha ele em normalizar a função do falo como objeto parcial, se lhe é preciso invocar sua presença no corpo da mãe como objeto interno, sendo esse termo função das fantasias reveladas por Melanie Klein, e se ele não pode igualmente se separar da doutrina desta última, relacionando essas fantasias à recorrência até os limites da primeira infância, da formação edipiana?

Não cometeremos o engano de retomar a questão perguntando o que podia impor a Freud o paradoxo evidente de sua posição. Pois seremos obrigados a admitir que ele se guiava melhor do que ninguém no seu reconhecimento da ordem dos fenômenos inconscientes de que era o inventor, e que, por falta de uma articulação suficiente da natureza desses fenômenos, seus seguidores estavam destinados a se extraviar mais ou menos.

É a partir desse desafio – que colocamos no início de um comentário da obra de Freud no qual trabalhamos há sete anos – que chegamos a certos resultados: em primeiro plano, a promover como necessária a toda articulação do fenômeno analítico a noção do significante, na medida em que ela se opõe à noção do significado na análise linguística moderna. Esta última, nascida após Freud*, Freud não podia levar em conta, mas nós pretendemos que a descoberta de Freud ganha sua importância justamente por ter antecipado suas fórmulas, partindo de um domínio que não se poderia esperar que se reconhecesse como seu reino. Inversamente é a descoberta de Freud que dá à oposição do significante e do significado o alcance efetivo em que convém entendê-la: a saber que o significante tem função ativa na determinação dos efeitos onde o significável aparece como sujeitando-se à sua marca, tornando-se por essa paixão o significado.

Essa paixão do significante torna-se desde então uma dimensão nova da condição humana na medida em que não somente é o homem que fala, mas também no homem e pelo homem que "se" fala**, que sua natureza passa a ser tecida por efeitos onde se encontra a estrutura da linguagem em cuja matéria ele se transforma, e que por aí ressoa nele, para além de tudo o que pôde conceber a psicologia das ideias, a relação da fala.

É assim que podemos dizer que as consequências da descoberta do inconsciente não foram ainda nem mesmo entrevistas na teoria, mesmo se seu abalo já se fez sentir na práxis mais além do que ainda se mede, mesmo se traduzido por efeitos de recuo.

Precisemos que esta promoção da relação do homem ao significante, como tal, nada tem a ver com uma posição "culturalista" no sentido comum do termo, aquela que Karen Horney, por exemplo, se via anunciando na querela do falo pela sua posição qualificada por Freud de feminista. Não se trata da relação do homem com a linguagem enquanto fenômeno social, não estando nem mesmo em questão algo que

---

* O autor faz indubitavelmente referência à revolução saussuriana na linguística que data de 1906-1911 (cf. Saussure, Ferdinand de, *Cours de Linguistique Générale*, Paris, Payot, 1966). (N. da T.)
**A expressão francesa "ça parle", tornada corrente nos meios psicanalíticos franceses, é a nosso ver ambígua: ela faz referência não somente ao "ça" (= Id) conceito, mas também à forma zero "ça", indefinida, muito comum na linguagem coloquial ("ça va de soi"; "ça me fait mal"; "ça ne fait rien" etc.). (N. da T.)

se assemelhe a essa psicogênese ideológica que conhecemos, e que não é superada pelo recurso peremptório à noção inteiramente metafísica, sob uma petição de princípio de apelo ao concreto, que veicula de maneira irrisória o nome de afeto.

Trata-se de reencontrar, nas leis que regem esta outra cena (*eine andere Schauplatz*) que Freud a respeito dos sonhos designa como sendo a do inconsciente, os efeitos que se descobrem no nível da cadeia de elementos materialmente instáveis que constitui a linguagem: efeitos determinados pelo duplo jogo da combinação e da substituição no significante, segundo as duas vertentes geradoras do significado que constituem a metonímia e a metáfora*; efeitos determinantes para a instituição do sujeito. Nesse exame aparece uma topologia, no sentido matemático do termo, sem a qual percebe-se logo que é impossível somente anotar a estrutura de um sintoma no sentido analítico do termo.

Fala-"se"** no Outro, dizemos, designando pelo Outro o próprio lugar que evoca o recurso à fala em toda relação onde ele intervém. Se "isto"** fala no Outro, que o sujeito o escute ou não com seus ouvidos, é que é lá que o sujeito, por uma anterioridade lógica a todo despertar do significado, encontra seu lugar significante. A descoberta do que ele articula nesse lugar, isto é, no inconsciente, permite-nos apreender à custa de qual divisão (*Spaltung*) ele assim se constituiu.

O falo é aqui esclarecido em sua função. O falo na doutrina freudiana não é uma fantasia, se cumpre entender por isto um efeito imaginário. Tampouco é, como tal, um objeto (parcial, interno, bom, mau, etc.) no que esse termo tende a apreciar a realidade interessada numa relação. Ele é menos ainda o órgão, pênis ou clitóris, que ele simboliza. E não é

---

* "Jakobson estabelece o mesmo tipo de relação em seu artigo: "Deux aspects du langage et deux types d'aphasie", in *Essais de Linguistique Générale*, Ed. Minuit, Paris, 1963: "A competição entre os dois processos, metonímico e metafórico, é manifesta em todo processo simbólico, seja este intra-subjetivo ou social. É assim que num estudo sobre a estrutura dos sonhos, a questão decisiva é de saber se os símbolos e as sequências temporais utilizadas são fundados sobre a contiguidade ('deslocamento' metonímico e 'condensação' sinedótica freudianos) ou sobre a similaridade ('identificação' e 'simbolismo' freudianos)", p. 65. (N. da T.)

** Ou "isto" fala (ça parle) que corresponderia à tradução do termo alemão "Es" utilizado por Freud. (N. da T.)

sem razão que Freud tomou sua referência no simulacro que ele constituía para os Antigos.

Pois o falo é um significante, um significante cuja função na economia intra-subjetiva da análise, levanta talvez o véu daquela que ele mantinha nos mistérios. Pois é o significante destinado a designar no seu conjunto os efeitos de significado, no que o significante os condiciona por sua presença de significante.

Examinemos agora os efeitos dessa presença. Eles são primeiramente de um desvio das necessidades do homem pelo fato de que ele fala, no sentido em que, por mais longe que suas necessidades sejam sujeitas à demanda, elas a ele voltam alienadas. Isso não é o efeito de sua dependência real (e não pensem reencontrar aí a concepção parasita que é a noção de dependência na teoria da neurose), – mas é precisamente do enformar* significante como tal e do que é o lugar no Outro que sua mensagem é emitida.

O que se vê assim alienado nas necessidades constitui a *Urverdrängung* de não poder, por hipótese, se articular na demanda: mas que aparece num descendente, que é o que se apresenta no homem como desejo (*das Begehren*). A fenomenologia que se extrai da experiência analítica pode demonstrar perfeitamente no desejo o caráter paradoxal, desviante, errático, ex-centrado, e mesmo escandaloso, pelo qual ele se distingue da necessidade. Trata-se mesmo de um fato afirmado demais para não se ter imposto desde sempre aos moralistas dignos desse nome. O freudismo de outrora parecia dever dar a esse fato seu estatuto. Paradoxalmente, entretanto, a psicanálise se vê na vanguarda do obscurantismo de sempre e anestesiante na negação do fato num ideal de redução teórica e prática do desejo à necessidade.

Eis por que é preciso articular aqui esse estatuto, partindo da demanda cujas características próprias são eludidas na noção de frustração (que Freud jamais utilizou).

A demanda em si se dirige a algo mais do que as satisfações a que ela apela. Ela é demanda de uma presença ou de uma ausência. Aquilo que a relação primordial à mãe manifesta, em estar grávida desse Outro a situar *aquém* das necessidades que ele pode suprir. Ela o constituiu como já tendo

---

* "mise-en-forme" no original (N. da T.)

o "privilégio" de satisfazer as necessidades, isto é, o poder de privá-las da única coisa pela qual elas são satisfeitas. Esse privilégio do Outro desenha assim a forma radical do dom do que ele não tem, ou seja, do que se denomina seu amor.

É por esse meio que a demanda anula (*aufhebt*) a particularidade de tudo o que pode ser dado, transformando-o em prova de amor, e as próprias satisfações que ela obtém para a necessidade se aviltam (*sich erniedrigt*), a não serem mais do que a destruição da demanda de amor (tudo isso perfeitamente sensível na psicologia dos primeiros cuidados à qual nossos analistas – amas-secas – se apegaram).

Existe portanto uma necessidade de que a particularidade assim abolida reapareça *para além* da demanda. Ela aí reaparece com efeito, mas conservando a estrutura que recepta o incondicionado da demanda do amor. Por uma reviravolta que não é uma simples negação da negação, a potência da pura perda surge do resíduo de uma obliteração. Ao incondicionado da demanda, o desejo substitui a condição "absoluta": esta condição resolve na realidade o que a prova de amor possui de rebelde na satisfação de uma necessidade. É assim que o desejo não é nem o apetite da satisfação, nem a demanda de amor, mas a diferença que resulta da subtração do primeiro à segunda, o fenômeno mesmo da sua clivagem (*Spaltung*)*.

Concebe-se como a relação sexual ocupa o campo fechado do desejo e vai aí arriscar sua sorte. É que ele é o campo feito para que nele se produza o enigma que essa relação provoca no sujeito ao lhe "significar" duplamente: retorno da demanda que ela suscita, em demanda sobre o sujeito da necessidade; ambiguidade tornada presente sobre o Outro em questão na prova de amor demandada. A hiância desse enigma revela aquilo que a determina, na fórmula mais simples para torná-la patente, a saber: que o sujeito como o Outro, para cada um dos parceiros da relação, não podem se bastar como sujeitos da necessidade, nem objetos do amor, mas que devem se dar como causa do desejo.

---

* Lacan traduz "*Spaltung*", "clivagem", ora por "division" ora por "refente": no primeiro caso preferimos o termo "divisão", no segundo "clivagem", segundo o *Vocabulário da Psicanálise*, Laplanche, Pontalis, P.U.F., Paris, 67. (N. da T.)

Essa verdade está no centro, na vida sexual, de todas as fraudes do campo da psicanálise. Ela aí é também a condição da felicidade do sujeito: e camuflar sua hiância, em se referindo à virtude do "genital", para resolvê-la pela maturação da ternura (isto é, somente pelo recurso ao Outro como realidade), por mais piedosa que seja a intenção, não deixa de ser uma escamoteação. Convém dizer aqui que os analistas franceses, com a hipócrita noção de oblatividade genital, deram o passo moralizante, que, ao som dos do exército da salvação, anda doravante por toda a parte.

De qualquer maneira, o homem não pode almejar a ser inteiro (à "personalidade total", outra premissa em que se desvia a psicoterapia moderna), a partir do momento em que o jogo de deslocamento e de condensação ao qual ele é destinado no exercício de suas funções, marca sua relação de sujeito ao significante.

O falo é o significante privilegiado dessa marca onde a parte do *logos* se une ao acontecimento do desejo.

Pode-se dizer que esse significante é escolhido como sendo o mais saliente do que se pode apreender no real da copulação sexual, e também o mais simbólico no sentido literal (tipográfico) desse termo, visto que ele equivale à cópula (lógica). Pode-se dizer também que ele é, pela sua turgidez, a imagem do fluxo vital na medida em que se transmite na geração.

Todos esses propósitos não fazem mais do que velar o fato de que ele não pode exercer seu papel a não ser quando velado, isto é, como o próprio signo da latência pela qual é atingido todo significável, desde o momento em que ele se eleva (*aufgehoben*) à função de significante.

O falo é o significante dessa mesma *Aufhebung* que ele inaugura (inicia) pelo seu desaparecimento. Eis por que o demônio Αἰδώς[1] (*Scham*) surge no mesmo momento em que no mistério antigo, o falo é desvelado (cf. a célebre pintura da Cidade de Pompeia).

Ele passa a ser então a barra que pela mão desse demônio atinge o significante, marcando-o como a progenitura bastarda pela sua concatenação significante.

---

1. O Demônio do Pudor.

É assim que se produz uma condição de complementaridade na instauração do sujeito pelo significante: a qual explica sua *Spaltung* e o movimento de intervenção onde ela se acaba.

A saber:

1. que o sujeito não designa seu ser senão ao barrar* tudo o que ele significa, como se nota no fato de ele querer ser amado pelo que é, miragem que não se reduz ao ser denunciada como gramatical (visto que ela abole o discurso);

2. que aquilo que é vivo desse ser na *urverdrängt*, encontra seu significante ao receber a marca da *Verdrängung* do falo (pelo que o inconsciente é linguagem).

O falo como significante dá a razão do desejo (na acepção em que o termo é empregado como "média e extrema razão" da divisão harmônica).

Da mesma maneira é como um algoritmo que passo doravante a utilizá-lo, não podendo, sem inflar indefinidamente minha exposição, proceder de outra forma senão fiar-me no eco da experiência que nos une, para fazer-lhes compreender essa utilização.

O fato de o falo ser um significante, impõe que seja no lugar do Outro que o sujeito lhe tenha acesso. Mas esse significante aí estando apenas velado e como razão do desejo do Outro, é esse desejo do Outro como tal que se impõe ao sujeito reconhecer, isto é, o outro no que ele é ele próprio sujeito dividido da *Spaltung* significante.

As emergências que aparecem na gênese psicológica confirmam essa função significante do falo.

Assim antes de mais nada formula-se mais corretamente o fato kleiniano de que a criança apreende desde o início que a mãe "contém" o falo.

Porém é na dialética da demanda de amor e da prova do desejo que o desenvolvimento se ordena.

A demanda de amor não pode senão padecer de um desejo cujo significante lhe é estranho. Se o desejo da mãe *é* o falo, a criança quer ser o falo para satisfazê-la. Assim a divisão imanente ao desejo se faz já sentir por ser experimentada no desejo do Outro, em que ela já se opõe a que o sujei-

---

* "à barrer", expressão polissêmica que significa: obstruir, anular e também riscar na "folha de papel" onde o discurso se inscreve. (N. da T.)

to se satisfaça ao apresentar ao Outro o que ele pode *ter* de real que responda a esse falo, pois o que ele possui não vale mais do que ele não possui, para sua demanda de amor que quereria que ele o fosse.

Essa experiência do desejo do Outro, a clínica nos mostra que ela não é decisiva na medida em que o sujeito aí fica sabendo se ele mesmo tem ou não um falo real, mas na medida em que ele toma conhecimento de que a mãe não o possui. Tal é o momento da experiência sem a qual nenhuma consequência sintomática (fobia) ou estrutural (*Penisneid*) que se refira ao complexo de castração tem efeito. Aqui se afirma a conjunção do desejo na medida em que o significante fálico é sua marca, com a ameaça ou a nostalgia da falta de ter.

Logicamente, é da lei introduzida pelo pai nessa sequência que depende seu futuro.

Mas podemos apontar, restringindo-nos à consideração da função do falo, as estruturas às quais serão submetidas as relações entre os sexos.

Digamos que essas relações concentrar-se-ão em torno de um ser e de um ter que, que por se relacionarem a um significante, o falo, têm o efeito contrariado de dar, de uma parte, realidade ao sujeito nesse significante, de outra parte de irrealizar as relações a significar.

Isso pela intervenção de um parecer que se substitui ao ter, para protegê-lo de um lado, para mascarar a falta, no outro, e que tem como efeito projetar inteiramente as manifestações ideais ou típicas do comportamento de cada um dos sexos, até o limite do ato da copulação, na comédia.

Esses ideais ganham vigor a partir da demanda que está em poder deles satisfazer, que é sempre demanda de amor, com seu complemento da redução do desejo à demanda.

Por mais paradoxal que possa parecer essa formulação, dizemos que é para ser o falo, isto é, o significante do desejo do Outro, que a mulher vai rejeitar uma parte essencial da feminidade, principalmente todos seus atributos na mascarada. É pelo que ela não é que ela quer ser desejada ao mesmo tempo que amada. Mas ela encontra o significante de seu desejo no corpo daquele a quem se destina sua demanda de amor. Naturalmente não devemos esquecer que dessa função significante, o órgão que é revestido por essa função, adquire valor de fetiche. Mas o resultado para a mulher continua sendo que convergem sobre o mesmo objeto uma experiência de amor, que como tal (cf. o que foi dito acima) a priva idealmente do que ele dá, e um desejo que encontra aí seu significante. Eis por que podemos observar que o defeito da satisfação própria à necessidade sexual, em outros termos a frigidez, é nela relativamente bem tolerada, enquanto que a *Verdrängung* inerente ao desejo é menor do que no homem.

No homem por outro lado, a dialética da demanda e do desejo engendra os efeitos dos quais devemos admirar uma vez mais com que segurança Freud os situou nas próprias articulações das quais eles dependiam sob a rubrica de um aviltamento (*Erniedrigung*) específico da vida amorosa.

Com efeito, se o homem chega efetivamente a satisfazer sua demanda de amor na relação com a mulher, com a condição de que o significante do falo a constitua bem como dando no amor o que ela não possui, inversamente, seu próprio desejo do falo fará surgir seu significante na divergência remanescente em direção a "uma outra mulher" que pode significar esse falo a títulos diversos, seja como virgem, seja como prostituta. Disso resulta uma tendência centrífuga da pulsão genital na vida amorosa, que torna no homem a impotência muito menos suportada, ao mesmo tempo que a *Verdrängung* inerente ao desejo é mais importante.

Não se deve crer por essa razão que o tipo de infidelidade que pareceria aí constitutiva da função masculina lhe seja própria. Pois se aí o olharmos de perto, o mesmo desdobramento se encontra na mulher, com a diferença de que o Outro do amor como tal, isto é, na medida em que ele é privado do que ele dá, se percebe dificilmente no recuo em que ele se substitui ao ser do mesmo homem cujos atributos ela aprecia.

Poderíamos acrescentar aqui que a homossexualidade masculina conformemente à marca fálica que constitui o desejo, se constitui sobre sua vertente, – que a homossexualidade feminina ao contrário, como a observação o mostra, se orienta sobre uma decepção que reforça a vertente da demanda de amor. Essas observações mereceriam ser atenuadas por um retorno à função da máscara pela razão que ela domina as identificações onde se resolvem as recusas da demanda.

O fato de que a feminidade encontra seu refúgio nessa máscara pela *Verdrängung* inerente à marca fálica do desejo, tem a curiosa consequência de fazer com que no ser humano a própria ostentação viril pareça feminina.

Correlativamente, entrevê-se a razão desse traço nunca elucidado onde uma vez mais se mede a profundidade da intuição de Freud: a saber, porque ele afirma que há apenas uma *libido*, seu texto mostrando que ele a concebe como sendo de natureza masculina. A função do significante fálico converge aqui para sua relação mais profunda: aquela pela qual os Antigos aí encarnavam o Νοῦς e o Λογὸς.

8. SUBVERSÃO DO SUJEITO E DIALÉTICA DO DESEJO NO INCONSCIENTE FREUDIANO

Este texto representa a comunicação que fizemos em um Congresso reunido em Royaumont aos cuidados dos "Colóquios filosóficos internacionais", sob o título: A dialética, *Jean Wahl tendo aí nos convidado. Realizou--se de 19 a 23 de setembro de 1960.*

E a data desse texto, anterior ao Congresso de Bonneval justificando a sua publicação: para dar ao leitor a ideia do avanço em que se manteve sempre nosso ensino em relação ao que podíamos divulgar.

(O gráfico aqui produzido fora construído para nosso Seminário sobre as formações do inconsciente. Ele se elaborou especialmente sobre a estrutura do Chiste, tomada como ponto de partida, em presença de um auditório surpreso. Foi no primeiro trimestre, ou seja o último de 1957. Um relatório com a figura dada aqui apareceu no Bulletin de Psychologie *na época).*

Uma estrutura é constituinte da *práxis* chamada psicanálise. Essa estrutura não poderia ser indiferente a uma audiência como esta, suposta filosoficamente advertida.

275

Que ser filósofo queira dizer interessar-se pelo que todo o mundo está interessado sem sabê-lo, eis uma proposição interessante por oferecer a particularidade que sua pertinência não implica que ele seja decidível. Posto que só pode resolver-se na medida em que todo o mundo se torne filósofo.

Digo: sua pertinência filosófica, visto que tal é no fim das contas o esquema que Hegel nos deu da História na *Fenomenologia do espírito*.

Resumi-lo assim tem o interesse de nos apresentar uma mediação cômoda para situar o assunto: por uma relação com o saber.

Cômoda também por demonstrar a ambiguidade de uma tal relação.

A mesma ambiguidade que manifestam os efeitos da ciência no universo contemporâneo.

O sábio que faz a ciência é bem um sujeito igualmente, e mesmo particularmente qualificado na sua constituição, como o demonstra o fato de que a ciência não veio ao mundo sozinha (que o parto não foi sem vicissitudes, e que ele foi precedido de alguns insucessos: aborto ou prematuração).

Ora esse sujeito que deve saber o que faz, pelo menos presume-se, não sabe o que realmente, nos efeitos da ciência interessa a todo mundo. Feio menos assim parece no universo contemporâneo: onde todo o mundo se encontra assim a seu nível sobre esse ponto de ignorância.

Só isso merece que se fale de um sujeito da ciência. Propósito a que entende igualar-se uma epistemologia da qual pode-se dizer que ela aí mostra mais pretensão do que sucesso.

De onde, que se aprenda aqui, a referência inteiramente didática que tomamos em Hegel para fazer entender aos fins de formação que são os nossos, em que ponto se está da questão do sujeito tal como a psicanálise a subverte propriamente.

O que nos qualifica para proceder nessa via é evidentemente nossa experiência dessa *práxis*. O que nos determinou aí, aqueles que nos seguem o testemunharão, é uma carência da teoria duplicada do abuso na sua transmissão, que, por não ser sem perigo para a própria *práxis*, resultam, uma e outras, numa ausência total de estatuto científico. Questionar sobre as condições mínimas exigíveis para um tal estatuto, não era talvez um ponto de partida desonesto. Verificou-se que ele leva longe.

Não é à amplitude de um questionamento social que nos referimos aqui: notadamente a provisão das conclusões que tivemos de tomar contra os desvios notórios na Inglaterra e América da *práxis* que se outorga nome de psicanálise.

É propriamente a subversão que tentaremos definir, desculpando-nos junto a essa assembleia cuja qualidade acabamos de invocar, por não poder fazer mais em sua presença do que fora dela, a saber, tomá-la, tal qual, como eixo de nossa demonstração, tomando por nossa costa de aí justificar a pouca margem que lhe deixamos.

Utilizando no entanto seu favor por considerar como concedido que as condições de uma ciência não poderiam ser o empirismo.

Em um segundo tempo, encontrando o que já se constituiu, como etiqueta científica, sob o nome de psicologia.

Que recusamos. Precisamente por que vamos demonstrar que a função do sujeito tal como o instaura a experiência freudiana, desqualifica na raiz o que sob esse título não faz mais, de qualquer forma que se revista as premissas, do que perpetuar um quadro acadêmico.

O critério é a unidade do sujeito que está nos pressupostos dessa espécie de psicologia, aí estando mesmo a tomar como sintomático que o tema seja cada vez mais enfaticamente isolado, como se se tratasse do retorno de um certo sujeito do conhecimento ou se precisasse que o psíquico se fizesse valer como duplicando o organismo,

É preciso aqui tomar como padrão a ideia em que conflui um pensamento tradicional de habilitar o termo não sem fundamento de estado do conhecimento. Que se trate dos estados de entusiasmo em Platão, dos graus du *samadhi* no budismo, ou do *Erlebnis*, experiência vivida do alucinógeno, convém saber o que uma teoria qualquer autentifica.

Autentifica no registro do que o conhecimento comporta de conaturalidade.

É claro que o saber hegeliano, na *Aufhebung* logicizante sobre a qual ele se funda, faz tão pouco caso desses estados como tais quanto a ciência moderna, que pode aí reconhecer um objeto de experiência enquanto ocasião de definir certas coordenadas, mas em nenhum caso uma ascese que seria, digamos, epistemógena ou noófora.

É bem em que sua referência é para nós pertinente.

Pois supomos que se está bastante informado da *práxis* freudiana para perceber que tais estados aí não desempenham papel algum, mas aquilo cuja importância não se aprecia, é o fato de que essa pretensa psicologia das profundezas não pensa em obter uma iluminação por exemplo, não lhes afeta nem mesmo uma quota sobre o que ela desenha como percurso.

Pois é esse o sentido sobre o qual não se insiste, desse afastamento a que Freud procede em relação aos estados hipnoides, quando se trata de explicar mesmo somente os fenômenos da histeria. É esse o fato enorme: que ele aí prefere o discurso do histérico. O que chamamos de "momentos fecundos" em nossa localização do conhecimento paranoico, não é uma referência freudiana.

Temos uma certa dificuldade em fazer ouvir em um meio enfatuado pelo mais incrível ilogismo, o que comporta interrogar o inconsciente como o fazemos, isto é, até que ele dê uma resposta que não seja da ordem do arrebatamento, ou do abatimento, mas antes que "ele diga por quê".

Se conduzimos o sujeito a algum lugar, é num deciframento que supõe já no inconsciente essa espécie de lógica: em que se reconhece por exemplo uma voz interrogativa, e mesmo o encaminhamento de uma argumentação.

Toda a tradição psicanalítica está aí para sustentar que a nossa não poderia intervir senão ao aí entrar pela porta certa, e que ao adiantar-se a ela, só obtém fechamento.

Em outros termos, a psicanálise que se sustenta por sua fidelidade freudiana, não poderia, em caso algum, se dar como um rito de passagem a uma experiência arquetípica ou de modo algum inefável: o dia em que alguém aí fizer ouvir algo desse tipo que não seja um *minus*, será porque todo limite teria sido abolido. Do que estamos ainda longe[1].

1. Mesmo ao tentar interessar sob a rubrica dos fenômenos *Psi* a telepatia, e mesmo toda psicologia gótica que possa se ressuscitar de um Myers, o mais vulgar andarilho não poderá transpor o campo em que Freud o conteve de antemão, ao colocar o que ele retém desses fenômenos como devendo ser no sentido restrito: traduzindo, nos efeitos de recorte de discursos contemporâneos.A teoria psicanalítica, mesmo ao prostituir-

Isso não passa de aproximação ao nosso tema. Pois trata-se de cingir de mais perto o que o próprio Freud em sua doutrina articula por constituir um passo "copérnico".

Basta que um privilégio seja rejeitado, no caso presente aquele que põe a terra no lugar central? A destituição subsequente do homem de um lugar análogo pelo triunfo da ideia da evolução, dá o sentimento de que haveria aí um ganho que se confirmaria por sua constância.

Mas tem-se certeza de que seja isso ganho ou progresso essencial? Algo faz ver que a outra verdade, se chamamos assim a verdade revelada, tenha sofrido seriamente com isso? Não se acredita que o heliocentrismo não é, por exaltar o centro, menos enganador do que ao aí ver a terra, e que o fato de que a eclíptica dava sem dúvida modelo mais estimulante de nossas relações com a verdade, antes de perder muito de seu interesse por não ser mais do que terra dizendo sim com a cabeça?

Em todo caso, não é por causa de Darwin que os homens se acreditam menos estar por cima entre as criaturas, posto que é precisamente disso que ele os convence.

O emprego do nome de Copérnico para uma sugestão linguageira, tem recursos mais ocultos que tocam justamente o que acaba já de escorregar de nossa pluma como relação à verdade: a saber o surgimento da elipse como não sendo indigna do lugar de onde tomam seu nome as verdades ditas superiores. A revolução não é menor por não se referir senão às "revoluções celestes".

Desde esse momento parar aí não tem mais somente o sentido de revogar uma bobagem da tradição religiosa que, vê-se claramente, não vai menos bem, mas de atar mais intimamente o regime do saber ao da verdade.

Pois se a obra de Copérnico, como outros o notaram antes de nós, não é tão copérnica quanto se crê, é nisso que a doutrina da dupla verdade aí oferece ainda abrigo a um saber que até lá cumpre dizê-lo, dava toda a aparência de contentar-se com isso.

Eis-nos portanto conduzidos a essa fronteira sensível da verdade e do saber da qual, afinal de contas, pode-se dizer

-se, permanece fingida (traço bem conhecido do bordel). Como se diz após Sartre, é uma respeitosa: ela não fará *trottoir* em qualquer lugar (nota de 1966).

que nossa ciência, num primeiro contato, parece bem ter retomado a solução de fechá-la.

Se entretanto a história da Ciência ao entrar no mundo, é ainda bastante palpitante para que saibamos que nessa fronteira alguma coisa então se moveu, é talvez aí que a psicanálise se assinala por representar um novo sismo a ocorrer.

Pois retomemos desse viés o serviço que esperamos da fenomenologia de Hegel. É por marcar uma solução ideal, aquela, pode-se dizer, de um revisionismo permanente, em que a verdade está em reabsorção constante no que ela tem de perturbador, não sendo nela mesma senão o que falta à realização do saber. A antinomia que a tradição escolástica punha como principal é aqui suposta resolvida por ser imaginária. A verdade não é mais do que aquilo do qual o saber não pode aprender que ele o sabe senão ao fazer agir sua ignorância. Crise real ou imaginária se resolve, para empregar nossas categorias, por engendrar uma nova forma simbólica. Essa dialética é convergente e vai à conjuntura definida como saber absoluto. Assim como é deduzida, ela só pode ser a conjunção do simbólico com um real do qual nada há mais a esperar. Que é isso? senão um sujeito acabado em sua identidade consigo mesmo. Ao que se lê que esse sujeito está já aí perfeito e que ele é a hipótese fundamental de todo esse processo. Ele é com efeito nomeado como sendo seu substrato, ele se chama o *Selbstbewusstsein*, o ser de si consciente, todo--consciente.

Oxalá assim fosse, mas a história da ciência ela mesma, queremos dizer a nossa e desde que nasceu, se situamos seu primeiro nascimento nas matemáticas gregas, se apresenta antes em desvios que satisfazem muito pouco a esse imanentismo, e as teorias, que não se deixe enganar sobre a questão pela reabsorção da teoria restrita na teoria generalizada, não se ajustam absolutamente segundo a dialética: tese, antítese, e síntese.

Aliás alguns estalidos ao se dar voz bastante confusa nas grandes consciências responsáveis por algumas transformações cardinais na física, não deixam de nos relembrar que, afinal das contas, para esse saber como para outros, é em outra parte que deve soar a hora da verdade.

280

E por que não veríamos que a surpreendente deferência da qual se beneficia o espalhafato psicanalítico na ciência, pode ser devido ao que ela indica como esperança teórica que não seja somente de desordem?

Não falamos, bem entendido, dessa extraordinária transferência lateral, por onde veem se reanimar na psicanálise as categorias de uma psicologia que revigora suas baixas utilizações de exploração social. Pela razão que dissemos, consideramos o destino da psicologia selado sem remissão.

Seja como for, nossa dupla referência ao sujeito absoluto de Hegel e ao sujeito abolido da ciência dá a luz necessária para formular em sua verdadeira medida o dramatismo de Freud: entrada da verdade no campo da ciência, com o mesmo passo com que ela se impõe no campo de sua *práxis*: recalcada, eia aí retorna.

Quem não vê a distância que separa a desgraça da consciência da qual, por mais possante que seja o burilamento em Hegel, pode-se dizer que não é ainda senão suspensão de um saber, do mal-estar da civilização em Freud, mesmo se é só no sopro de uma frase como que renegada que ele nos marca o que, ao lê-lo, não pode se articular de outro modo senão como a relação oblíqua (em inglês dir-se-ia: *skew*) que separa o sujeito do sexo?

Nada pois, em nosso viés para situar Freud, que se ordene da astrologia judiciária onde mergulha o psicólogo. Nada que proceda da qualidade, e mesmo do intensivo, nem de alguma fenomenologia com a qual se possa tranquilizar o idealismo. No campo freudiano, apesar das palavras, a consciência e traço tão caduco ao fundar o inconsciente sobre sua negação (esse inconsciente data de São Tomás) quanto o afeto é inapto a desempenhar o papel do sujeito protopático, posto que é um serviço que aí não possui titular.

O inconsciente, a partir de Freud, é uma cadeia de significantes que em algum lugar (sobre uma outra cena, ele escreve) se repete e insiste para interferir nos cortes que lhe oferece o discurso efetivo e a cogitação que lhe informa.

Nessa fórmula, que só é nossa por ser conforme tanto ao texto freudiano quanto à experiência que ele abriu o termo crucial é o significante, reanimado da retórica antiga pela linguística moderna, numa doutrina cujas etapas não podemos marcar aqui, mas da qual os nomes de Ferdinand de Saussure e de Roman Jakobson indicarão a aurora e a atual culminação, lembrando que a ciência piloto do estruturalismo no Ocidente tem suas raízes na Rússia em que floresceu o formalismo. Genebra 1910, Petrogrado 1920 dizem bastante porque o instrumento faltou a Freud. Mas esse defeito da história só torna mais instrutivo o fato de que os mecanismos descritos por Freud como os do processo primário, onde o inconsciente encontra seu regime, recobrem exatamente as funções que essa escola considera como determinando as vertentes mais radicais dos efeitos da linguagem, principalmente a metáfora e a metonímia, em outros termos os efeitos de substituição e de combinação do significante nas dimensões respectivamente sincrônica e diacrônica em que eles aparecem no discurso.

À estrutura da linguagem uma vez reconhecida no inconsciente, que tipo de sujeito podemos conceber-lhe?

Pode-se aqui tentar, numa preocupação de método, partir da definição estritamente linguística do Eu como significante: onde ele não passa do *shifter* ou indicativo que no sujeito do enunciado designa o sujeito enquanto ele fala no momento.

É dizer que ele designa o sujeito da enunciação, mas que ele não significa. Como é evidente ao fato de que todo significante do sujeito da enunciação pode faltar no enunciado, além de que existem outros que diferem do Eu, e não somente o que se chama insuficientemente os casos da primeira pessoa do singular, mesmo se aí acrescentássemos seu alojamento na invocação plural, e mesmo no *Si* (mesmo)* da autossugestão.

Pensamos por exemplo ter reconhecido o sujeito da enunciação no significante que é o "não" dito pelos gramáticos "não" expletivo**, termo em que se anuncia já a opinião incrível de alguns entre os melhores que consideram essa forma como largada ao capricho. Possa a carga que lhe damos, fazê-lo se

---

* "Soi" em francês (N. da T.)

** "Ne", em francês: Após certos verbos (temor, impossibilidade) em frase afirmativa. Após certos verbos (dúvida, negação) em frase negativa, (cf. *le petit Robert* – dicionário da língua francesa). Em português, toma valor de "não" em frase negativa mas não se emprega em frase afirmativa. De onde: os parênteses. (N. da T.)

corrigirem, antes que *não* se verifique que eles não compreendem nada (retirem esse *não*, minha enunciação perde seu valor de ataque Eu me elidindo no impessoal). Mas receio assim que eles (não) venham a me odiar (passem sobre esse (não) e sua ausência reconduzindo o receio alegado da afirmação de minha repugnância a uma asserção tímida, reduz o acento de minha enunciação ao me situar no enunciado).

Mas se digo "mata" pelo que eles me atacam, onde me situo senão no t(e) com o qual os *meço**?

Não se zanguem, evoco de viés o que sinto repugnância em cobrir com a carta forçada da clínica.

A saber, a justa maneira de responder à questão: Quem fala? quando se trata do sujeito do inconsciente. Pois esta resposta não poderia vir dele, se ele não sabe o que diz, nem mesmo que fala, como a experiência da análise inteiramente no-lo ensina.

Pelo que o lugar do interdito, que é o intra-dito de um entre-dois sujeitos, é o mesmo em que se divide a transparência do sujeito clássico para passar aos efeitos de *fading* one especificam o sujeito freudiano de sua ocultação por um significante cada vez mais puro: que esses efeitos nos conduzem aos confins em que lapso e chiste em sua colusão se confundem, ou mesmo lá onde a elisão é de tal modo mais alusiva a reduzir em sua guarida sua presença, que se espanta que a caça ao *Dasein* não tenha feito mais proveito.

Para que não seja vã nossa caça, a nós analistas, é-nos preciso trazer tudo à função de corte no discurso, a mais forte sendo aquela que faz a barra entre o significante e o significado. Lá se surpreende o sujeito que nos interessa posto que ao atar-se na significação, ei-lo alojado na insígnia do pré-consciente. Pelo que chegar-se-ia ao paradoxo de conceber que o discurso na sessão analítica não vale senão pelo fato de que tropeça ou mesmo se interrompe: se a própria sessão não se instituísse como ruptura dum falso discurso, digamos no que o discurso realiza ao se esvaziar como fala, ao não ser mais do que a moeda de efígie desgastada da qual fala Mallarmé, que se passa de mão em mão "em silêncio".

* No original: "Mais si je dis "tue", pour ce qu'ils m'assomment, où me situé-je sinon dans le tu dont je les toise?" (p. 800) de que propomos a sugestão acima. (N. da T.)

Esse corte da cadeia significante é único ao verificar a estrutura do sujeito como descontinuidade no real. Se a linguística nos promove o significante a que aí se veja o determinante do significado, a análise revela a verdade dessa relação ao fazer dos buracos do sentido os determinantes de seu discurso.

É o caminho em que se realiza o imperativo que Freud leva ao sublime da gnômica pré-socrática: *Wo Es war, soil Ich werden*, que comentamos mais de uma vez e que vamos em seguida fazer compreender diferentemente.

Contentando-nos com um passo em sua gramática: lá onde foi ... que quer dizer? Se não fosse que aquilo que tivesse sido (no aoristo), como chegar lá mesmo para aí me fazer ser, por enunciá-lo agora?

Mas o francês diz: *Là où c'était* ... Utilizemos o favor que ele nos oferece de um imperfeito distinto. Lá onde era no instante mesmo, lá onde era por pouco, entre essa extinção que luz ainda e essa eclosão que esbarra, Eu posso vir a ser por desaparecer de meu dito.

Enunciação que se denuncia, enunciado que se renuncia, ignorância que se dissipa, ocasião que se perde, que resta aqui senão o rastro do que é preciso bem que seja para sucumbir do ser?

Um sonho contado por Freud em seu artigo: *Formulações sobre os dois princípios do acontecer psíquico*[2], nos dá, ligada ao patético pelo qual se sustenta a figura de um pai defunto por aí ser a de uma aparição a frase: Ele não sabia que estava morto.

Da qual já tomamos pretexto para ilustrar a relação do sujeito como significante, por uma enunciação da qual o ser treme da vacilação que lhe retorna de seu próprio enunciado.

Se a figura não subsiste senão do que não se lhe diga a verdade que ela ignora, que fim dá então o *Eu* do qual esta subsistência depende?

Ele não sabia ... Um pouco mais ele sabia, ah! que isso nunca aconteça! Antes que ele saiba, que Eu morra. Sim, é assim que Eu venho lá, lá onde era: quem então sabia que Eu estava morto?

Ser de não-ente, é assim que sucede Eu como sujeito que se conjuga pela dupla aporia de uma subsistência verdadeira

2. *G. W.*, VIII, p. 237-238.

que se abole por seu saber e por um discurso onde é morte que sustenta a existência.

Poremos este ser em balança com aquele que Hegel como sujeito forjou, por ser o sujeito que faz sobre a história o discurso do saber absoluto? Lembramo-nos que ele nos confia ter experimentado a tentação da loucura. E nossa via não é aquela que a supera, por ir até a verdade da vanidade desse discurso?

Não antecipemos aqui nossa doutrina da loucura. Pois essa excursão escatológica, não está aí senão para designar de qual hiância se separam, a freudiana da hegeliana, essas duas relações do sujeito com o saber.

É que não há raiz mais segura do que os modos pelos quais se distingue a dialética do desejo.

Pois em Hegel, é ao desejo, à *Begierde*, que é entregue a carga desse mínimo de ligação que é preciso que guarde o sujeito ao antigo conhecimento, para que a verdade seja imanente à realização do saber. A astúcia da razão significa que o sujeito desde a origem e até o fim sabe o que quer.

É aí que Freud reabre a mobilidade de onde saem as revoluções, a junção entre verdade e saber.

O biologismo de Freud nada tem a ver com essa abjeção pregatória que nos chega por baforadas da oficina psicanalítica.

E era preciso fazer-lhes viver o instinto de morte que aí se abomina, para metê-los no tom da biologia de Freud. Pois eludir o instinto de morte de sua doutrina, é desconhecê-la absolutamente.

Do acesso que lhes preparamos, reconheçam na metáfora do retorno ao inanimado com o qual Freud afeta todo corpo vivo, essa margem para além da vida que a linguagem assegura ao ser pelo fato de que fala, e que é justamente aquela em que esse ser engaja em posição de significante, não somente o que aí se presta de seu corpo por ser permutável, mas esse próprio corpo. Onde aparece portanto que a relação do objeto com o corpo não se define absolutamente como de uma identificação parcial que teria que aí se totalizar, posto que ao contrário esse objeto é o protótipo da significância do corpo como o em-jogo do ser.

Levantamos aqui a luva do desafio que nos lançam para traduzirmos pelo nome de instinto o que Freud chama de

Trieb: o que *drive* traduziria bastante bem em inglês, mas que se evita, e pelo qual a palavra *derive* seria em francês nosso recurso de desespero, tio caso em que não conseguíssemos dar à bastardia da palavra impulso seu ponto de impressão.

E daí insistimos em promover que, fundado ou não na observação biológica, o instinto entre os modos de conhecimento que a natureza exige do vivente para que ele satisfaça as suas necessidades, se define como esse conhecimento que se admira por não poder ser um saber. Mas outra coisa é aquilo de que se trata em Freud, que é bem um saber, mas um saber que não comporta o menor conhecimento, por estar inscrito num discurso, do qual, assim como o escravo-mensageiro do uso antigo, o sujeito que traz sob sua cabeleira o codicilo que o condena à morte, não conhece nem o sentido nem o texto, nem em que língua está escrito, nem mesmo que lho tatuaram sobre seu couro raspado enquanto dormia.

Esse apólogo não força muito a nota do pouco de fisiologia que o inconsciente implica.

Apreciá-lo-ão na contraprova da contribuirão que a psicanálise trouxe à fisiologia desde que ela existe: essa contribuição é nula, mesmo no que concerne os órgãos sexuais. Nenhuma fabulação prevalecerá contra esse balanço.

Fois a psicanálise implica, bem entendido, o real do corpo e do imaginário de seu esquema mental. Mas para reconhecer seu alcance na perspectiva que aí se autoriza do desenvolvimento, é preciso antes observar que as integrações mais ou menos parcelares que parecem fazer o arranjo deles, aí funcionam antes de mais nada como os elementos de uma heráldica, de um brasão do corpo. Como isso se confirma no uso que se faz para se ler os desenhos infantis.

Esse é o princípio, voltaremos a falar nisso, do privilégio paradoxal, que permanece sendo o do falo na dialética inconsciente, sem que baste para explicá-lo a teoria produzida do objeto parcial.

É-nos preciso dizer agora que se concebemos qual tipo de apoio procuramos em Hegel para criticar uma degradação da psicanálise tão inepta que ela não encontra outra razão ao interesse senão a de ser de hoje, é inadmissível que se nos impute ser enganado por uma exaustão puramente dialética do ser, e que não poderíamos considerar tal filósofo[3] como irresponsável por autorizar esse mal-entendido.

Pois longe de ceder a uma redução logicizante, lá onde se trata do desejo, encontramos na sua irredutibilidade à demanda a mola mesma do que impede igualmente de reduzi-lo à necessidade. Para dizê-lo eliticamente: que o desejo seja articulado, é justamente por isso que ele não é articulável. Entendemo-lo: no discurso que lhe convém, ético e não psicológico.

É-nos preciso desde então impulsionar mais longe diante dos auditores a topologia que elaboramos para nosso ensino nesse último lustro, ou seja introduzir um certo gráfico do qual prevenimos que ele não assegura senão o emprego entre outros que dele vamos fazer, tendo sido construído e aperfeiçoado a céu aberto para localizar em seu escalonamento a estrutura mais amplamente prática dos dados de nossa experiência. Ele nos servirá aqui para apresentar onde se situa o desejo em relação com um sujeito definido graças a sua articulação pelo significante.

Eis o que se poderia dizer ser sua célula elementar (cf. Gráfico 1). Aí se articula o que chamamos o estofo (*point de capiton*) pelo qual o significante detém o deslizamento de outro modo indefinido da significação.

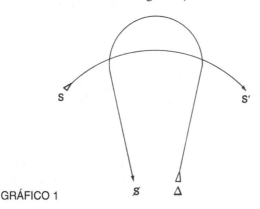

GRÁFICO 1

---

3. Trata-se do amigo que nos convidou a esse colóquio, após ter alguns meses antes, deixado parecer as reservas que tomava de sua ontologia pessoal contra os "psicanalistas" segundo ele demasiado voltados para o hegelianismo, como se algum outro nos oferecesse um ponto de apoio nessa coletividade.

287

Supõe-se que a cadeia significante é suportada pelo vetor
S . S̄. Sem nem mesmo entrar na fineza da direção retrógrada
em que se produz seu cruzamento redobrado pelo vetor Δ . S̄,
que somente nesse último se vê o peixe que ele engancha,
menos próprio a figurar o que furta à apreensão em seu nado
vivo do que a intenção que se esforça em afogá-lo na onda
do pre-texto, a saber a realidade que se imagina no esquema
etológico do retorno da necessidade.

A função diacrônica desse estofo deve encontrar-se
(*point de capiton*) na frase, na medida em que ela não cinge
sua significação senão com seu último termo, cada termo
estando antecipado na construção dos outros, e inversamente selando seu sentido por seu efeito retroativo.

Mas a estrutura sincrônica é mais escondida, e é ela que
nos traz à origem. É a metáfora enquanto nela se constitui a
atribuição primeira, aquela que promulga "o cão fazer miau,
o gato au-au", pelo qual a criança de um só golpe, desconec-
tando a coisa de seu grito, eleva o signo à função do significante, e a realidade à sofistica da significação, e, por desprezo
à verossimilhança, abre a diversidade das objetivações por
verificar, da mesma coisa.

Essa possibilidade exige a topologia de um jogo de quatro cantos? Eis o gênero de questão pelo qual não se dá nada
e que pode porém causar uma certa algazarra, se dele deve
depender a construção subsequente.

Poupar-lhes-emos as etapas dando-lhes de cara a função
dos dois pontos de cruzamento nesse gráfico primário. Um,
conotado O, é o lugar do tesouro do significante, o que não
quer dizer do código, pois não se conserva aí a correspondência unívoca de um signo a alguma coisa, mas que o significante se constitui apenas por uma reunião sincrônica e
enumerável em que cada um se sustenta apenas pelo princípio
de sua oposição a cada um dos outros. Outro, conotado s(O),
é o que se pode chamar de pontuação em que a significação
se constitui como produto acabado.

Isso no desandar de páginas de seu diário jogadas ao vento (por
acaso sem dúvida) que lhes tinham arrancado.

Ao que lhe fizemos considerar que, para aí interessar essa sua ontologia dos termos mesmos divertidos com que ele a veste em bilhetes fa-

miliares, achávamos o procedimento, "seguramente não, mas talvez" destinado a extraviar os espíritos.

Observemos a dissimetria de um que é um lugar (mais situação do que espaço) ao outro que é um momento (escansão mais do que duração).

Todos os dois participam dessa oferta ao significante que constitui o buraco no real, um como oco de receptação, o outro como perfuração para a saída.

A submissão do sujeito ao significante, que se produz no circuito que vai de s(O) a O para voltar de O a s(O), é propriamente um círculo com a condição de que a asserção que aí se instaura, por não se fechar sobre nada mais do que sua própria escansão, em outras palavras por falta de um ato em que ela encontraria sua certeza, não remeta senão à sua própria antecipação na composição do significante, em si mesma insignificante.

A quadratura desse círculo, para ser possível, exige apenas a completude da bateria significante instalada em O, simbolizando desde então o lugar do Outro. Ao que se vê que esse Outro não é nada mais do que o puro sujeito da moderna estratégia dos jogos, como tal perfeitamente acessível ao cálculo da conjectura, contanto que o sujeito real, para aí reger o seu, não tem aí que tomar em consideração nenhuma aberração dita subjetiva no sentido comum, isto é psicológica, mas somente da inscrição de uma combinatória cuja exaustão é possível.

Essa quadratura é entretanto impossível, mas somente pelo fato de que o sujeito não se constitui senão ao subtrair--se-lhe e a descompletá-la essencialmente para ao mesmo tempo dever contar-se e somente funcionar como falta*.

O Outro como sede prévia do puro sujeito do significante, aí ocupa posição mestra, antes mesmo de chegar à existência, para dizê-lo com Hegel e contra ele, como Senhor absoluto. Pois o que é omitido no achatamento da moderna teoria da informação, é que só se pode mesmo falar de código se é já o código do Outro, ora é bem de outra coisa que se trata na mensagem, posto que por ele que o sujeito se cons-

---

* "manque" no original. (N. da T.)

titui, pelo que é do Outro que o sujeito recebe mesmo a mensagem que emite. E são justificadas as notações O e s(O).

Mensagens de código e códigos de mensagem se distinguirão em formas puras no sujeito da psicose, aquele que se contenta desse Outro prévio.

Observemos, entre parênteses, que esse Outro distinguido como lugar da Fala, não se impõe menos como testemunha da Verdade. Sem a dimensão que ele constitui, o embuste da Fala não se distinguiria do fingimento que, na luta combativa ou na cerimônia sexual, é entretanto bem diferente. Estendendo-se na captura imaginária, o fingimento se integra no jogo de aproximação e de ruptura constituindo a dança originária, em que essas duas situações vitais encontram sua escansão, e os parceiros que aí se ordenam, o que ousaremos escrever sua dancidade. O animal, de resto, se mostra capaz disso quando encurralado; ele chega a despistar fingindo uma retirada que é de mentira. Isso pode ir tão longe a ponto de sugerir na presa a nobreza de honrar o que há de cerimônia na caça. Mas um animal não finge fingir. Ele não deixa rastros cujo embuste consistiria em fazer-se tomar por falsas, sendo verdadeiras, isto é, aqueles que dariam a boa pista. Tampouco ele não as apaga, o que seria já para ele se fazer sujeito do significante.

Tudo isso foi articulado apenas de maneira confusa por filósofos entretanto profissionais. Mas é claro que a Fala só começa com a passagem do fingimento à ordem do significante, e que o significante, exige um outro lugar, – o lugar do Outro, o Outro testemunha, a testemunha Outro diferente de todos os parceiros, – para que a Fala que suporta possa mentir, isto é, colocar-se como Verdade.

Assim é de um lugar outro que o da Realidade a que concerne que a Verdade tira sua garantia: é da Fala. Como é dela que ela recebe essa marca que a institui em uma estrutura de ficção.

O dito primeiro decreta, legifera, aforisa, é oráculo, confere ao outro real sua obscura autoridade.

Tomem somente um significante como insígnia dessa toda potência, o que quer dizer desse poder todo em potência, desse nascimento da possibilidade, e terão o traço unário que, por cumular a marca invisível que o sujeito recebe do significante, aliena esse sujeito na identificação primeira que forma o ideal do *Ego*.

O que inscreve a notação i(o) que devemos substituir nessa fase ao $, S barrado do vetor retrógado, fazendo-no-lo transportar de sua ponta a seu ponto de partida (cf. Gráfico 2).

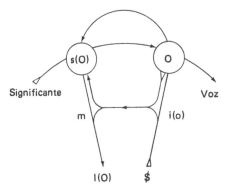

GRÁFICO 2

Efeito de retroversão através do qual o sujeito em cada etapa se torna o que era como antes e não se anuncia: terá sido, – senão no futuro anterior.

Aqui se insere a ambiguidade de um desconhecer essencial ao me conhecer. Pois tudo aquilo de que o sujeito pode assegurar-se, nessa retrovisão, é vindo à seu encontro, a imagem, antecipada, que tomou de si-próprio em seu espelho. Não retomaremos aqui a função de nossa "fase do espelho", ponto estratégico primeiro erigido por nós em objeção ao favor concedido na teoria ao pretenso *Ego autônomo*, cuja restauração acadêmica justificava o contrassenso proposto de seu reforço numa cura doravante desviada em direção a um sucesso adaptativo: fenômeno de abdicação mental, ligado ao envelhecimento do grupo na diáspora da guerra, e redução de uma prática eminente a uma etiqueta própria à exploração do *American way of life*[4].

Seja como for, o que o sujeito encontra nessa imagem alterada de seu corpo, é o paradigma de todas as formas da

---

4. Conservamos esse parágrafo apenas como placa comemorativa de uma batalha superada (nota de 62: onde estávamos com a cabeça?).

semelhança que vão trazer sobre o mundo dos objetos uma coloração de hostilidade ao projetarem aí o avatar da imagem narcisista, que, pelo efeito jubilatório de seu encontro no espelho, se torna, na confrontação com o semelhante, o escoadouro da mais íntima agressividade.

É esta imagem que se fixa, *Ego* ideal, do ponto em que o sujeito se detém como ideal do *Ego*. O *Ego* é, desde então, função de controle, jogo de prestância, rivalidade constituída. Na captura que sofre de sua natureza imaginária, ele mascara sua duplicidade, a saber que a consciência onde ele se assegura de uma existência incontestável (ingenuidade que se espalha na meditação de um Fénelon) não lhe é absolutamente imanente, mas, ao contrário, transcendente, posto que se suporta por um traço unário do ideal do *Ego* (o que o *cogito* cartesiano não desconhece)[5]. Pelo que o próprio *Ego** transcendental se acha relativizado, implicado que está no desconhecimento em que se inauguram as identificações do *Ego*.

Esse processo imaginário que da imagem especular vai à constituição do *Ego* sobre o caminho da subjetivação pelo significante, está significado em nosso gráfico pelo vetor $\overrightarrow{i(o) \cdot m}$ numa única direção, mas articulado duplamente, uma primeira vez em curto-circuito sobre $\overrightarrow{\mathcal{S} \cdot I(o)}$, uma segunda vez em via de retorno sobre $\overrightarrow{s(o) \cdot O}$. O que mostra que o *Ego* só se acaba ao ser articulado não como Eu do discurso, mas como metonímia de sua significação (o que Damourette e Pichon tomam como a pessoa "rica"** que opõem à pessoa sutil; esta última não é senão a função acima designada como *shifter*).

A promoção da consciência como essencial ao sujeito na sequela histórica do *cogito* cartesiano, é para nós a acentuação enganadora da transparência do Eu em ato às custas da opacidade do significante que o determina, e o deslizamento pelo qual o *Bewusstsein* serve para cobrir a confusão do *Selbst*, vem justamente na *Fenomenologia do espírito*, demonstrar, do rigor de Hegel, a razão de seu erro.

O movimento mesmo que desloca o fenômeno do espírito em direção à relação imaginária com o outro (com o

---

5. Os parênteses aqui acrescentados, apontando os desenvolvimentos sobre a identificação, posteriores (1962).
* *ego* no original. (N. da T.)
** *étoffée* no original. (N. da T.)

outro, isto é, com o semelhante a conotar com um o minúsculo), clarifica seu efeito: a saber a agressividade que se transforma no fiel da balança em torno de que vai se decompor o equilíbrio do semelhante com o semelhante nessa relação do Senhor com o Escravo, prenhe por todas as astúcias por onde a razão vai aí fazer caminhar seu reino impessoal.

Essa servidão inaugural dos caminhos da liberdade, mito, sem dúvida, mais do que gênese efetiva, podemos aqui mostrar o que ela esconde precisamente por tê-la revelado como nunca dantes.

A luta que o instaura, é bem dita de puro prestígio, e o em-jogo, vai aí pela vida, bem feito para fazer eco a esse perigo da prematuração genérica do nascimento, ignorado por Hegel e do qual fizemos a mola dinâmica da captura especular.

Mas a morte, justamente por ser puxada à função do em-jogo – aposta mais honesta do que a de Pascal embora se trate também de um pôquer, visto que aqui o relançamento é limitado, – mostra ao mesmo tempo o que é elidido de uma regra prévia assim como do regulamento conclusivo. Pois é bem preciso no final das contas que o vencido não pereça para que ele se converta em escravo. Em outros termos, o pacto é em toda parte prévio à violência antes de perpetuá-la, e o que chamamos de simbólico domina o imaginário, no que pode-se perguntar se o assassinato é bem o Senhor absoluto.

Pois não basta decidir por seu efeito: a Morte. Trata-se ainda de saber que morte[6], aquela que a vida traz ou aquela que a traz.

Sem imputar prejudicialmente à dialética hegeliana uma constatação de carência, desde há muito levantada sobre a questão do laço da sociedade dos senhores, só queremos sublinhar aqui o que, a partir de nossa experiência, salta aos olhos como sintomático, isto é come instalação no recalcamento. É propriamente o tema da Astúcia da razão cujo erro acima designado não diminui o alcance de sedução. O trabalho, ele no-lo diz, ao qual se submeteu o escravo ao renunciar ao gozo por temor da morte, será justamente a via pela

6. Aí também, referência ao que professamos em nosso seminário sobre a Ética da psicanálise (1959-60, a ser publicado) sobre a segunda morte. Aceitamos com Dylan Thomas que não existam duas. Mas então o Senhor absoluto é bem a única que, resta?

qual ele realizará a liberdade. Não há engano mais manifesto politicamente, e ao mesmo tempo psicologicamente. O gozo é fácil ao escravo e ele deixará o trabalho servo.

A astúcia da razão seduz pelo que aí ressoa de um mito individual muito conhecido do obsessivo, do qual sabe-se que a estrutura não é rara na *intelligentzia*. Mas por pouco que este escape à má fé do professor, ele só se engana muito dificilmente sobre o fato de que seja seu trabalho que deva lhe dar acesso ao gozo. Prestando uma homenagem propriamente inconsciente à história escrita por Hegel, ele encontra frequentemente seu álibi na morte do Senhor. Mas o que dessa morte? Simplesmente ele a espera.

Na verdade é do lugar do Outro onde se instala, que ele segue o jogo tornando todo risco inoperante, especialmente o de todo ajuste, numa "consciência-de-si" para a qual só há morte de brincadeira.

Assim, que os filósofos não acreditem poder desfazer-se sem mais da irrupção que foi a Fala de Freud, no tocante ao desejo.

E isso sob o pretexto de que a demanda, com os efeitos da frustração, submergiu tudo do que lhes chega de uma prática caída numa banalidade educativa que não eleva nem mesmo mais suas branduras.

Sim, os traumatismos enigmáticos da descoberta freudiana não passam mais de vontades recolhidas. A psicanálise se alimenta da observação da criança e do infantilismo das observações. Dispensemos os relatórios, todos por mais que sejam, tão edificantes.

E tais que o humor aí nunca entra em jogo.

Seus autores estão aqui em diante demasiado preocupados por uma posição de honradez, para aí tomarem, ainda o mínimo em conta, o lado irremediavelmente extravagante que o inconsciente mantém de suas raízes linguísticas.

Impossível entretanto àqueles que pretendem que seja pela acolhida feita à demanda que se introduz a discordância nas necessidades supostas na origem do sujeito, negligenciar o fato de que não há demanda que não passe de um modo qualquer pelos desfiladeiros do significante.

E se o *ananké* somático da impotência do homem ao mover-se, *à fortiori* a bastar-se, um tempo após seu nascimento, assegura seu solo a uma psicologia da dependência, como elidiria esta o fato de que essa dependência é mantida por um universo de linguagem, justamente nisso que por e através dele, as necessidades se diversificaram e se aplicaram ao ponto de que o seu alcance aparece como sendo de ordem completamente outra, segundo se refira ao sujeito ou à política? Para dizê-lo: ao ponto em que essas necessidades tenham passado para o registro do desejo, com tudo o que ele nos impõe confrontar a nossa nova experiência, seus paradoxos de sempre para o moralista, essa marca de infinito que aí encontram os teólogos, e mesmo a precariedade de seu estatuto, assim como ela se anuncia no *dernier cri* de sua fórmula, lançada por Sartre: o desejo, paixão inútil.

O que a psicanálise nos demonstra concernente ao desejo em sua função, que se pode dizer a mais natural visto que é dela que depende a conservação da espécie, não é somente que ele se submeta em sua instância, sua apropriação, sua normalidade para dizer a verdade, aos acidentes da história do sujeito (noção do traumatismo como contingência), é antes porque tudo isso exige o concurso de elementos estruturais que, por intervirem, passam muito bem sem esses acidentes, e cuja incidência desarmônica, inesperada, difícil de reduzir, parece bem deixar à experiência um resíduo que pôde arrancar de Freud a confissão de que a sexualidade devia trazer o rastro de uma rachadura pouco natural.

Enganar-nos-íamos ao crer que o mito freudiano do Édipo liquide nesse ponto a teologia. Pois não basta agitar o fantoche da rivalidade sexual. E conviria de preferência aí ler o que em suas coordenadas Freud impõe à nossa reflexão; pois elas voltam à questão de onde ele próprio partiu: o que é um Pai?

– É o Pai morto, responde Freud, mas ninguém o escuta, e quanto ao que Lacan retoma sob o título do Nome-do-Pai, pode-se lamentar que uma situação pouco científica o deixe sempre privado de sua audiência normal[7].

---

7. Que tenhamos trazido esse traço a esta época, mesmo se em termos mais vigorosos, nesse desvio, toma valor de encontro marcado de que seja precisamente sobre o Nome-do-Pai que tenhamos três anos mais tarde tomado a sanção de pôr em banho-maria as teses que tínhamos prometido em nosso ensino, por causa da permanência dessa situação.

A reflexão analítica girou porém vagamente em torno do desconhecimento problemático em certos primitivos da função do genitor, e mesmo aí se debateu, sob a égide do contrabando do "culturalismo", sobre as formas de uma autoridade, da qual não se pode mesmo dizer que algum setor da antropologia aí tenha trazido uma definição de qualquer amplitude.

Ser-nos-á preciso que sejamos alcançados pela prática que tomará, talvez, num tempo fora de uso, se inseminar artificialmente as mulheres em sedição fálica com o esperma de um grande homem, para tirar de nós, sobre a função paternal, um veredicto?

O Édipo porém não poderia manter indefinidamente o cartaz nas formas de sociedade onde se perde cada vez mais o sentido da tragédia.

Partamos da concepção do Outro como do lugar do significante. Todo enunciado de autoridade aí só tem como garantia sua própria enunciação, pois é inútil que ele o procure num outro significante, o qual de modo algum não poderia aparecer fora desse lugar. O que formulamos ao dizer que não há metalinguagem que possa ser falada, mais aforisticamente: não há Outro do Outro. É como impostor que se apresenta para aí substituir-se, o Legislador (aquele que pretende erigir a Lei).

Mas não a Lei ela mesma, tampouco aquele que dela se apodera.

Que dessa autoridade da Lei, o Pai possa ser considerado como o representante original, eis que exige especificar sob qual modo privilegiado de presença ele se sustenta para além do sujeito que é levado a ocupar realmente o lugar do Outro, a saber da Mãe. A questão é pois retrocedida.

Parecerá estranho que, abrindo-se lá o espaço desmesurado que implica toda demanda: de ser petição do amor, não deixemos mais folguedo à dita questão.

Mas a concentremos sobre o que se fecha no aquém, pelo próprio efeito da demanda, para dar propriamente o lugar do desejo.

É na verdade muito simplesmente, e vamos dizer em que sentido, como desejo do Outro que o desejo do homem encontra forma, mas antes ao guardar somente uma opacidade subjetiva para aí representar a necessidade.

Opacidade da qual vamos dizer por que viés ela faz de certa maneira a substância do desejo.

O desejo se esboça na margem em que a demanda se destaca da necessidade: essa margem sendo aquela que a demanda, cujo apelo só pode ser incondicional no lugar de Outro, abre sob a forma do defeito possível que aí pode trazer a necessidade, por não ter satisfação universal (o que se chama: angústia). Margem que, por mais linear que seja, deixa aparecer sua vertigem, por pouco que não esteja recoberta pelo pisoteio de elefante do capricho do Outro. É esse capricho entretanto que introduz o fantasma da Toda-potência não do sujeito, mas do Outro onde se instala a sua demanda (seria tempo que esse clichê imbecil fosse, de uma vez por todas, e por todos, recolocado no devido lugar), e com esse fantasma a necessidade de seu refreamento pela Lei.

Mas detemo-nos aí ainda para voltar a falar do estatuto do desejo que se apresenta como autônomo em relação a essa mediação da Lei, pela razão que é do desejo que ela se origina, no fato de que por uma simetria singular, ele inverte o incondicional da demanda de amor, onde o sujeito permanece na sujeição do Outro, para levá-lo à potência da condição absoluta (onde o absoluto quer dizer também desprendimento).

Para o ganho obtido sobre a angústia em favor da necessidade, esse desprendimento é bem sucedido desde seu mais humilde modo, aquele sob o qual tal psicanalista o entreviu em sua prática da criança, denominando-o: o objeto transicional, em outras palavras: o pedaço de pano, o caco querido que não abandonam mais o lábio, nem a mão.

Digamo-lo, não passa de emblema; o representante da representação na condição absoluta, está no seu lugar no inconsciente, onde ele causa o desejo segundo a estrutura da phantasia que dele vamos extrair.

Pois aí se vê que a nesciência em que permanece o homem de seu desejo é menos nesciência do O que ele demanda, que pode afinal das contas se cingir, do que nesciência de onde ele deseja.

E é a que responde nossa fórmula de que o inconsciente é o discurso do Outro, onde é preciso entender o de no sentido do *de* latim (determinação objetiva): *de Alio in oratione* (terminem: *tua res agitur*).

Mas também acrescentando a isso que o desejo do homem é o desejo do Outro, onde o de dá a determinação dita pelos gramáticos subjetiva, a saber que é como Outro que ele deseja (o que dá o verdadeiro alcance da paixão humana).

Eis por que a questão *do* Outro que retorna ao sujeito do lugar onde ele espera um oráculo, sob a fórmula de um: *Che vuoi?* que queres? é aquela que conduz melhor ao caminho de seu próprio desejo, – se ele se põe, graças ao *savoir-faire* de um parceiro chamado psicanalista, a retomá-la, mesmo não o sabendo direito, no sentido de um: O que quer ele de mim?

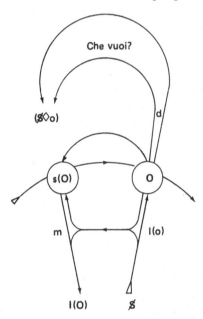

GRÁFICO 3

É esse escalão sobre-imposto da estrutura que vai levar nosso gráfico, (cf. Gráfico 3) à sua forma completada, por aí se introduzir primeiro como o desenho de um ponto de interrogação plantado no círculo do O maiúsculo do Outro, simbolizando com uma homografia desarmante a questão que ele significa.

De que frasco é isso o abridor? De que resposta o significante, chave universal?

Notemos que um índice pode ser encontrado na clara alienação que deixa ao sujeito o favor de tropeçar sobre a questão de sua essência, na medida em que ele pode não desconhecer que o que ele deseja se lhe apresenta como o que não quer, forma assumida da denegação em que se insere singularmente o desconhecimento por ele mesmo ignorado, porque transfere e permanência de seu desejo a um *Ego* entretanto evidentemente intermitente, e inversamente se protege de seu desejo atribuindo-lhe essas intermitências mesmas.

Claro que se pode surpreender diante da extensão do que é acessível à consciência-de-si, com a condição de que se o tenha aprendido alhures.

Pois para reencontrar de tudo isso a pertinência, é preciso que um estudo bastante avançado, e que só pode se situar na experiência analítica, nos permita completar a estrutura da phantasia nela ligando essencialmente, quaisquer que sejam as elisões ocasionais, com a condição de um objeto (que apenas roçamos acima pela diacronia no privilégio), o momento de um *fading* ou eclipse do sujeito, estreitamente ligado à *Spaltung* ou escisão que sofre por sua subordinação ao significante.

É o que simboliza a sigla ($\lozenge$o) que introduzimos, na qualidade de algoritmo que não é por casualidade que rompe o elemento fonemático que constitui a unidade significante até seu átomo literal. Pois ele é feito para permitir vinte e cem leituras diferentes, multiplicidade admissível tão longe quanto o falado permanece tomado em sua álgebra.

Esse algoritmo e seus análogos utilizados no gráfico não desmentem na verdade, de maneira alguma, o que dissemos sobre a impossibilidade de uma metalinguagem. Não são significantes transcendentes; são os índices de uma significação absoluta, noção que, sem outro comentário, parecerá, esperamo-lo, apropriada à condição da phantasia.

Sobre a phantasia assim colocada, o gráfico inscreve que o desejo se rege, homólogo ao que vai do *Ego* com respeito à imagem do corpo, com a diferença de que ele marca ainda a inversão dos desconhecimentos em que se fundam respectivamente um e outro. Assim se fecha a via imaginária, pela qual devo na análise advir, lá onde o inconsciente *se* estava.

Digamos, para utilizarmos a metáfora de Damourette e Pichon sobre o *Ego* gramatical aplicando-a a um sujeito ao qual ela é mais destinada, que a phantasia é propriamente o tecido desse Eu que se encontra primordialmente recalcado, por ser indicável apenas no *fading* da enunciação.

Eis agora, com efeito, nossa atenção solicitada pelo estatuto subjetivo da cadeia significante no inconsciente, ou melhor no recalcamento primordial (*Urverdrängung*).

Concebe-se melhor em nossa dedução que se tenha preciso interrogar-se sobre a função que suporta o sujeito do inconsciente, de perceber que seja difícil designá-lo, em parte alguma, como sujeito de um enunciado, portanto como articulando-o, quando ele não sabe nem mesmo que fala. De onde o conceito do impulso onde se o designa por uma localização orgânica, oral, anal, etc., que satisfaz essa exigência por estar tanto mais distante do falar quanto mais ele fala.

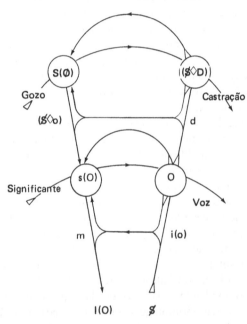

GRÁFICO COMPLETO

Mas se nosso gráfico completo nos permite colocar o impulso como tesouro dos significantes, sua notação como ($%◊D$) mantém sua estrutura ligando-a à diacronia. Ela é o que advém da demanda quando o sujeito aí se dissipa. Que a demanda desapareça também, isso decorre naturalmente, com a diferença que permanece o corte, pois este último permanece presente no que distingue o impulso da função orgânica que ela habita: a saber seu artifício gramatical, tão manifesto nas reversões de sua articulação à fonte como ao objeto (Freud sobre isso é inesgotável).

A própria delimitação da "zona erógena" que o impulso isola do metabolismo da função (o ato da devoração interessa outros órgãos além da boca, perguntem ao cão de Pavlov) é o fato de um corte que é favorecido pelo traço anatômico de uma margem ou de uma borda: lábios, "recinto dos dentes", margem do ânus, sulco peniano, vagina, fenda palpebral, e mesmo corneta da orelha (evitamos aqui as precisões embriológicas). A erogeneidade respiratória está mal estudada, mas é evidentemente pelo espasmo que ela entra em jogo.

Observemos que o traço do corte não é menos evidentemente prevalecente no objeto que descreve a teoria analítica: mamilo, cíbalo, falo (objeto imaginário), fluxo urinário. (Lista impensável, se não se acrescenta conosco o fonema, o olhar, a voz, – o nada.) Pois não se vê que o traço: parcial, justamente sublinhado nos objetos, não se aplica ao fato de que sejam parte de um objeto total que seria o corpo, mas ao fato de que representam apenas parcialmente a função que os produz.

Um traço comum a esses objetos em nossa elaboração: eles não têm imagem especular, em outros termos alteridade[8]. É o que lhes permite ser o "tecido" ou melhor o forro, sem ser por isso o avesso, do sujeito mesmo, que se toma pelo sujeito da consciência. Pois esse sujeito que crê poder aceder a si próprio ao se designar no enunciado, não passa de um tal objeto. Questionem o angustiado da página branca, ele lhes dirá quem *ê* o excremento de sua phantasia.

É a esse objeto inacessível ao espelho que a imagem especular dá sua vestimenta. Presa tomada nas redes da sombra, e que, roubada de seu volume enchendo a sombra, arma o logro fatigado desta última com um ar de presa.

O que o gráfico nos propõe agora se situa no ponto em que toda cadeia significante se honra em cingir sua signifi-

8. O que justificamos a partir de um modelo topológico emprestado à teoria das superfícies no *analysis situs* (nota de 1962).

cação. Se é preciso esperar um tal efeito da enunciação inconsciente, é aqui em S(ϕ), e lê-lo: significante de uma falta no Outro, inerente à sua função mesma de ser o tesouro do significante. Isso na medida em que o Outro é requerido (*che vuoi*) a responder do valor desse tesouro, isto é a responder, naturalmente de seu lugar na cadeia inferior, mas nos significantes constituintes da cadeia superior, em outras palavras, em termos de impulso.

A falta de que se trata é bem o que já formulamos: que não há Outro do Outro. Mas esse traço do Sem-Fé da verdade, é bem isso a última palavra que valha a pena dar, à questão: que quer de mim o Outro?, sua resposta, quando nós, analista, somos seu porta-voz? – Certamente que não, e justamente nisso que nosso ofício nada tem de doutrinal. Não temos de responder por nenhuma verdade última, especialmente nem pró nem contra religião alguma.

É muito já que aqui devamos colocar, no mito freudiano, o Pai morto. Mas um mito não se basta por não suportar nenhum rito, e a psicanálise não é o rito do Édipo, observação a desenvolver posteriormente.

Sem dúvida o cadáver é bem um significante, mas o túmulo de Moisés é tão vazio para Freud quanto o do Cristo para Hegel. Abraão a nenhum deles confiou seu mistério.

Quanto a nós, partiremos do que a sigla S(ϕ)) articula, por ser primeiro um significante. Nossa definição do significante (não há outra) é: um significante é o que representa o sujeito para um outro significante. Esse significante será pois o significante para o qual todos os outros significantes representam o sujeito: é dizer que por falta desse significante, todos os outros não representariam nada. Posto que nada não é representado senão para.

Ora, a bateria dos significantes, na medida em que ela é, sendo por isso mesmo completa, esse significante só pode ser um traço que se traça de seu círculo sem poder aí contar. Simbolizável pela inerência de um (-1) ao conjunto dos significantes.

Ele é como tal impronunciável, mas não sua operação, pois ela é o que se produz cada vez que um nome próprio é pronunciado. Seu enunciado se iguala à sua significação.

De onde resulta que ao calcular esta última, segundo a álgebra que utilizamos, a saber:

$$\frac{S\,(\text{significante})}{s\,(\text{significante})} = s\,(\text{o enunciado}), \text{com } S = (-1)$$

tem-se: $s = \sqrt{-1}$.

É o que falta ao sujeito para se pensar esgotado por seu *cogito*, a saber o que há de impensável. Mas de onde provém esse ser que aparece de certo modo em falta no mar dos nomes próprios?

Não podemos perguntá-lo a esse sujeito enquanto Eu. Para sabê-lo falta-lhe tudo, posto que se esse sujeito, Eu estivesse morto, nós o dissemos, ele não o saberia. Que ele não me sabe portanto vivo. Como portanto m'o provarei-Eu?

Pois posso no máximo provar ao Outro que ele existe, não evidentemente com as provas da existência de Deus com que os séculos o matam, mas mando-o, solução trazida pelo kerigma cristão.

É de resto uma solução demasiado precária para que pensemos mesmo em fundar nela um desvio para o que é nosso problema, a saber: Que sou-Eu?

Eu estou no lugar de onde se vocifera que "o universo é um defeito na pureza do Não-Ser".

E isso não sem razão, pois ao se proteger, esse lugar faz esmorecer o próprio Ser. Ele se chama Gozo, e é ele cuja falta tornaria vão o universo.

Sou eu portanto o encarregado? – Sim, sem dúvida. Esse gozo cuja falta torna o Outro inconsistente, é portanto o meu? A experiência prova que ele me é ordinariamente proibido, e isso não somente, como o pensariam os imbecis, por um mau arranjo da sociedade, mas eu diria por culpa do Outro se ele existisse: o Outro não existindo, só me resta tomar a culpa sobre Eu, isto é, a crer nisso a que a experiência nos conduz todos, Freud em primeiro lugar: no pecado original. Pois mesmo se não tivéssemos de Freud a confissão expressa tanto quanto sentida, permaneceria que o mito, último--nascido na história, que devemos à sua pluma, não pode servir a nada mais do que o da maçã maldita, com a diferença que não vem a seu ativo de mito, que, mais sucinto, é sensivelmente menos cretinizante.

Mas o que não é mito, e que Freud formulou entretanto tão cedo quanto o Édipo, é o complexo de castração.

Encontramos nesse complexo a mola mestra da subversão mesma que tentamos aqui articular com sua dialética. Pois propriamente desconhecido até Freud, que o introduz na formação do desejo, o complexo de castração não pode mais ser ignorado por pensamento algum sobre o sujeito.

Na psicanálise, sem dúvida, longe de se ter tentado levar mais longe a sua articulação, é bem precisamente a não explicar que se dedicou. Eis por que esse grande corpo, qual um Sansão, é reduzido a girar a mó para os filisteus da psicologia geral.

Seguramente há aí o que se chama um osso. Para ser justamente o que se afirma aqui: estrutural do sujeito, ele aí constitui essencialmente essa margem que todo pensamento evitou, saltou, contornou ou entupiu cada vez que ela conseguiu, aparentemente, sustentar-se por um círculo: quer seja dialética ou matemática.

Eis por que conduzimos com prazer aqueles que nos seguem aos lugares onde a lógica se desconcerta pela disjunção que explode do imaginário ao simbólico, não para nos comprazermos nos paradoxos que aí se engendram, nem em nenhuma pretensa crise do pensamento, mas para reconduzir, bem ao contrário, seu falso-brilho à hiância que designam, para nós sempre muito simplesmente edificante, e sobretudo para tentar aí forjar o método de uma espécie de cálculo cuja desapropriação, como tal, faria cair o segredo.

Tal como esse fantasma da causa, que perseguimos na mais pura simbolização do imaginário pela alternância do semelhante ao dessemelhante[9].

Observemos portanto bem o que se opõe a que se confira a nosso significante S (ϕ) o sentido do *Maná* ou de um qualquer de seus congêneres. É que não saberemos nos con-

---

9. Mais recentemente, em sentido oposto, na tentativa de homologar superfícies topologicamente definidas nos termos aqui postos em jogo da articulação subjetiva. E mesmo na simples refutação do pretenso paradoxo do "Eu minto" (nota de 1962).

tentar com articulá-lo pela miséria do fato social, mesmo se ele fosse acuado até num pretenso fato total.

Sem dúvida Claude Lévi-Strauss, comentando Mauss, quis aí reconhecer o efeito de um símbolo zero. Mas é antes do significante da falta desse símbolo zero que nos parece tratar-se em nosso caso. E é porque indicamos, com o risco de incorrerem alguma desgraça, até onde pudemos levar o desvio do algoritmo matemático para nossa utilização: o símbolo $\sqrt{-1}$, que também se escreve i na teoria dos números complexos, não se justifica evidentemente senão por não aspirar a nenhum automatismo em seu emprego subsequente.

Isso ao que é preciso ater-se, é que o gozo é proibido àquele que fala como tal, ou ainda ele não pode ser dito senão entre as linhas para quem quer que seja o sujeito da Lei, posto que a Lei se funda sobre essa interdição mesma.

Se a lei na verdade ordenasse: goza, o sujeito só poderia responder-lhe por um: Eu ouço*, em que o gozo não seria mais do que subentendido.

Mas não é a ela mesma que barra o acesso do sujeito ao gozo, ela somente faz de uma barreira quase natural um sujeito barrado. Pois é o prazer que traz ao gozo seus limites, o prazer como ligação da vida, incoerente, até que uma outra, e esta não contestável, interdição se levanta dessa regulação descoberta por Freud como processo primário e pertinente lei do prazer.

Diz-se que Freud não fez aí mais do que seguir a via em que já se avançava a ciência de seu tempo, ou seja a tradição de um longo passado. Para medir a real audácia de seu passo, basta considerar sua recompensa, que não se faz esperar: o fracasso sobre o heteróclito do complexo de castração.

É a única indicação desse gozo em sua infinitude que comporta a marca de sua interdição, e, para constituir essa marca, implica um sacrifício: aquele que contém em um único e mesmo ato com a escolha de seu símbolo, o falo.

Essa escolha é permitida porque o falo, ou seja a imagem do pênis, é negativizado em seu lugar na imagem especular. É o que predestina o falo a dar corpo ao gozo, na dialética do desejo.

---

* Em francês: "Jouis" = "J'ouis" em perfeita homofonia. (N. da T.)

É preciso portanto distinguir do princípio do sacrifício, que é simbólico, a função imaginária que aí se devota, mas que o vela ao mesmo tempo que lhe dá seu instrumento.

A função imaginária é aquela que Freud formulou como presidindo ao investimento do objeto como narcísico. É sobre isso que voltamos a falar nós mesmo demonstrando que a imagem especular é o canal que toma a transfusão da libido do corpo em direção ao objeto. Mas na medida em que uma parte permanece preservada dessa imersão, concentrando nela o mais íntimo do autoerotismo, sua posição "em ponta" na forma a predispõe a phantasia de caducidade em que vem se terminar a exclusão onde ela se encontra da imagem especular e do protótipo que ela constitui para o mundo dos objetos.

É assim que o órgão eréctil vem a simbolizar o lugar do gozo, não como ele-próprio, nem mesmo como imagem, mas como parte faltante da imagem desejada: eis por que ele é igualável ao $\sqrt{-1}$ da significação produzida acima, do gozo que ele restitui pelo coeficiente de seu enunciado à função de falta de significante: (-1).

Se lhe é dado amarrar assim a interdição do gozo, não é por outro lado por essas razões de forma, mas sim porque seu ultrapassamento significa o que reconduz todo gozo almejado à brevidade do autoerotismo: as vias todas traçadas pela conformação anatômica do ser falante, a saber a mão do macaco ainda aperfeiçoada, não foram com efeito desdenhadas em uma certa ascese filosófica como vias de uma sabedoria abusivamente qualificada de cínica. Alguns em nossos dias, obcecados sem dúvida por essa lembrança, acreditaram, falando à nossa pessoa, poder fazer pertencer o próprio Freud a essa tradição: técnica do corpo, como diz Mauss. Resta que a experiência analítica nos ensina o caráter original da culpabilidade que engendra sua prática.

Culpabilidade ligada à lembrança do gozo que não tem o ofício entregue ao órgão real, e consagração da função do significante imaginário ao impressionar os objetos de interdição.

Tal é na verdade a função radical para a qual uma época mais selvagem da análise encontrava causas mais acidentais (educativas), assim como inclinava para o traumatismo as outras formas pelas quais ela tinha o mérito de interessar-se, de sacralização do órgão (circuncisão).

A passagem do $(-\varphi)$ (phi minúsculo) da imagem fálica de um lado para o outro da equação do imaginário ao simbólico, o positiva em todo caso, mesmo se ele vem preencher uma falta. Por mais suporte que ele seja do (-1), ele aí se torna Φ (phi maiúsculo), o falo simbólico impossível de negativizar, significante do gozo. E é esse caráter do Φ que explica e as particularidades do acesso da sexualidade pela mulher, e o que faz do sexo macho o sexo frágil em relação à perversão.

Não abordaremos aqui a perversão pela razão que ela acentua pouco a função do desejo no homem, enquanto ele institui a dominância, no lugar privilegiado do gozo, o objeto o da phantasia que ele substitui ao ϕ. A perversão aí acrescenta uma recuperação do φ que não pareceria absolutamente original, se ele aí não interessasse o Outro como tal, de maneira muito particular. Somente a nossa fórmula de phantasia permite fazer aparecer que o sujeito aqui se faz o instrumento do gozo do Outro.

Interessa mais aos filósofos, apreender a pertinência dessa fórmula no neurótico, justamente porque ele a falseia.

O neurótico na realidade histérico, obsessivo ou mais radicalmente fóbico, é aquele que identifica a falta do Outro à sua demanda, Φ à D.

Resulta disso que a demanda do Outro toma função de objeto em sua phantasia, isto é, que sua phantasia (nossas fórmulas permitem sabê-lo imediatamente) se reduz ao impulso: $(S \lozenge D)$. Eis por que o catálogo dos impulsos pôde ser levantado no neurótico.

Mas esse prevalecimento dado pelo neurótico à demanda, que para uma análise oscilando na facilidade, fez deslizar toda a cura para o manejo da frustração, esconde sua angústia do desejo do Outro, impossível de desconhecer quando ela é coberta apenas pelo objeto fóbico, mais difícil de compreender nas duas outras neuroses, quando não se tem o fio que permite colocar a phantasia como desejo do Outro. Encontra-se então os dois termos como explodidos: um no obsessivo, na medida em que ele nega o desejo do Outro formando sua phantasia ao acentuar o impossível do desvanecimento do sujeito, o outro no histérico, na medida em que o desejo aí só se mantém da insatisfação que aí se traz ao se esquivar como objeto.

Esses traços se confirmam pela necessidade que tem, fundamental, o obsessivo de se fazer caução do Outro, como do lado Sem-Fé da intriga histérica.

Na verdade a imagem do Pai ideal é uma phantasia de neurótico. Para além da Mãe, Outro real da demanda da qual se quereria que ela acalmasse o desejo (isto é, seu desejo), se perfila a imagem de um pai que fecharia os olhos sobre os desejos. Pelo que é mais marcada ainda do que revelada a verdadeira função do Pai que profundamente é de unir (e não de opor) um desejo à Lei.

O Pai almejado do neurótico é claramente, vê-se, o Pai morto. Mas igualmente um Pai que seria perfeitamente o senhor de seu desejo, o que valeria o mesmo para o sujeito.

Vê-se aí um dos perigos que deve evitar o analista, e o princípio da transferência no que ele tem de interminável.

Eis por que uma vacilação calculada da "neutralidade" do analista, pode valer para uma histérica mais do que todas as interpretações, sob o risco da perturbação que disso pode resultar. Bem entendido, desde que essa perturbação não tenha como consequência a ruptura e que a continuação convença o sujeito de que o desejo do analista não tinha nada a ver com o caso. Essa observação não é evidentemente um conselho técnico, mas uma visão aberta sobre a questão do desejo do analista para aqueles que não conseguiriam de outra maneira ter essa ideia: como o analista deve preservar para o outro a dimensão imaginária de seu não-controle, de sua necessária imperfeição, eis o que é tão importante a regular quanto o fortalecimento nele voluntário de sua nesciência no tocante a cada sujeito vindo a ele em análise, de sua ignorância sempre nova em que nenhum seja um caso.

Para voltar à phantasia, digamos que o perverso se imagina ser o Outro para assegurar seu gozo, e que é isso que revela o neurótico ao se imaginar ser um perverso: ele para assegurar-se do Outro.

O que dá o sentido da pretensa perversão posta no princípio da neurose. Ela está no inconsciente do neurótico como phantasia do Outro. Mas isso não quer dizer que no perverso o inconsciente esteja a céu aberto. Ele se defende também à sua maneira no seu desejo. Pois o desejo é uma defesa, defesa de ultrapassar um limite no gozo.

A phantasia, em sua estrutura por nós definida, contém o ($-\varphi$), função imaginária da castração sob uma forma escondida e reversível de um de seus termos ao outro. Isto é, que à maneira de um número complexo, ele imaginariza (se nos permitem o termo) alternativamente um desses termos em relação ao outro.

Incluído no objeto o, é o ἄγαλμα, o tesouro inestimável que Alcibíades proclama estar contido na caixa rústica que lhe forma a figura de Sócrates. Mas observemos que é afetado pelo signo ($-$). É parque ele não viu o rabo de Sócrates, permitir-nos-ão dizê-lo após Platão que não nos poupa os detalhes, que Alcibíades, o sedutor, exalta nele o ἄγαλμα, a maravilha que teria querido que Sócrates lhe cedesse confessando seu desejo: a divisão do sujeito que ele traz em si próprio confessando-se ruidosamente nessa ocasião.

Assim é a mulher por trás de seu véu: é a ausência do pênis que a faz falo, objeto do desejo. Evoquem essa ausência de um modo mais preciso fazendo-lhe usar um mimoso postiço sob um travesti de baile, e os senhores, ou melhor ela, nos contarão as impressões: o efeito é garantido em 100%, ouvimo-lo de homens sem rodeios.

É assim, que ao mostrar seu objeto como castrado, Alcibíades se ostenta como desejante, – a coisa não escapa a Sócrates –, para um outro presente entre os assistentes, Agathon, que Sócrates precursor da análise, e igualmente, seguro de sua tarefa nesse belo mundo, não hesita em nomear como objeto da transferência, dando origem a uma interpretação do fato que muitos analistas ignoram ainda: que o efeito amor-ódio na situação psicanalítica se encontra fora.

Mas Alcibíades não é absolutamente um neurótico. É mesmo porque é o desejante por excelência, e o homem que vai tão longe quanto se pode no gozo, que ele pode assim (com exceção do troco de uma ebriedade instrumental) produzir diante de todos a articulação central da transferência, posta em presença do objeto ornado com seus reflexos.

Nem por isso ele deixou de projetar Sócrates no ideal do Senhor perfeito, que ele, pela ação de ($-\varphi$), completamente o imaginarizou.

No neurótico, o (−φ) desliza sob o S da phantasia, favorecendo a imaginação que lhe é própria, aquela do *Ego*. Pois a castração imaginária, o neurótico sofreu-a no início, é ela que sustenta esse *Ego* forte, que é o seu, tão forte, pode-se dizer, que seu nome próprio o importuna, que o neurótico é no fundo um Sem-Nome.

Sim, esse *Ego* que certos analistas escolhem para reforçar ainda, e isso sob o que o neurótico cobre a castração que nega.

Mas essa castração, contra essa aparência, a isso se apega.

O que o neurótico não quer, e o que ele recusa obstinadamente até o fim da análise, é sacrificar sua castração ao gozo do Outro, deixando-o aí servir.

E seguramente não se engana, pois embora ele se sinta no fundo o que há de mais vão em existir, uma Falta-a-ser ou um De-mais, porque sacrificaria sua diferença (tudo menos isso) ao gozo de um Outro que, não o esqueçamos, não existe? Sim, mas se por acaso existisse, ele gozaria. E é isso que o neurótico não quer. Pois ele imagina que o Outro quer sua castração.

O que a experiência analítica testemunha, é que a castração é em todo caso o que rege o desejo, no normal e no anormal.

Com a condição que oscile ao alternar de S a o na phantasia, a castração faz da phantasia essa cadeia flexível e inextensível ao mesmo tempo pela qual a interrupção do investimento objetal que não pode absolutamente ultrapassar certos limites naturais, toma a função transcendental de assegurar o gozo do Outro que me passa essa cadeia na Lei.

A quem quer verdadeiramente se confrontar com esse Outro, se abre a via de experimentar não sua demanda, mas sua vontade. E então: ou de se realizar como objeto, de se tornar a múmia de tal iniciação budista, ou de satisfazer a vontade de castração inscrita no Outro, o que culmina no narcisismo supremo da Causa perdida (é a via do trágico grego, que Claudel reencontra num cristianismo de desespero).

A castração quer dizer que é preciso que o gozo seja recusado para que ela possa ser atingida sobre a escala invertida da Lei do desejo.

Não iremos aqui mais longe.

310

Esse artigo aparece em estreia: uma penúria inesperada dos fundos que ordinariamente se prodigalizam para a publicação, e integral, dessas espécies de colóquios, tendo-o deixado em instância com o conjunto das belas coisas que dele fizeram o ornamento.

Notemos para respeitar a regra que o desenvolvimento "copérnico" é um acréscimo, e que o fim sobre a castração não teve o tempo de ser dito, substituído aliás por alguns traços sobre a máquina no sentido moderno, de que pode se materializar a relação do sujeito com o significante.

Da simpatia natural à toda discussão, não excluamos aquela que nos inspirou uma discórdia. O termo de a-humano com o qual alguém quis marcar nosso tema não nos tendo afligido de maneira nenhuma, o que importa de novidade na categoria nos lisonjeando mesmo por ter-lhe dado ocasição de nascer, – não registramos com um menor interesse o crepitar, pronto a segui-lo, da palavra "inferno" posto que a voz que o trazia, declarando-se marxista, dava-lhe um certo relevo. É preciso confessá-lo, somos sensíveis ao humanismo quando ele vem de um lado em que, por não ser de um uso menos astucioso do que em outro lugar, pelo menos ressoa com uma nota cândida: "Quando o mineiro volta para casa, sua mulher o friciona…". Mostramo-nos lá sem defesa.

Foi numa entrevista pessoal que um dos nossos nos perguntou (foi sob forma de pergunta) se falar para o quadro negro implicava a fé em um escriba eterno. Ela não é necessária, foi-lhe respondido, a quem quer que seja que sabe que todo discurso toma seus efeitos do inconsciente.

9. POSIÇÃO DO INCONSCIENTE NO CONGRESSO DE BONNEVAL RETOMADA DE 1960 E 1964

Henry Ey – com toda a autoridade com a qual domina o meio psiquiátrico francês – tinha reunido em seu setor do hospital de Bonneval um grande encontro de especialistas, sobre o tema do inconsciente freudiano (30 de outubro – 2 de novembro 1960).

O relatório de nossos alunos Laplanche e Leclaire aí promoveu uma concepção de nossos trabalhos que, publicada nos Temps Modernes, *desde então merece crédito, embora manifestando de um ao outro uma divergência.*

As intervenções que se traz a um Congresso, quando o debate tem um em-jogo, exigem por vezes um mesmo número de comentários para serem situadas.

E basta que a refacção dos textos seja praticada de maneira geral para que a tarefa se torne árdua.

Ela perde aliás seu interesse com o tempo que necessitam essas refacções. Pois ser-lhe-ia preciso substituir o que se passa nesse tempo considerado como tempo lógico.

Em suma, três anos e meio depois, por não ter absolutamente tido a ocasião de supervisionar o intervalo, tomamos um partido do qual eis aqui como Henry Ey o apresenta no livro sobre o Congresso, a ser publicado por Desclée de Brouwer.

*"Esse texto, escreve ele, resume as intervenções de J. Lacan, interven-
ções que constituíram por sua importância, o eixo mesmo de todas as discussões.*

*A redação dessas intervenções foi condensada por Jacques Lacan nes-
sas páginas escritas em março de 1964 a meu pedido."*

*Que o leitor admita que para nós esse tempo lógico tenha podido re-
duzir as circunstâncias à menção que é feita, num texto que provém de uma
mais íntima reunião. (1966)*

Em um colóquio como este, que convida, na qualidade
da técnica de cada um, filósofos, psiquiatras, psicólogos e
psicanalistas, o comentário não chega a concordar sobre o
nível de verdade em que se mantêm os textos de Freud.

É preciso, sobre o inconsciente, da experiência freudiana
ir ao fato.

O inconsciente *é* um conceito forjado sobre o rastro do
que opera para constituir o sujeito.

O inconsciente *não é* uma espécie definindo na realidade psíquica o círculo do que não tem o atributo (ou a virtude)
da consciência.

Pode haver fenômenos que sejam da alçada do inconsciente sob essas duas acepções: elas não deixam de permanecer uma à outra estranhas. Elas não têm entre elas relação
senão de homonímia.

O peso que damos à linguagem como causa do sujeito,
nos força a precisar: a aberração floresce ao abater o conceito primeiro indicado, ao aplicá-lo aos fenômenos *ad libitum*
registráveis sob a espécie homônima; restaurar o conceito a
partir desses fenômenos, não é pensável.

Acusemos nossa posição, sobre o equívoco a que se pres-
tariam o *é* e o *não é* de nossas posições iniciais.

O inconsciente *é* o que dizemos, se queremos entender
o que Freud apresenta em suas teses.

Dizer que o inconsciente para Freud *não é* o que se chama
assim alhures, não acrescentaria senão pouca coisa, se não se
entendesse o que queremos dizer: que o inconsciente de antes
de Freud *não é*, pura e simplesmente. Isso porque ele não
denomina nada que valha mais como objeto, nem que mereça que se lhe dê mais existência, que o que se definiria ao situá-
-lo no *in-negro**.

---

* "in-noir" no original. (N. da T.)

314

O inconsciente antes de Freud não é nada de mais consistente do que esse in-negro, ou seja o conjunto do que se ordenaria nos vários sentidos da palavra negro, na medida em que ele recusaria o atributo (ou a virtude) da negritude (física ou moral).

Que há de comum – para tomar as oito definições que Dwelshauvers colaciona num livro antigo (1916), mas não tão fora de data na medida em que o heteróclito não se veria reduzido a refazê-lo em nossos dias –, que há de comum em realidade entre o inconsciente da sensação (nos efeitos de contraste ou de ilusão ditos ópticos), o inconsciente de automatismo que desenvolve o hábito, o coconsciente (?) da dupla personalidade, as emergências ideicas de uma atividade latente que se impõe como orientada na criação do pensamento, a telepatia que se quer relacionar a esta última, o fundo adquirido, e mesmo integrado da memória, o passional que nos excede em nosso caráter, o hereditário que se reconhece em nossos dons naturais, o inconsciente racional enfim ou o inconsciente metafísico que implica "o ato do espírito"?

(Nada nisso se assemelha, senão por confusão, do que os psicanalistas aí acrescentaram de obscurantismo, ao não distinguirem o inconsciente do instinto, ou como eles dizem do instintual, – do arcaico ou do primordial, numa ilusão decisivamente denunciada por Claude Lévi-Strauss, – e mesmo do genético de um pretenso "desenvolvimento".)

Dizemos que não há nada em comum se fundar em uma objetividade psicológica, mesmo que ela se estendesse aos esquemas de uma psicopatologia, e que esse caos não passa do refletor ao revelar da psicologia o erro central. Esse erro é de considerar unitário o próprio fenômeno da consciência, de falar da mesma consciência, tida como poder de síntese, na orla iluminada de um campo sensorial, na atenção que o transforma, na dialética do julgamento e no devaneio comum.

Esse erro se funda sobre a transferência indevida a esses fenômenos do mérito de uma experiência de pensamento que os utiliza como exemplos.

O *cogito* cartesiano, dessa experiência, é a façanha maior, talvez terminal, na medida em que atinge uma certeza de saber. Mas ele só faz denunciar melhor o que tem de privilegiado o momento em que se apoia, e quão fraudulento é estender o privilégio, para dar-lhes um, aos fenômenos providos de consciência.

Para a ciência, o *cogito* marca, ao contrário, a ruptura com toda a segurança condicionada na intuição.

E a latência procurada desse momento fundador, como *Selbstbewusstein*, na sequência dialética de uma fenomenologia do espírito por Hegel, se funda sobre o pressuposto de um saber absoluto.

Tudo demonstra ao contrário na realidade psíquica, qualquer que seja a maneira pela qual se ordene a textura, a distribuição – heterótopa quanto aos níveis, e, errática em cada um –, da consciência.

A única função homogênea da consciência está na captura imaginária do *Ego* por seu reflexo especular e na função de desconhecimento que lhe permanece ligada.

A denegação inerente à psicologia nesse ponto seria, ao seguir Hegel, melhor atribuível à Lei do coração e ao delírio da presunção.

A subvenção que recebe essa presunção perpetuada, mesmo que fosse sob as espécies das honras científicas, abre a questão de onde se tem o bom pedaço de seu proveito; ele não poderia se reduzir à edição de mais ou menos copiosos tratados.

A psicologia é veículo de ideais: a psique aí não representa mais do que o apadrinhamento que a faz qualificar de acadêmica. O ideal é servo da sociedade.

Um certo progresso da nossa ilustra a coisa, quando a psicologia não fornece somente as vias, mas compraz os votos do estudo de mercado.

Um estudo desse gênero tendo concluído sobre os meios próprios para sustentar o consumo nos EUA, a psicologia se recrutou, e recrutou Freud com ela, ao recordar à metade mais oferecida a esse fim, da população, que a mulher não se realiza senão através dos ideais do sexo (cf. Betty Friedan sobre a onda de "mística feminina" dirigida, durante a década de após-guerra).

Talvez a psicologia nesse expediente irônico, confesse a razão de sua subsistência de sempre. Mas a ciência pode se lembrar que a ética implícita à sua formação, lhe ordena recusar toda ideologia assim cingida. Igualmente o inconsciente dos psicólogos é debilitante para o pensamento, somente pelo crédito que este tem de lhe dar para discuti-lo.

Ora, o extraordinário dos debates deste colóquio foi que não cessaram de se voltar para o conceito freudiano em sua dificuldade, e que tomavam mesmo sua força do viés dessa dificuldade em cada um.

Esse fato é notável principalmente porque até essa data no mundo, os psicanalistas só se aplicam em entrar na classe da psicologia. O efeito de aversão que encontra em sua comunidade tudo o que vem de Freud, é confesso de modo claro notadamente numa fração dos psicanalistas presentes.

Dado que não pode ser tido à margem do exame do tema em questão. Não mais que esse outro: que aos nossos ensinamentos se deva que esse colóquio tenha perturbado essa corrente. Não somente para marcar a pauta – muitos o fizeram –, mas para que isso nos obrigue a dar conta das vias que tomamos.

Ao que se vê convidada a psicanálise quando ela entra no aprisco da "psicologia geral", é sustentar o que merece, somente lá e não nas longínquas colônias defuntas, ser denunciado como mentalidade primitiva. Pois o tipo de interesse a que serve a psicologia em nossa sociedade presente, e do qual demos uma ideia, nisso encontra sua vantagem.

A psicanálise contribui, então, para fornecer uma astrologia mais decente do que aquela à que nossa sociedade continua a sacrificar em surdina.

Encontramos pois justificada a prevenção que a psicanálise encontra no Oriente. Cumpriu a ela o não merecê-la, permanecendo possível que em se lhe oferecendo a prova de exigências sociais diferentes, ela aí se encontrasse menos tratável de ser mal tratada. Conjeturamos a partir de nossa própria posição na psicanálise.

A psicanálise teria feito melhor em aprofundar sua óptica e em se instruir com o exame da teologia, segundo uma via que Freud assinalou que não podia ser evitada. Em todo caso, que sua deontologia na ciência lhe faça sentir que ela é responsável pela presença do inconsciente nesse campo.

Essa função foi a dos nossos alunos nesse colóquio, e aí contribuímos segundo o método que foi constantemente o nosso em semelhante ocasião, situando cada um em sua posição quanto ao tema. O eixo se indica suficientemente nas respostas consignadas.

Não seria sem interesse, mesmo se somente para o historiador, ter as notas em que estão recolhidos os discursos realmente pronunciados, mesmo com as omissões que aí deixaram os defeitos dos gravadores mecânicos. Eles sublinham a carência daquele que seus serviços designavam para acentuar com o máximo de tato e de fidelidade os desvios de um momento de combate num lugar de troca, quando seus nós, sua cultura, e mesmo sua civilidade, lhe permitiam apreender melhor do que ninguém as falas com as entonações. Sua fraqueza conduzia-o já aos favores da defecção.

Não lamentaremos mais a ocasião lá desperdiçada, posto que cada um desde então se tendo dado com largueza o benefício de um uso bastante aceito, refez cuidadosamente sua contribuição. Aproveitaremos disso para nos explicarmos sobre nossa doutrina do inconsciente nesse dia, e tanto mais legitimamente quanto resistências de repartição singular nos impediram então de dizer mais.

Essa atenção não é política, mas técnica. Ela provém da condição seguinte, estabelecida por nossa doutrina; os psicanalistas fazem parte do conceito do inconsciente, posto que eles constituem seu destinatário. Não podemos então deixar de incluir nosso discurso sobre o inconsciente na própria tese que ele enuncia: que a presença do inconsciente, por se situar no lugar do Outro, deve ser procurada em todo discurso, em sua enunciação.

O sujeito mesmo do candidato a sustentar essa presença, o analista, deve nessa hipótese, no mesmo movimento ser informado e "posto em causa", ou seja: se sentir sujeitado à escisão do significante.

De onde o aspecto de espiral imóvel que se observa no trabalho apresentado por nossos alunos S. Le-Claire e J. Laplanche. É que eles o limitaram à prova de uma peça avulsa.

E é o signo mesmo de que em seu rigor nossos enunciados, são feitos primeiramente para a função que eles não *preenchem* senão no seu lugar.

No tempo propedêutico, pode-se ilustrar o efeito de enunciação ao perguntar ao aluno se ele imagina o inconsciente no animal, pelo menos algum efeito de linguagem, e da linguagem humana. Se ele consente com efeito em que isso seja bem a condição para que possa simplesmente pensar nisso, os senhores verificaram nele a clivagem das noções de inconsciente e de instinto.

Feliz auspício de partida, posto que perguntando a qualquer analista, seja qual for o *credo* que tenha seguido anteriormente, pode dizer que no exercício de suas funções (suportar o discurso do paciente, restaurar o efeito de sentido, pôr-se em questão ao responder-lhe, assim como calar-se igualmente), ele tenha jamais tido o sentimento de ter que ver com algo que se assemelhe a um instinto?

A leitura dos escritos analíticos e as traduções oficiais de Freud (que jamais escreveu essa palavra) nos enchendo a boca de instinto, talvez tenha interesse em obviar a uma retórica que obtura toda eficácia do conceito. O justo estilo do relatório da experiência não é toda a teoria. Mas é a garantia de que os enunciados segundo os quais ela opera, preservam neles essa distância da enunciação em que se atualizam os efeitos de metáfora e de metonímia, ou seja segundo nossas teses os próprios mecanismos descritos por Freud como sendo aqueles do inconsciente.

Mas nos volta aqui legitimamente a questão: trata-se de efeitos de linguagem, ou efeitos de fala? Admitamos que ela não adote aqui senão o contorno da dicotomia de Saussure. Voltada para o que interessa seu autor, os efeitos sobre a língua, ela fornece cadeia e trama ao que se tece entre sincronia e diacronia.

Ao fazê-la voltar-se em direção ao que nos põe em causa (tanto quanto aquele que nos questiona, se ele não se perdeu já nas alças da questão), a saber o sujeito, a alternativa se propõe em disjunção. Ora é bem essa disjunção mesma que nos dá a resposta, ou melhor é conduzindo o Outro a se fundar como o lugar de nossa resposta dando – a ele próprio sob a forma que inverte sua questão em mensagem, que introduzimos a disjunção efetiva a partir da qual a questão tem um sentido.

O efeito de linguagem, é a causa introduzida no sujeito. Por esse efeito ele não é causa de si próprio, ele traz em si o verme da causa que o escinde. Pois sua causa, é o significante sem o qual não haveria nenhum sujeito no real. Mas esse sujeito, é o que o significante representa, e ele não poderia representar nada senão para um outro significante: a que desde então se reduz o sujeito que escuta.

Ao sujeito pois, não se lhe fala. Isso fala dele*, e é lá que ele se apreende, e tanto mais forçosamente quanto antes que pelo único fator de que "Isso" se endereça a ele, ele desapareça como sujeito sob o significante que fica sendo, ele não era absolutamente nada. Mas esse nada se sustenta em seu advento, agora produzido pelo apelo feito no Outro ao segundo significante.

Efeito de linguagem enquanto nasce dessa escisão original, o sujeito traduz uma sincronia significante nessa primordial pulsação temporal que é o *fading* constituinte de sua identificação. É o primeiro movimento.

Mas no segundo, o desejo fazendo seu leito do Corte significante em que se efetua a metonímia, a diacronia (dita "história") que se inscreveu no *fading*, retorna à espécie de fixidade que Freud concede ao voto inconsciente (última frase da *Traumdeutung*).

Essa subornação segunda não encerra somente o efeito da primeira projetando a topologia do sujeito no instante da phantasia; ela a esconde, recusando ao sujeito do desejo que ele se saiba efeito de fala, ou seja o que ele é por não ser outro senão o desejo do Outro.

É em que todo discurso está no direito de se considerar como, por esse efeito, irresponsável. Todo discurso, salvo o do mestre quando se destina a psicanalistas.

Quanto a nós, sempre acreditamo-nos responsável de um tal efeito, e, embora desigual na tarefa de nos defendermos dele, era a proeza secreta de cada um de nossos "seminários".

É que aqueles que vêm nos ouvir não são os primeiros comungantes que Platão expõe à interrogação de Sócrates.

Que o "secundário" de onde saem deva se reforçar por uma propedêutica, diz suficientemente sobre as carências e sobre as superfetações. Da sua "filosofia", a maior parte guardou apenas uma mixagem de fórmulas, um catecismo em bagunça, que os anestesia à toda surpresa da verdade.

---

* Em francês: "ça parle de lui", cf. nossas sugestões anteriores (N. da T.)

Principalmente porque eles são presas oferecidas às operações de prestígio, aos ideais de alto personalismo por onde a civilização os pressiona a viver acima de seus meios. Meios mentais, entende-se.

O ideal de autoridade ao que se ajusta o candidato médico, a enquete de opinião em que desfila o mediador dos impasses relacionais, – o *meaning of meaning* onde toda procura encontra seu álibi, – a fenomenologia, crivo que se oferece às calhandras grelhadas do céu, – as possibilidades são numerosas e a dispersão grande no início de uma obtusão ordenada.

A resistência, igual em seu efeito de denegar apesar de Hegel e Freud, desgraça da consciência e mal-estar da civilização.

Uma κοινή da subjetivação a sustenta, que objetiva as falsas evidências do *Ego* e desvia toda prova de uma certeza em direção à sua procrastinação. (Que não se nos oponham nem os marxistas, nem os católicos, nem os próprios freudianos ou exigimos o apelo nominal.)

Eis porque somente um ensino que tritura essa κοινή traça a via da análise que se intitula didática, posto que os resultados da experiência são deturpados somente pelo fato de se registrarem nessa κοινή.

Essa contribuição de doutrina tem um nome: é bem simplesmente o espírito científico, que falta completamente nos lugares de recrutamento dos psicanalistas.

Nosso ensino é anátema do fato de se inscrever nessa verdade.

A objeção que se faz valer de sua incidência na transferência dos analistas em formação, fará rir os analistas futuros, se graças a nós há pessoas para quem Freud existe. Mas o que ela prova, é a ausência de toda doutrina da psicanálise didática em suas relações com a afirmação do inconsciente.

Compreender-se-á desde então que nosso uso da fenomenologia de Hegel não comportava nenhum juramento de fidelidade ao sistema, mas predicava o exemplo contra as evidências da identificação. É na conduta do exame de um doente e no modo de aí concluir que se afirma a crítica contra o bestiário intelectual. É ao não evitar as implicações éticas de nossa *práxis* na deontologia e no debate científico, que se desmascarará a bela alma. A lei do coração, dissemo-lo, faz das suas mais do que a paranoia. É a lei de uma astúcia que, na astúcia da razão, traça um meandro de curso bastante vagaroso.

Para além, os enunciados hegelianos, mesmo ao nos atermos ao texto, são propícios para dizer sempre Outra-coisa. Outra-coisa que corrige o laço de síntese phantasista, ao mesmo tempo que conserva seu efeito de denunciar as identificações em seus embustes.

É nossa *Aufhebung*, que transforma a de Hegel, seu engano, em uma ocasião de descobrir, em lugar e sítio dos saltos de um progresso ideal, as metamorfoses de uma falta.

Para confirmar em sua função esse ponto de falta, não há melhor, introduzido aí, do que o diálogo de Platão, na medida em que ele pertence ao gênero cômico, que não recua em marcar o ponto em que não resta mais do que opor aos "insultos de madeira a máscara de fantoche", que guarda o rosto de mármore ao atravessar os séculos ao pé de uma farsa, esperando a quem tocará melhor sorte na expressão da verdade que fixe com seu judô.

É assim que no *Banquete*, Freud é um conviva que se pode arriscar em convidar de improviso, mesmo se fosse somente ao se confiar na pequena nota em que ele nos indica o que lhe deve em sua justeza sobre o amor, e talvez na tranquilidade de seu olhar sobre a transferência. Sem dúvida ele seria homem a aí reavivar esses propósitos bacantes, dos quais ninguém, ao tê-los mantido, se lembra mais após a embriaguez.

Nosso seminário não era "lá onde ‹isso› fala"*, como alguém disse brincando. Ele suscitava o *lugar*** de onde "isso" podia falar, abrindo mais de uma orelha para entender o que, por falta de reconhecê-lo, ele tivesse deixado passar como indiferente. E é verdade que ao sublinhá-lo inocentemente pelo fato de que era na própria noite a menos que fosse justo na véspera, que ele o tinha reencontrado na sessão de um paciente, tal auditor se maravilhava que isso tivesse sido, a

---

* Em francês "là où ça parle": cf. nota anterior (N. da T.)
** "Lugar" aqui traduz o termo francês "place" mas pode equivaler igualmente a "lieu" e "eudroit" – sinonímia sem correspondente em nossa língua. (N. da T.)

ponto de aí se fazer textual, o que tínhamos dito em nosso seminário.

O lugar em questão, é a entrada da caverna em relação à qual sabe-se que Platão nos conduz à saída, enquanto que se imagina aí ver entrar o psicanalista. Mas as coisas são menos fáceis, porque é uma entrada em que se chega sempre somente no momento em que se a fecha (esse lugar não será jamais turístico), e que o único meio para que ela se entreabra, é chamar do interior.

Isto não é insolúvel, se o sésamo do inconsciente é ter efeito de fala, ser estrutura de linguagem, mas exige do analista que ele volte a falar sobre o modo de seu fechamento.

Hiância, pulsação, uma alternância de sucção para seguir certas indicações de Freud, eis do que devemos dar conta, e é ao que procedemos ao fundá-lo em uma topologia.

A estrutura do que se fecha, se inscreve com efeito numa geometria onde o espaço se reduz à uma combinatória: ela é propriamente o que aí se chama uma *borda*.

Ao estudá-la formalmente, nas consequências da irredutibilidade de seu corte, poder-se-á aí reordenar algumas funções, entre estética e lógica, das mais interessantes.

Percebe-se que é o fechamento do inconsciente que dá a chave de seu espaço, e especialmente da impropriedade de fazer dele um dentro.

Ela demonstra também o núcleo de um tempo reversivo, bem necessário a introduzir em toda eficácia do discurso; bastante sensível já na retroação, sobre a qual insistimos desde há muito, do efeito do sentido na frase, o qual exige, para se encerrar, sua última palavra.

O *nachträglich* (recordemos que fomos o primeiro a extraí-lo do texto de Freud), o *nachträglich* ou posterioridade segundo a qual o trauma se implica no sintoma, mostra uma estrutura temporal de uma ordem mais elevada.

Mas principalmente a experiência desse fechamento mostra que não seria um ato gratuito para os psicanalistas, reabrir o debate sobre a *causa*, fantasma impossível a conjurar do pensamento, crítico ou não. Pois a causa não é, como se o diz do ser também, um logro das formas do discurso, – ter-se-o-ia já dissipado. Ela perpetua a razão que subordina o sujeito ao efeito do significante.

É somente como instância do inconsciente, do inconsciente freudiano, que se apreende a causa nesse nível do qual um Hume entende desalojá-la e que é justamente aquele onde ela toma consistência: a retroação do significante em sua eficácia, que é preciso completamente distinguir da causa final.

É mesmo ao demonstrar que é a única e verdadeira causa primeira, que se veria aproximar a aparente discordância das quatro causas de Aristóteles, – e os analistas poderiam, do terreno deles, contribuir para essa retomada.

Eles teriam a recompensa de poderem se servir do termo freudiano de sobredeterminação de maneira diferente de um uso de pirueta. O que segue introduzirá o traço que comanda a relação de funcionamento entre essas formas: sua articulação circular, mas não recíproca.

Se há fechamento e entrada, não é dito que elas separam: elas dão a dois domínios seu modo de conjunção. São respectivamente o sujeito e o Outro, esses domínios não estando aqui a substantificar senão a partir de nossas teses sobre o inconsciente.

O sujeito, o sujeito cartesiano, é o pressuposto do inconsciente, demonstramo-lo em seu lugar.

O Outro é a dimensão exigida de que a fala se afirme em verdade.

O inconsciente é entre eles seu corte em ato.

Encontramo-lo comandando as duas operações fundamentais, em que convém formular a causação do sujeito. Operações que se ordenam numa relação circular, mas por essa razão não-recíproca.

A primeira, a alienação, é o fato do sujeito. Num campo de objetos, não é concebível nenhuma relação que engendre outra alienação, que não seja a do significante. Tomemos como origem esse dado de que nenhum sujeito tem razão de aparecer no real, salvo porque aí existem seres falantes. Uma física é concebível que dê conta de tudo no mundo, inclusive de sua parte animada. Um sujeito só se impõe aí pelo fato de que haja no mundo significantes que não querem dizer nada e que estão para decifrar.

Conceder essa prioridade ao significante sobre o sujeito, é, para nós, levar em conta a experiência que Freud nos abriu, que o significante joga e ganha, se podemos dizer, antes que o sujeito se dê conta, a ponto de que no jogo do *Witz*, do chiste, por exemplo, ele surpreenda o sujeito. Com seu *flash*, o que ele ilumina, é a divisão do sujeito consigo mesmo.

Mas que ele lha revela não deve nos mascarar que essa divisão não procede de nada mais senão do mesmo jogo, do jogo dos significantes... dos significantes, e não dos signos.

Os signos são plurivalentes: eles representam sem dúvida alguma algo para alguém; mas esse alguém, seu estatuto é incerto, do mesmo modo que o da linguagem pretensa de certos animais, linguagem de signos que não admite a metáfora, nem engendra a metonímia.

Esse alguém ao extremo, pode ser o universo enquanto aí circula, no-lo dizem, informação. Todo centro em que ela se totaliza pode ser considerado como alguém, mas não como um sujeito.

O registro do significante se institui do fato de que um significante representa um sujeito para um outro significante. É a estrutura, sonho, lapso e chiste, de todas as formações do inconsciente. E é também aquela que explica a divisão originária do sujeito. O significante se produzindo no lugar do Outro ainda não referenciado, aí faz surgir o sujeito do ser que não tem ainda a fala, mas é pelo preço de fixá-lo. O que *havia* lá de pronto para falar, – isso nos dois sentidos que o imperfeito dá a *havia*, de colocá-lo no instante anterior: ele estava lá e não está mais, mas também no instante posterior: um pouco mais ele aí estava por ter podido aí estar, – o que *havia* lá, desaparece por não ser mais do que um significante.

Não é, pois, que o ponto de partida dessa operação esteja no Outro, que a faz qualificar de alienação. Que o Outro seja para o sujeito o lugar de sua causa significante, não faz aqui senão motivar a razão pela qual nenhum sujeito pode ser causa de si. O que se impõe não somente porque ele não é Deus, mas porque Deus mesmo não poderia sê-lo, se devemos pensá-lo como sujeito – Santo Agostinho o viu muito bem recusando o atributo de causa de si ao Deus pessoal.

A alienação reside na divisão do sujeito que acabamos de designar em sua causa. Avancemos na estrutura lógica. Essa estrutura é aquela de um *vel**, novo ao produzir aqui sua

---

* Nota da tradução mexicana (Ed. Siglo XXI, "El inconsciente coloquio de Bonneval") – "*Vel*: imperativo de *volo*: escolher" p. 176. (N. da T.)

originalidade. É preciso para isso derivá-lo do que se chama, em lógica dita matemática, uma reunião (já reconhecida por definir um certo *vel*).

Essa reunião é tal que o *vel* que dizemos de alienação não impõe uma escolha entre seus termos senão ao eliminar um dos dois, sempre o mesmo qualquer que seja esta escolha. O em-jogo se limita portanto aparentemente à conservação ou não do outro termo, quando a reunião é binaria.

Essa disjunção se encarna de maneira bastante ilustrável, senão dramática, desde que o significante se encarne num nível mais personalizado na demanda ou na oferta: na "a bolsa ou a vida" ou na "a liberdade ou a morte".

Trata-se apenas de saber se querem ou não (*sic aut non*) conservar a vida ou recusar a morte, pois no tocante ao que é do outro termo de alternativa: a bolsa ou a liberdade, sua escolha será em todo caso decepcionante.

É preciso tomar cuidado que o que resta é de qualquer maneira desfalcado: será a vida sem a bolsa, – e será também, por ter recusado a morte, uma vida um pouco incomodada pelo preço da liberdade.

É isso o estigma do que o *vel* aqui funcionando dialeticamente, opera efetivamente sobre o *vel* da reunião lógica que, sabe-se, equivale a um *et* (*sic et non*). Como ele se ilustra pelo que a mais longo prazo será preciso abandonar a vida após a bolsa e que restará apenas a liberdade de morrer.

Do mesmo modo nosso sujeito é posto no *vel* de um certo sentido a receber ou da petrificação. Mas se ele conserva o sentido, é sobre esse campo (do sentido) que virá morder o não-sentido que se produz de sua transformação em significante. E é bem do campo do Outro que esse não-sentido provém, embora produzido como eclipse do sujeito.

A coisa vale a pena ser dita, pois ela qualifica o campo do inconsciente ao assentar-se, diremos, no lugar do analista, entendamo-lo literalmente: em sua poltrona. E a tal ponto que deveríamos deixar-lhe essa poltrona em um "gesto simbólico". E a expressão em uso para dizer: um gesto de protesto, e este teria o alcance de inscrever-se em falso contra a senha que se confessou tão graciosamente na grosseira divisa, no franglário, forjemos esta palavra*, diretamente jorrado

---

* Palavra forjada a partir do famoso "franglais" (linguagem "híbrida"). (N. da T.)

da ἀμαθὶα que uma princesa encarnou na psicanálise francesa, para substituir ao tom pré-socrático do preceito de Freud: *Wo es war, soil Ich werden*, a fífia do: o *Ego* (do analista sem dúvida) deve desalojar o "Isso"* (bem entendido do paciente).

Que se discuta com S. Leclaire o poder considerar a sequência da licorne como inconsciente, sob o pretexto de que ele é, ele, consciente, quer dizer que não se vê que o inconsciente só tem sentido no campo do Outro, – e ainda menos isso que resulta: que não é o efeito de sentido que opera na interpretação, mas a articulação no sintoma dos significantes (sem sentido algum) que aí se encontraram tomados[1].

Passemos à segunda operação, onde se fecha a causação do sujeito, para aí experimentar a estrutura da borda em sua função de limite, mas também na torsão que motiva o transbordamento do inconsciente. Essa operação nós a chamaremos: separação. Aí reconheceremos o que Freud chama *Ichspaltung* ou escisão do sujeito, e apreenderemos porque, no texto em que Freud o introduz, ele a funda numa escisão não do sujeito, mas do objeto (fálico notadamente).

A forma lógica que vem a modificar dialeticamente essa segunda operação, se chama em lógica simbólica: a intersecção, ou ainda o produto que se formula por uma pertinência *a-* e *à-*. Essa função aqui se modifica por uma parte tomada da falta a falta, pela qual o sujeito vem a reencontrar no desejo do Outro sua equivalência ao que ele é como sujeito do inconsciente.

Por essa via o sujeito se realiza na perda em que surgiu como inconsciente, pela falta que ele produz no Outro, segundo o traçado que Freud descobre como o impulso mais radical e que denomina: impulso de morte. Um *nem à-* é aqui chamado a preencher um outro *nem à*. O ato de Empédocles, ao aí responder, manifesta que se trata lá de um querer. O *vel* retorna em *velle*. Tal é o fim da operação. O processo agora.

Separare, separar, aqui se termina em *se parère*, engendrar-se a si mesmo. Dispensemo-nos dos favores seguros que encontramos nos etimologistas do latim, por esse deslize do sentido de um verbo ao outro. Que se saiba somente que esse

---

* "ça". (N. da T.)

1. Abreviação de nossa resposta a uma objeção inoperante.

deslize é fundado em seu comum emparelhamento na função da *pars*.

A parte não é o todo, como se diz, mas em geral inconsideradamente. Pois seria preciso acentuar que ela não tem com o todo nada a ver. É preciso tomar seu partido, ela joga sua parte sozinha. Aqui é de sua partitura que o sujeito procede a seu parto. E isso não implica a metáfora grotesca que ele se ponha ao mundo de novo. O que aliás a linguagem ficaria muito embaraçada para exprimir com um termo original, pelo menos na área do indo-europeu onde todas as palavras utilizadas para esse emprego têm uma origem jurídica ou social. *Parère*, é primeiramente prover – (um filho ao marido). Eis porque o sujeito pode se prover o que aqui o concerne, um estado que qualificaremos de civil. Nada na vida de alguns desencadeia mais ardor para aí chegar. Para ser *pars*, ele sacrificaria até uma grande parte de seus interesses, e não é para integrar-se na totalidade que, ademais, não é constituída absolutamente pelos interesses dos outros, e ainda menos o interesse geral que se distingue completamente dela.

Separare, se parare: para se defender do significante sob o qual ele sucumbe, o sujeito ataca a cadeia, que reduzimos de maneira estrita a uma binaridade, em seu ponto de intervalo. O intervalo que se repete, a estrutura mais radical da cadeia significante, é o lugar em que frequenta a metonímia, veículo, pelo menos o ensinamos, do desejo.

De qualquer forma, é sob a incidência em que o sujeito experimenta neste intervalo Outra coisa a motivá-lo que não os efeitos de sentido do qual ele solicita um discurso, que ele encontra efetivamente o desejo do Outro, antes mesmo que possa sequer nomeá-lo desejo, ainda muito menos imaginar seu objeto.

O que ele vai aí colocar, é sua própria falta sob a forma da falta que produziria no Outro por seu próprio desaparecimento. Desaparecimento que ele tem, se podemos dizê-lo, sob a mão, da parte de si próprio que lhe retorna de sua alienação primeira.

Mas o que ele preenche assim não é a falha que encontra no Outro; é primeiramente a da perda constituinte de uma de suas partes, e da qual ele se acha em duas partes constituído. Lá jaz a torsão pela qual a separação representa o retorno da alienação. É que ele opera *com* sua própria perda, que o reconduz a seu ponto de partida.

Sem dúvida o "pode ele perder-me" é seu recurso contra a opacidade do que ele encontra no lugar do Outro como desejo, mas é para reconduzir o sujeito à opacidade do ser que lhe retornou pelo seu advento de sujeito, assim como primeiro ele se produziu da ultimação do outro.

É isso uma operação cujo desenho fundamental vai se reencontrar na técnica. Pois é na escansão do discurso do paciente enquanto aí intervém o analista, que se verá ajustar-se essa pulsação da borda por onde deve surgir o ser que reside aquém.

A espera do advento desse ser em sua relação com o que designamos como o desejo do analista no que ele tem de desapercebido, pelo menos até agora, de sua própria posição, eis a mola verdadeira e última do que constitui a transferência.

Eis porque a transferência é uma relação essencialmente ligada ao tempo e a seu manejamento. Mas qual é o ser que, em nos operando do campo da fala e da linguagem, do aquém da entrada da caverna responde? Iremos dar-lhe o corpo com as próprias paredes da caverna que viveriam, ou melhor se animariam com uma palpitação cujo movimento de vida é para apreender, agora, isto é depois que articulamos função e campo da fala e da linguagem em seu condicionamento.

Pois não vemos que se esteja em direito de imputar-nos o negligenciar a dinâmica em nossa topologia: orientamo-la, o que é melhor do que fazer dela um lugar comum (o mais verbal não está onde se quer melhor dizê-lo).

Quanto à sexualidade, onde nos recordariam que é a força com a qual lidamos e que ela é biológica, retorquiremos que o analista não contribuiu, talvez, tanto como se pôde esperar numa época, ao esclarecimento de seus recursos, senão ao preconizar o natural em temas de estribilhos que chegam às vezes ao arrulho. Vamos tentar aí trazer alguma coisa de mais novo, a recorrer a uma forma que o próprio Freud, sobre a questão, jamais pretendeu ultrapassar: a do mito.

E por ir sobre as pisadas do Aristófanes do *Banquete* acima evocado, lembremos sua besta primitiva de dois dorsos em que se soldam metades tão firmes a se unirem quanto aquelas de uma esfera de Magdebourg, as quais separadas num segundo tempo por uma intervenção cirúrgica do ciúme de Zeus, representam os seres esfaimados de um inencontrável complemento que tornamo-nos no amor.

Ao considerar essa esfericidade do Homem primordial assim como sua divisão, é o ovo que se evoca e que talvez se indique como recalcado após Platão na proeminência concedida durante séculos à esfera numa hierarquia das formas sancionada pelas ciências da natureza.

Consideremos esse ovo no ventre vivíparo onde ele não tem necessidade de casca, e lembremos que cada vez que se rompem as membranas, é uma parte do ovo que é ferida, pois as membranas são, do ovo fecundado, filhas do mesmo modo que o vivente que vem à luz por sua perfuração. De onde resulta que na secção do cordão, o que perde o recém-nascido, não é, como o pensam os analistas, sua mãe, mas seu complemento anatômico. O que as parteiras chamam as secundinas.

Pois bem! imaginemos que cada vez que se rompem as membranas, pela mesma saída um fantasma levanta voo, aquele de uma forma infinitamente mais primária da vida, e que não estaria de modo algum pronto a repetir o mundo em microcosmo.

Ao quebrar o ovo se faz o Homem, mas também a Homelete.

Suponhamo-la, grande panqueca a se deslocar como a ameba, ultra-achatada a passar sob as portas, onisciente por ser levada pelo puro instinto da vida, imortal por ser cissípara. Eis algo que não seria bom sentir escorrer sobre o seu rosto, sem ruído durante o seu sono, para deixar seu selo.

Ao admitir que nesse ponto o processo de digestão comece, apreende-se que a Homelete teria bastante tempo com que se sustentar (recordemos que existem organismos, e já bastante diferenciados, que não têm aparelho digestivo).

Inútil acrescentar que a luta seria logo engajada contra um ser tão temível, mas que ela seria difícil. Pois pode-se supor que a ausência de aparelho sensorial na Homelete deixando-lhe apenas para se guiar o puro real, ela teria vantagens sobre nós, homens, que devemos sempre nos prover de um homúnculo em nossa cabeça, para fazer do mesmo real uma realidade.

Não seria fácil realmente obviar aos caminhos de seus ataques, de resto impossíveis a prever, posto que igualmente ela não conheceria obstáculos. Impossível educá-la, armar--lhe uma cilada tampouco.

Quanto a destruir a Homelete, far-se-ia melhor em impedir que não ocorra de ela pulular, posto que aí fazer um talho seria prestar-se à sua reprodução, e que o menor de seus brotos ao sobreviver, mesmo se fosse por expô-lo ao fogo, conservaria todos seus poderes de perturbar. Fora os efeitos de um raio mortal que ainda seria preciso experimentar, a única saída seria aprisioná-la, ao tomá-la entre as mandíbulas de uma esfera de Magdebourg, por exemplo, único instrumento que, como por acaso, me ocorre propor.

Mas seria preciso que ela venha inteira e sozinha. Pois ao pôr nela os dedos, por empurrá-la para um nada que transborda, o mais valente seria levado a olhar duas vezes, temor que entre seus dedos ela não escapa, e para onde ir se alojar?

Fora seu nome que vamos mudar para aquele mais decente de *lamínula** (do qual a palavra omelete de resto não passa de uma metástase[2]). Essa imagem e esse mito nos parecem bastante próprios para figurar tanto quanto colocar, o que chamamos de a *libido*.

A imagem que nos dá a *libido* pelo que ela é, ou seja um órgão, ao qual seus costumes a aparentam bem mais do que a um campo de forças. Digamos que é como superfície que ela ordena esse campo de forças. Essa concepção se põe à prova, ao reconhecer a estrutura de montagem que Freud conferiu ao impulso e ao articulá-la aí.

A referência à teoria eletromagnética e notadamente a um teorema dito de Stokes, nos permitiria situar na condição que essa superfície se apoia sobre uma borda fechada, que é a zona erógena, a razão da constância da urgência do impulso sobre a qual Freud insiste tanto[3].

---

* Em francês "lamelle", diminutivo de "lame" (lâmina). (N. da T.)

2. Recordamos que aparentando leite bom, caçoam de nossas referências à... metástase e à metonímia (sic). É raro que faço rir aquele cujo rosto é eloquente para ilustrar o *slogan* do qual faríamos sua marca: a bosta de vaca que ri. ["La vache qui rit", marca de queijos franceses. (N. da T.)]

3. Sabe-se que esse teorema demonstra que o fluxo rotacional proveniente da superfície se iguala à circulação de rotacional sobre a borda fechada em que ela se apoia, a qual é constante. Esse rotacional é obtido como

Vê-se também que o que Freud chama de *Schub* ou o escoamento do impulso, não é sua descarga, mas é para descrever antes como a envaginação de ida e volta de um órgão cuja função deve se situar nas coordenadas subjetivas precedentes.

Esse órgão deve ser dito irreal, no sentido em que o irreal não é o imaginário e precede o subjetivo que condiciona, por estar em contato direto com o real.

É ao que nosso mito, como todo outro mito, se esforça em dar uma articulação simbólica de preferência a uma imagem.

Nossa lamínula representa aqui essa parte do vivente que se perde ao se produzir pelas vias do sexo.

Essa parte não deixa certamente de indicar-se em suportes que a anatomia microscópica materializa nos glóbulos expulsos nas duas etapas dos fenômenos que se ordenam em torno da redução cromossômica, na maturação de uma gônada sexuada.

Ao ser representada aqui por um ser mortífero, ela marca a relação, na qual o sujeito toma sua parte, da sexualidade, especificada no indivíduo, com sua morte.

Do que se representa disso no sujeito, o que espanta, é a forma de corte anatômico (reanimando o sentido etimológico da palavra: anatomia) em que se decide a função de certos objetos de que é preciso dizer não que eles são parciais, mas que têm uma situação bem à parte.

O seio, para aí tomar o exemplo dos problemas que suscitam esses objetos, não é somente a fonte de uma nostalgia "regressiva" por ter sido a de um alimento estimado. Ele é ligado ao corpo materno, no-lo dizem, a seu calor, e mesmo aos cuidados do amor. O que não é dar uma razão suficiente de seu valor erótico, do qual um quadro (em Berlim) de Tiepolo em seu horror exaltado ao figurar santa Ágata após seu suplício, é mais apropriado para dar a ideia.

Na verdade não se trata do seio, no sentido da matriz, embora se misture abundantemente essas ressonâncias em que o significante joga plenamente com a metáfora. Trata-se do seio especificado na função do desmame que prefigura a castração.

derivada das variações de um vetor as quais são definidas para cada ponto de borda e de superfície em função de sua vizinhança.

Ora o desmame é por demais situado desde a investigação kleiniana na phantasia da partitura do corpo da mãe para que não desconfiemos que é entre o seio e a mãe que passa o plano de separação que faz do seio o objeto perdido em causa no desejo.

Pois, lembrando a relação de parasitismo em que a organização mamífera coloca o pequeno, do embrião ao recém-nascido, em relação ao corpo da mãe, o seio aparecerá como o mesmo tipo de órgão, a conceber como ectopia de um indivíduo sobre um outro, que a placenta realiza nos primeiros tempos do crescimento de um certo tipo de organismo, o qual permanece especificado por essa intersecção.

A *libido* é esta lamínula que introduz sorrateiramente o ser do organismo em seu verdadeiro limite, que vai mais longe do que o do corpo. Sua função radical no animal se materializa em tal etologia pela queda súbita de seu poder de intimidação no limite de seu "território".

Essa lamínula é órgão, por ser instrumento do organismo. Ela é às vezes como que sensível, quando o histérico brinca de experimentar ao máximo sua elasticidade.

O sujeito falante tem esse privilégio de revelar o sentido mortífero desse órgão, e por aí sua relação com a sexualidade. Isso porque o significante como tal, fez, ao barrar o sujeito por primeira intenção, entrar nele o sentido da morte. (A letra mata, mas o aprendemos da própria letra.) É pelo que todo impulso é virtualmente impulso de morte.

O importante é apreender como o organismo vem a se colocar na dialética do sujeito. Esse órgão do incorporal no ser sexuado, é o do organismo que o sujeito vem colocar no tempo em que se opera sua separação. É por ele que de sua morte, realmente, ele pode fazer o objeto do desejo do Outro.

Através do que, virão a esse lugar o objeto que ele perde por natureza, o excremento, ou ainda os suportes que encontra para o desejo do Outro: seu olhar, sua voz.

É em rodear esses objetos para neles recuperar, neles restaurar sua perda original, que se ocupa essa atividade que denominamos impulso (*Trieb*).

Não existe outra via em que se manifesta no sujeito incidência da sexualidade. O impulso na medida em que representa a sexualidade no inconsciente não passa nunca de impulso parcial. Aí está a carência essencial, a saber a que poderia representar no sujeito, o modo em seu ser do que é aí macho ou fêmea.

O que nossa experiência demonstra de vacilação no sujeito concernindo seu ser de masculino ou de feminino, não é tanto para relacionar com sua bissexualidade biológica, quanto o fato de que não há nada em sua dialética que representa a bipolaridade do sexo, a não ser a atividade e a passividade, isto é uma polaridade impulso-ação-do-exterior, que é completamente imprópria para representá-la em sua base.

É lá onde queremos chegar nesse discurso: que a sexualidade se reparte de um lado ao outro de nossa *borda* enquanto limiar do inconsciente, conforme se segue:

Do lado do vivente enquanto ser a ser tomado na fala, enquanto não pode jamais enfim aí inteiro advir, nesse aquém do limiar que não é entretanto nem dentro nem fora, não há acesso ao Outro do sexo oposto senão pela via dos impulsos, ditos parciais, onde o sujeito procura um objeto que lhe substitui essa perda de vida que é a sua por ser sexuado.

Do lado do Outro, do lugar onde a fala se verifica por encontrar a troca dos significantes, os ideais que suportam, as estruturas elementares do parentesco, a metáfora do pai como princípio da separação, a divisão sempre reaberta no sujeito em sua alienação primeira, desse lado somente e por essas vias que acabamos de dizer, a ordem e a norma devem se instaurar que dizem ao sujeito o que é preciso fazer como homem ou mulher.

Não é verdade que Deus os fez macho e fêmea, se é isso que se quer dizer com o casal Adão e Eva, como igualmente o contradiz expressamente o mito ultracondensado que se encontra no mesmo texto sobre a criação da companheira.

Sem dúvida havia outrora Lilith, mas ela não concerta nada.

Detendo-nos aqui, deixamos ao passado debates em que, no que concerne o inconsciente freudiano, intervenções irresponsáveis se encontravam bem-vindas, justamente porque os responsáveis aí só viessem de má vontade, para não dizermos mais, de uma certa borda.

O resultado foi que a senha do silêncio dessa borda oposta a nosso ensinamento, aí foi rompida.

Que sobre o complexo de Édipo, o ponto final, ou melhor a vedete americana, tenha chegado a uma façanha hermenêutica, confirma nossa apreciação desse colóquio e mostrou desde então seu prosseguimento.

Indicamos aqui, por nossa conta e risco, o aparelho, de onde a precisão poderia voltar a aparecer[4].

---

4. Apontemos entretanto ainda que a restituir aqui sob uma forma irônica a função do objeto "parcial" fora da referência à regressão com que se a vela habitualmente (entendamos: que essa referência não pode entrar em exercício senão a partir da estrutura que define esse objeto – que chamamos objeto o), não pudemos estendê-lo até esse ponto que constitui seu interesse crucial, a saber o objeto $(-\varphi)$ enquanto "causa" do complexo de castração.

Mas o complexo de castração que está no núcleo de nossos desenvolvimentos atuais, ultrapassa os limites que conferem à teoria as tendências que se designavam na psicanálise como novas um pouco antes da guerra e pelas quais ela permanece ainda afetada em seu conjunto.

Medir-se-á o obstáculo que temos aqui a romper no tempo que nos foi preciso para dar ao discurso de Roma a continuação desse texto, como no fato de que no momento em que o corrigiremos, sua cópia original seja ainda esperada.

10. APÊNDICE II[1]: A METÁFORA DO SUJEITO

O presente texto é o reescrito, feito em junho de 1961, de uma intervenção feita no dia 23 de junho de 1960, em resposta ao Sr. Perelman, que arguia da *ideia da racionalidade e da regra de justiça* diante da Sociedade de filosofia.

Ele é o testemunho de uma certa antecipação, a propósito da metáfora, daquilo que formulamos a partir de uma lógica do inconsciente.

Somos gratos ao Sr. François Regnault por nos tê-lo lembrado em tempo para que o acrescentássemos à segunda edição desse volume.

Os procedimentos da argumentação interessam ao Sr. Perelman pelo desprezo em que os mantém a tradição da ciência. Desse modo ele é levado diante de uma Sociedade de filosofia a pleitear o equívoco.

1. Essa intervenção, o propósito da comunicação do Sr. Perelman, sobre a teoria da metáfora como função retórica (in *Teoria da Argumentação*), encontra eco no capítulo "A instância da letra no inconsciente", traduzido no presente volume.

Seria melhor que ele passasse além da defesa para que viéssemos nos associar a ele. E é nesse sentido que valerá a observação pela qual eu o advirto: que é a partir das manifestações do inconsciente do qual me ocupo como analista, que cheguei a desenvolver uma teoria dos efeitos do significante onde eu reencontro a retórica. Disto testemunha o fato de que meus alunos, ao lerem seus trabalhos, reconhecem aí o próprio banho em que eu os ponho.

Assim, serei levado a interrogá-lo menos sobre o que é arguido aqui, talvez com prudência demais, do que sobre o ponto em que seus trabalhos nos conduzem ao centro do pensamento.

A metáfora, por exemplo, da qual se sabe que eu nela articulo uma das duas vertentes fundamentais do jogo do inconsciente.

Não estou em desacordo com a maneira pela qual o Sr. Perelman a trata, ao revelar nela uma operação a quatro termos, nem mesmo com que ele se justifique ao separá-la decisivamente da imagem.

Mas nem por isso acho que ele tenha fundamentos para acreditar tê-la associado à função da analogia[2].

Se considerarmos como ponto pacífico nessa função que as relações $\frac{A}{B}$ e $\frac{C}{D}$ se sustentam em seu efeito próprio pela heterogeneidade mesma onde elas se repartem como "tema" e "fora", esse formalismo não é mais válido para a metáfora, e a melhor prova é que ele se embaralha nas próprias ilustrações que o Sr. Perelman dela fornece.

Existem realmente, admitamos, quatro termos na metáfora, mas a sua heterogeneidade passa por uma linha de repartição: três contra um, e é diferente do significante ao significado.

Para precisar uma fórmula da metáfora, dada por nós num artigo intitulado: "A instância da letra no inconsciente", eu a escreverei do seguinte modo:

$$\frac{S}{S'_1} \cdot \frac{S'_2}{x} \rightarrow S(\frac{I}{s''})$$

---

2. Cf. as páginas que nós nos permitimos qualificar como admiráveis do *Tratado da Argumentação*, t. II (P.U.F.), pp. 497-534.

A metáfora é radicalmente o efeito da substituição de um significante por um outro na cadeia, sem que nada de natural o predestine a essa função de "fora", senão que se trata de dois significantes, e como tais redutíveis a uma oposição fonemática.

Para demonstrá-lo sobre um dos próprios exemplos do Sr. Perelman, aquele que ele escolheu judiciosamente do terceiro diálogo de Berkeley[3]: um oceano de falsa ciência, se escreverá assim, – pois é melhor aí restaurar o que a tradução tende já a "adormecer" (para honrar, juntamente com o Sr. Perelman, uma metáfora muito graciosamente descoberta pelos retóricos):

$$\frac{\text{An ocean}}{\text{learning}} \quad \text{of} \quad \frac{\text{false}}{\text{x}} \quad \rightarrow \quad \text{an ocean} \left(\frac{\text{I}}{?}\right).$$

Learning, aprendizado*, efetivamente, não é ciência, e nele se sente, mais ainda, que esse termo tem tanto a ver com o oceano quanto as moscas com a sopa**.

A catedral submersa do que se ensinou até hoje concernente ao assunto, não ressoará sem dúvida ainda em vão a nossos ouvidos ao se reduzir à alternância de toque de sino surdo e sonoro através do qual a frase nos penetra: *lear-ning, lear-ning*, mas não é do fundo de uma camada líquida, mas da falácia de seus próprios argumentos.

Dos quais o oceano é um deles, e nada mais. Quero dizer: literatura, que é preciso restituir a sua época, pelo que ele suporta esse sentido que o cosmos em seus confins pode vir a ser um lugar de engano. Significado, portanto, dir-me-ão, de onde parte a metáfora. Sem dúvida, mas no alcance de seu efeito, ela atravessa aquilo que lá é apenas recorrência, para se apoiar sobre o "non-sens" do que é apenas um termo entre outros do mesmo *learning*.

O que se produz, ao contrário, no lugar do ponto de interrogação na segunda parte de nossa fórmula, é uma espécie nova na significação, a de uma falsidade que a contestação não apreende, insondável, onda e profundidade de um ἄπειρος do

---

3. *Tratado da Argumentação*, p. 537.
* Em francês "enseignement" (N. da T.)
** Referência à expressão francesa "comme un cheveu dans la soupe", para sugerir a ausência de relação entre dois fatos. (N. da T.)

imaginário onde sossobra todo aquele vaso que nele desejaria mergulhar.

Ao ser "despertada" em seu frescor, essa metáfora, como qualquer outra, se revela ser o que ela é entre os surrealistas.

A metáfora radical é dada no acesso de raiva, citado por Freud, da criança, ainda inerme em grosseria, que foi o homem-dos-ratos antes de vir a ser um neurótico obsessivo, o qual, ao ser contrariado por seu pai, chama-o: "Du Lampe, du Hadtuch, du Teller usw". (Você lâmpada, você toalha-de--mão, você prato..., e outras coisas mais). No que o pai hesita a autentificar o crime ou o gênio.

No qual fato nós mesmos achamos que não deva se perder a dimensão de injúria onde se origina a metáfora. Injúria mais grave do que se pensa, ao reduzi-la à invectiva da guerra. Pois é dela que procede a injustiça gratuitamente feita a todo sujeito de um atributo pelo qual qualquer outro sujeito é suscitado a encetá-la. "O gato faz au-au, o cão faz miau-miau". Eis como a criança soletra os poderes do discurso e inaugura o pensamento.

Alguém poderá se surpreender que eu sinta a necessidade de levar as coisas tão longe no tocante à metáfora. Mas o Sr. Perelman estará de acordo comigo que, invocando, para satisfazer sua teoria analógica, os pares do nadador e do sábio, em seguida da terra firme e da verdade, e reconhecendo assim que podemos, deste modo, multiplicá-los indefinidamente, o que ele formula manifesta, até a evidência, que eles estão todos igualmente "fora da jogada" e equivale ao que digo: que o fato obtido de uma significação qualquer nada tem a ver no caso.

Naturalmente, dizer a desorganização constitutiva de toda enunciação não significa dizer tudo, e o exemplo que o Sr. Perelman ressuscita de Aristóteles[4], da "noite da vida" significando "velhice", nos indica suficientemente aí não mostrar somente o recalcamento do mais desagradável do termo metaforizado para fazer dele surgir um sentido de paz que ele absolutamente não implica no real.

Pois se interrogarmos a paz da noite, perceberemos que ela não tem outro relevo senão o de abaixamento das vocalises: que se trate da cantoria dos ceifeiros ou do canto dos pássaros.

4. *Tratado da Argumentação*, p. 535.

Após o que, ser-nos-á preciso relembrar que todo blablá que seja essencialmente a linguagem, é dele, no entanto, que procedem o ter e o ser.

A respeito do que, executando a metáfora escolhida por nós mesmos no artigo citado a pouco[5], literalmente: "Seu feixe não era nem avaro nem odioso", de Booz adormecido, não é canção vã que ela evoque o elo que, no rico, une a posição do ter à recusa inscrita em seu ser. Pois é isso impasse do amor. E sua própria negação não faria nada mais aqui, nós o sabemos, do que colocá-la, se a metáfora que introduz a substituição de "seu feixe" ao sujeito não fizesse surgir o único objeto cuja falta o ter necessita para o ser: o falo, em torno do qual gira todo o poema até a última volta.

É dizer que a mais séria realidade, e mesmo a única séria para o homem; se considerarmos seu papel de suporte da metonímia de seu desejo, não pode ser retida senão na metáfora.

Onde quero chegar, senão a convencê-los de que o que o inconsciente traz a nosso exame, é a lei pela qual a enunciação não se reduzirá nunca ao enunciado de discurso algum?

Não digam que aí escolhi meus termos seja o que for que eu tenha a dizer. Ainda que não seja inútil relembrar aqui que o discurso da ciência, embora recomendando-se a objetividade, a neutralidade, a mediocridade, ou até mesmo o gênero sulpiciano, é tão desonesto, tão negro de intenções quanto qualquer outro discurso retórico.

O que é preciso dizer, é que o eu dessa escolha nasce em outro lugar e não lá onde o discurso se enuncia, precisamente naquele que o escuta.

Não é dar o estatuto dos efeitos da retórica, mostrando que eles se estendem a toda significação? Que nos objetem encontrar seu limite no discurso matemático, e estaremos mais de acordo ainda, que esse discurso, nós o apreciamos no mais alto grau pelo que ele nada significa.

O único enunciado absoluto foi dito por quem de direito: a saber que nenhum lance de dados no significante não abolirá jamais o acaso, – pela razão, acrescentaremos, que nenhum acaso existe, senão numa determinação da linguagem, e isso sob todo aspecto em que se o conjugue, de automatismo ou de reencontro.

5. Cf. "A instância..." p. 237.

PSICOLOGIA E PSICANÁLISE NA PERSPECTIVA

Distúrbios Emocionais e Antissemitismo – N. W. Ackerman e M. Jahoda (D010)

LSD – John Cashman (D023)

Psiquiatria e Antipsiquiatria – David Cooper (D076)

Manicômios, Prisões e Conventos – Erving Goffrnan (D091)

Psicanalisar – Serge Leclaire (D125)

Escritos – Jacques Lacan (D132)

Lacan: Operadores da Leitura – Américo Vallejo e Ligia C. Magalhães (D169)

A Criança e a Febem – Marlene Guirado (D172)

O Pensamento Psicológico – Anatol Rosenfeld (D184)

Comportamento – Donald Broadbent (E007)

A Inteligência Humana – H. J. Butcher (E010)

Estampagem e Aprendizagem Inicial – W. Sluckin (E017)

Percepção e Experiência – M. D. Vernon (E028)

A Estrutura da Teoria Psicanalítica – David Rapaport (E075)

Freud: A Trama dos Conceitos – Renato Mezan (E081)

O Livro disso – Georg Groddeck (E083)

Melanie Klein I – Jean-Michel Petot (E095)

Melanie Klein II – Jean-Michel Petot (E096)

O Homem e seu Isso – Georg Groddeck (E099)

Um Outro Mundo: A Infância – Marie-José Chombart de Lauwe (E105)

A Imagem Inconsciente do Corpo – Françoise Dolto (E109)

A Revolução Psicanalítica – Marthe Robert (E116) *Estudos Psicanalíticos sobre Psicossomática* – Georg Groddeck (E120)

Psicanálise, Estética e Ética do Desejo – Maria Inês França (E153)

O Freudismo – Mikhail Bakhtin (E169)

Psicanálise em Nova Chave – Isaias Melsohn (E174)

Freud e Édipo – Peter L. Rudnytsky (E178)

Os Símbolos do Centro – Raïssa Cavalcanti (E251)

Violência ou Diálogo? – Sverre Varvin e Vamik D. Volkan (orgs.) (E255)

Cartas a uma Jovem Psicanalista – Heitor O'Dwyer de Macedo (E285)

Holocausto: Vivência e Retransmissão – Sofia Débora Levy (E317)

Os Ensinamentos da Loucura: A Clínica de Dostoiévski – Heitor O'Dwyer de Macedo (E326)

O Terceiro Tempo do Trauma: Freud, Ferenczi e o Desenho de um Conceito – Eugênio Canesin Dal Molin (E346)

A "Batedora" de Lacan – Maria Pierrakos (EL56)

Este livro foi impresso na cidade de Cotia,
nas oficinas da Meta Brasil,
para a Editora Perspectiva.